贞观政要

天可汗的时代

雷家骥 编著

江苏凤凰文艺出版社
JIANGSU PHOENIX LITERATURE AND
ART PUBLISHING

图书在版编目（CIP）数据

贞观政要：天可汗的时代 / 雷家骥编著. — 南京：
江苏凤凰文艺出版社, 2024.6
ISBN 978-7-5594-8642-4

Ⅰ. ①贞… Ⅱ. ①雷… Ⅲ. ①《贞观政要》– 研究
Ⅳ. ①D691.5

中国国家版本馆CIP数据核字(2024)第090287号

著作权合同登记号：10–2023–166

贞观政要：天可汗的时代

雷家骥　编著

责任编辑　项雷达
图书策划　宁炳辉　刘　平
特约编辑　丁　旭
装帧设计　棱角视觉
出版发行　江苏凤凰文艺出版社
　　　　　南京市中央路 165 号，邮编：210009
网　　址　http://www.jswenyi.com
印　　刷　北京中科印刷有限公司
开　　本　880 毫米 ×1230 毫米　1/32
印　　张　8.5
字　　数　200 千字
版　　次　2024 年 6 月第 1 版
印　　次　2024 年 6 月第 1 次印刷
书　　号　ISBN 978-7-5594-8642-4
定　　价　58.00 元

总序
用经典滋养灵魂

龚鹏程

每个民族都有它自己的经典。经，指其所载之内容足以作为后世的纲维；典，谓其可为典范。因此它常被视为一切知识、价值观、世界观的依据或来源。早期只典守在神巫和大僚手上，后来则成为该民族累世传习、讽诵不辍的基本典籍，或称核心典籍，甚至是"圣书"。

中国文化总体上的经典是六经：《诗》《书》《礼》《乐》《易》《春秋》。依此而发展出来的各个学门或学派，另有其专业上的经典，如墨家有其《墨经》。老子后学也将其书视为经，战国时便开始有人替它作传、作解。兵家则有其《武经七书》。算家亦有《周髀算经》等所谓《算经十书》。流衍所及，竟至喝酒有《酒经》，饮茶有《茶经》，下棋有《弈经》，相鹤相马相牛亦皆有经。此类支流稗末，固然不能与六经相比肩，但它们代表了在各自那一个领域中的核心知识地位，是很显然的。

我国历代教育和社会文化，就是以六经为基础来发展的。直到清末废科举、立学堂以后才产生剧变。但当时新设的学堂虽仿洋制，却仍保留了读经课程，以示根本未墬。辛亥革命后，蔡元培担任教育总长才开始废除读经。接着，他主持北京大学时出现的新文化运动更进一步发起对传统文化的攻击。趋势竟由废弃文言，提倡白话文学，一直走到深入的反传统中去。

台湾的教育发展和社会文化意识，其实也一直以延续五四精神自居，故其反传统气氛及其体现于教育结构中者，与大陆不过程度略异而已，仅是社会中还遗存着若干传统社会的礼俗及观念罢了。后来，台湾才惕然警醒，开始提倡"文化复兴运动"，在学校课程中增加了经典的内容。但不叫读经，乃是摘选"四书"为《中国文化基本教材》，以为补充。另成立"文化复兴委员会"，开始做经典的白话注释，向社会推广。

文化复兴运动之功过，诚乎难言，此处也不必细说，总之是虽调整了西化的方向及反传统的势能，但对社会民众的文化意识，还没能起到普遍警醒的作用；了解传统、阅读经典，也还没成为风气或行动。

20世纪70年代后期，高信疆、柯元馨夫妇接掌了当时台湾第一大报《中国时报》的副刊与出版社编务，针对这个现象，遂策划了《中国历代经典宝库》这一大套书。精选影响人们最为深远的典籍，包括了六经及诸子、文艺各领域的经典，遍邀名家为之疏解，并附录原文以供参照，一时社会震动，风气丕变。

其所以震动社会，原因一是典籍选得精切。不蔓不枝，能体现传统文化的基本匡廓。二是体例确实。经典篇幅广狭不一、深浅悬隔，如《资治通鉴》那么庞大，《尚书》那么深奥，它们跟小说戏曲是截然不同的。如何在一套书里，用类似的体例来处理，很可以看出编辑人的功力。三是作者群涵盖了几乎全台湾的学术精英，群策群力，全面动员。这也是过去所没有的。四是编审严格。大部丛书，作者庞杂，集稿统稿就十分重要，否则便会出现良莠不齐之现象。这套书虽广征名家撰作，但在审定正讹、统一文字风格方面，确乎花了极大气力。再加上撰稿人都把这套书当成是写给自己子弟看的传家宝，写得特别矜慎，成绩当然非其他的书所能比。五是当时高信疆夫妇利用报社传播之便，将出版与报纸媒体做了最好、最彻底的结合，使得这套书成了家喻户晓、众所翘盼的文化甘霖，人人都想一沾法雨。六是当时出版采用豪华的小牛皮烫金装帧，精美大方，辅以雕花木柜。虽所费不赀，却是经济刚刚腾飞时一个中产家庭最好的文化陈设，书香家庭的想象，由此开始落实。许多家庭乃因买进这套书，仿佛种下了诗礼传家的根。

高先生综理编务，辅佐实际的是周安托兄。两君都是诗人，且侠情肝胆照人。中华文化复起、国魂再振、民气方舒，则是他们的理想，因此编这套书，似乎就是一场织梦之旅，号称传承经典，实则意拟宏开未来。

我很幸运，也曾参与到这一场歌唱青春的行列中，去贡献微末。先是与林明峪共同参与黄庆萱老师改写《西游记》的工作，继而再协助安托统稿，推敲是非，斟酌文辞。对整套书说不上有什么助益，自己倒是收获良多。

书成之后，好评如潮，数十年来一再改版翻印，直到现在。经典常读常新，当时对经典的现代解读目前也仍未过时，依旧在散光发热，滋养民族新一代的灵魂。只不过光阴毕竟可畏，安托与信疆俱已逝去，来不及看到他们播下的种子继续发芽生长了。

当年参与这套书的人很多，我仅是其中一员小将。聊述战场，回思天宝，所见不过如此，其实说不清楚它的实况。但这个小侧写，或许有助于今日阅读这套书的读者理解该书的价值与出版经纬，是为序。

致读者书

雷家骥

亲爱的朋友：

"中国历代经典宝库"出版以后，社会风评甚佳，高上秦先生及其同人，有意进一步发扬这个有意义的出版计划，邀骥再度参与，承乏编撰《贞观政要》此书。

《贞观政要》为唐朝名史家吴兢所辑纂，分为十卷，广泛地记载了唐太宗君臣的言论，主要是一部语录体的书，内容包括了政治、制度、人事、子弟教诫、做人做事的道理、学术探究、国防军事，乃至日常生活等方面。

本书约在八世纪初期唐玄宗开元年间（713—741）辑成，距离唐太宗之死不过数十年。这时史料未佚，书籍丰富，所以吴兢能够采撷辑录。正因如此，本书不仅是中国传统论政的宝典，也是研究初唐历史的基本史料。你要知道"贞观之治"如何达成，此书是非读不可的。

吴兢卒于天宝八载（749），享寿超过八十岁，死后六年即爆发了著名的"安史之乱"。也就是说，他的生存时间正是在大唐由盛而衰的转折期，帝王的骄逸、政治社会诸问题，或许是使得这位曾任谏官的名史家立意辑纂本书的原因。吴兢经历武则天、唐中宗、唐睿宗和唐玄宗四朝，在武周末年出仕，这段时期也正是唐朝政权最不稳定、政治最动荡的时期，吴兢仰慕贞观治世是可想而知的。

吴兢为人方直而耿介，自少博览经史，他是因"史才"而为宰相所推荐，入直史馆而参与修国史的。由此而至逝世，他一生均以研撰历史为职志，而且著作丰富，有"良史"之誉，世人竟称他为"今董狐"。他的著作，优点在叙事简赅，而缺点也在此，故晚年也自伤于太简。本书编纂的基本方式是分类依年排列，常见的形式是"贞观某年，太宗谓侍臣（或某人）曰……侍臣（或某人答）曰……"。单读其言，对事情恐难有完整的认识，所以笔者的改写方式，除了将古文译为今语，也研究了对谈之所由起，尽量加以补充，使读者更易于完整地了解；某些重复出现的谈话则做了删削（此类不多），内容接近的则合并为一条。

"贞观之治"的缔造者不止唐太宗一人，太宗君臣讲究团队合作，盛世的开创即由他们完成。本书原在第二卷《任贤》篇，简单扼要地介绍了房玄龄、杜如晦、魏徵、王珪、李靖、虞世南、李世勣（李勣）、马周八人，其他名臣则阙如。我意八人之中，只有前五人是太宗不可或缺的助手，失其一者即难以达成贞观之盛；而且这篇是人物传记，与其他各篇的语录体例有异，所以特别抽出，而将前五人做了较详细的介绍，列之为上篇。这是本人改动原书最大之处。至于贞观名臣甚多，不胜赘介，故虞世南以下各臣，亦一并删略了，尚请读者原谅。

有关本人撰写本书的用心和希望，在本丛书的《资治通鉴》"致读者书"中已略申述，这里也就不必再赘言了。

目录

目录

上篇

贞观重要人物略传

第一章　唐太宗李世民略传

一、李世民的家世与性格

"朕观古代创业拨乱之主，都超过四十始登大位，只有东汉光武帝在三十三岁就登位了。但是，朕年十八即举兵经纶王业，二十四岁就平定大卜，二十九岁即已升为天子。自谓古来英雄拨乱之主，还有谁人能比得上我！"唐太宗在即位后八九年间，曾两次自豪地说（参下文第一七五、一七九条）。

唐太宗名叫李世民，是唐高祖（李渊）和窦皇后所生的第二个儿子，于隋文帝开皇十八年（598）十二月戊午生于今陕西省武功县的别馆。李渊家族系出陇西李氏，是阀阅之家，门第甚高，累世仕西魏、北周和隋朝，均为最高级的将领之一，封为唐国公，也曾经一度被赐姓"大野氏"，至隋文帝时才归宗姓李。隋文帝杨坚即李渊的姨父，因此李渊在隋仕途颇畅，他与窦氏所生的长子取名为"建成"，次子取名为"世民"，以后诸子才以"元"字排行。李渊为次子取名为"世民"，即寓"济世安民"之意。

李世民的母亲出身京兆窦氏，是屡代显贵的最高门第之一。窦氏的舅舅是北周武帝。她有智略勇气，识大体，颇善书法和写文章，后来长孙晟（shèng）把女儿许配给世民，即与此有关。李渊和窦氏都具有胡①人血统，是胡、汉混血儿，所以他们的子孙也是如此。窦氏在隋文帝开皇九年——中国南北统一那年（589），为李渊生下第一胎，即李建成，又过了九年才生下李世民，所以建成比世民整整大了十岁。第三子李玄霸早夭，第四子李元吉则在隋文帝仁寿三年（603）才出生，比世民小六岁，比长兄小十四岁。李渊另有十八个儿子，均不是窦氏所生。至于女儿则一共有十九人，第三女即后来著名的平阳公主，也是窦氏所生的。平阳公主可能是建成之妹、世民之姊。李渊七岁就袭唐国公爵位，以后一直任官，也常常外调为地方长官。隋朝制度，地方长官赴任，只可以携带十五岁以下的儿子同行，所以李建成在文帝末年及炀帝时期，常常是留在京师的家里主持家事，世民则得以随同父母赴任，兄弟之间形成隔膜。

李元吉在隋朝崩亡时才不过是十四五岁的少年，所以留在家里由长兄照顾，这是日后元吉协助建成，而对二哥世民不好的伏因。世民则因随侍父母，尤其最得母亲宠爱，这是形成世民青少年时代，比较任性刚烈，要得到的东西一定要得到的性格的基本因素（太宗后来即曾自述此性格）。世民是军事阀阅的子弟，自小即喜飞鹰走马，尤精于射箭，至于读书方面则似乎就不甚了了，他没有下过苦功，也缺乏师傅的指导，很少听到贤达之言。在他十七八岁时，天下大乱，于是提剑跃马，东征西讨，想求学也无暇了。后来当了皇帝，就曾多次对此表示咎悔（参第八十八、一一七、一一九条）。事实上，由于经过南北朝数百年的分裂，造成了地区风尚的差异，西北一带的社会，大多崇尚政治事业与军事功业——当时

---

① 胡，古人对北方少数民族的称呼。

称为"冠冕""武功"的成就，李世民自不例外。他少年时代的挚友如长孙无忌、柴绍和窦诞，皆为贵胄门第的公子。无忌较好读书，有智略，反应敏捷，后来协助世民发动"玄武门兵变"，成为第一功臣。柴绍亦出身军阀之家，自幼即身手矫捷，勇力过人，任侠之名闻于关中，少年时代即成为隋炀帝太子的带刀侍卫，李渊将平阳公主嫁给他，可说是世民的连襟兄弟。窦诞则是李渊夫人窦氏的族人，后来亦协同世民东征西讨。这群贵介公子，都是活泼、外向、进取、坚强、喜爱武功，甚至有大胆妄为、敢说敢做的倾向，所以世民后来说他们不是益友。窦氏在四十五岁那年逝世，这时天下已经崩乱，李渊经常奉炀帝的诏命领军征伐，他似乎并没有很多时间去留意教育世民。事实上，他稍后即有志乘时起事，暗中结交天下豪杰，建成、世民、平阳公主等也分担了父亲的忧劳，均在暗中各自结交豪杰。所谓豪杰，大多是指那些任侠敢为之士，这是建成、世民后来各有人事集团的原因之一。

大业九年（613），隋炀帝决定二征高句丽。在远征期间，杨玄感举兵起事——这是隋朝贵族大臣首次的大叛变（玄感时为礼部尚书，是前任宰相杨素之子），李渊奉诏驰镇弘化郡（治今甘肃庆阳）。就在这一年，十六岁的李世民和十三岁的长孙氏——长孙晟之女、长孙无忌之妹——结婚了。据说两家通婚，是因为长孙炽——长孙晟的哥哥——认为窦毅之女李渊夫人是聪明睿智的妇人，她所生的儿子之中必有奇子，不可以不和李家谈婚论嫁，因此长孙晟就把女儿许配给李世民。世民成了家，但没有让婚姻绊阻了他的事业，长孙氏是知书达理、富有智略的人，正好能成为世民的贤内助；事实上，她确为中国史上少见的模范皇后，本书即收录了她部分的言论事迹（参第二十三、三十二、八十六、一四八条等）。

　　两年后——世民十八岁、隋炀帝大业十一年（615）——由于"雁门事变"，遂使世民走上了军旅生涯。这年四月，炀帝北巡至汾阳宫（在楼烦郡，今山西静乐县境）避暑，李渊则奉诏为山西、河东抚慰大使，讨捕管区内的群盗。八月，隋炀帝出巡北塞，一向称臣的东突厥始毕可汗突然率领数十万骑兵来袭，将隋炀帝一行围困于雁门郡（治今山西代县）。隋炀帝急令天下募兵前来赴难。世民因而应募，隶属将军云定兴麾下，建议云定兴多张旗鼓为疑兵，全速前赴解围。这就是世民后来自述的"朕年十八即举兵经纶（lún）王业"。翌年，李渊出任太原留守，世民即将兵从战，并协助其父策划起事大计。部署进行得差不多，遂于大业十三年（617）五月十五日甲子发动"太原兵变"，举兵起事。这年李世民才二十岁。

　　这时天下分崩，群雄割据，隋炀帝远在江都，李渊自称为大将军，东连山东最大的李密集团，使东线无所顾虑；然后北连东突厥为军事同盟，突厥遣兵来助战，约定西入长安之后，人民和土地归唐公，金玉财物则归东突厥，于是李渊遂起兵西进。太原集团留守是李元吉，西攻部队总兵力共三万人，李渊自领中路军，左、右两路军则分由李建成、李世民指挥，以起义为国、尊立代王（炀帝孙，西京留守）为名义，浩荡出发；平阳公主则在关中起事，统率豪侠群雄响应李渊，牵制隋朝首都地区的兵力。西进部队势如破竹，沿途亦有群雄来响应，收编为西进军，其间曾一度在河东郡（治今山西永济）为强劲的屈突通兵团所阻，令西进军绕道攻长安。同年十一月九日，大军围攻长安时，已发展成二十余万众的大兵团，把首都攻陷了。屈突通兵团见大势已去，寻即崩溃东撤，半途被俘，关中隋朝政府武力被彻底摧毁，奠定了大唐开国的基础。

十一月十五日，李渊迎立十三岁的代王杨侑（yòu）为皇帝，遥尊炀帝为太上皇，年号改为"义宁"，意谓起义宁国，然后自为大都督内外诸军事、尚书令、大丞相、唐王，实际执政。李建成则成为世子，李渊随即让他为尚书令；李世民则为京兆尹、秦公，李元吉则为齐公；稍后李渊分任李建成、李世民为左、右元帅，李元吉为太原道行军元帅，各付以军国重任，力量相坪，分庭抗礼。义宁二年（618）"江都兵变"、隋炀帝被杀的消息传至，李渊乃于五月二十日废杨侑，自己即皇帝位，改元"武德"，创建唐朝。由于建成升为皇太子，所以尚书令遗缺遂由世民出任；世民接着晋封为秦王，主掌大政至兵变即位才停止。因为世民是首任尚书令，后来群臣不敢与他相比，遂无人再出任尚书令一官了，而分由左、右两仆射掌握行政大权。这时李世民才二十一岁，可谓年少得志了。

二、由平定天下到"贞观之治"

大唐的开国战略是北和东突厥，东连李密以牵制群雄，并阻止江都回流的叛乱政府军（宇文化及的叛乱部队当时要西还）；然后则分向西、南两线发展：一由世民统兵经略盘踞甘陇的薛举、李轨两大集团，以巩固西线后方；一由宗室李孝恭经略长江流域以下，李靖后来辅助他完成任务（孝恭可参第一百条）。及至西线平定，世民才出兵经略山东，配合孝恭的南线同时并举。

武德二年（619），秦王世民正式部署东进，这年他二十二岁，长孙氏为他诞下第一个男孩——后来的皇太子李承乾。自此以后，世民即连年东征西讨，较少在京师主持大政。迄至武德四年（621），大唐的战略已渐收效果，李孝恭和李靖的南面军平定了长江中游——也是江南最大的集团萧铣（xǐ）之梁朝，自后经略江东及岭南即势如破竹。北面军在世民指挥之下连连硬攻苦战，同时击灭了盘踞东都的郑——王世充集团，和河北的夏——窦建德集团。这时足以与大唐抗衡的大集团，大体上已经被消灭，剩下若干小集团，其平定只是时间上的问题而已。大唐皇帝李渊，觉得秦王世民功劳甚大，现行官制无法封赏他，遂特创"天策上将"一官，位在王公之上，于此年十月拜世民为天策上将。这时世民一身兼数职，正式官衔为天策上将、司徒、尚书令、陕东道大行台（管山东地区，大本营在洛阳）尚书令、西南行台（管四川，大本营在成都）尚书令、凉州总管（大本营在甘肃武威）、左武候大将军、上柱国、秦王。太宗后来追述，说"二十四岁即平定天下"，盖指此而言。自此以后，世民的权力有增无减，至武德七年（624），他更以上述身份兼领左、右武候大将军、十二卫大将军，成为全国最高统帅，一身掌握军政的实际大权，这时才行年二十七岁。后来他又兼为中书令（负责拟定最高命令的宰相），权势更是炙手可热。

秦王世民意志坚强，性格刚烈，从小就没有服从大哥支配的习惯，这时权势之大，在一人之下，万人之上，也不把身为皇太子的长兄放在眼里。武德四年（621）以前，世民长年在外征伐，以后则在朝时间较多，所以兄弟摩擦的机会也多了。当初，皇帝李渊把开建国家的责任交给三个儿子，最初三兄弟的军事责任是差不多的，后来建成因为升为太子，所以留京协助父皇处理政事，元吉也从太原回朝，或协助政事，或统兵出征。建成瞧不惯二弟的态度，元吉也帮大哥的忙，兄弟三人除太子外，均兼任亲王宰相（元吉也担任侍中及行台尚书令，封为齐王），这种家族事业牵涉国家和家庭的各种关系，遂引发了纠缠不清的纠纷。唐高祖虽是雄才大略的人，但丧失了贤内助的帮忙，对此纠纷也莫能清理；兄弟三人各有集团，各自的集团成员也互相协助其主钩心斗角，甚至建议用武力解决对方，因此纠纷愈来愈严重。秦王曾一度想跑回洛阳，举兵对抗太子；太子的重要助手魏徵等曾建议杀掉秦王，免除后患。

武德九年（626），刚烈的秦王按捺不住，与房玄龄、杜如晦、长孙无忌、高士廉、侯君集等人，决意发动兵变以求解决。该年六月四日清晨，事变爆发，太子及齐王兄弟在玄武门为秦王所弑，东宫及齐府部队反攻无望而解散（第六十八条对此略有记述），秦王掌握了监国权。同月七日，高祖立秦王为皇太子，事无大大小小均由太子处理。延至八月九日，高祖以再当皇帝已没有意思，下诏逊位，让太子即位为皇帝，是为唐太宗。太宗这年二十九岁，将次年改年号为"贞观"——这是历史上威名赫赫的贞观时代的开始。太宗同年即册立长孙氏为皇后，李承乾为皇太子；皇后年二十六岁，太子年才八岁。

太宗当秦王时，王府中已有文学馆的组织，用以招纳文学之士，经常互相研讨各种学问或政策等；登位之后，他又建立弘文馆，性质、功能与目的和以前的秦府文学馆差不多。换句话说，自从太宗当了首相和最高统帅之后，对先前的无师不学深自后悔，因此招致学者，利用公暇力学补救。因为他深深知道，事业开创了还需要守得住（这是本书多次讨论到"守创孰难"命题的原因），马上打天下却不可以马上治天下（参第六十六、一七一条），守成与文治的完成，实是大学问，不能靠武力和一时的勇气计略来达成。

东突厥颉利和突利两可汗，在太宗即位不久，突然统兵二十万围袭长安，逼使太宗订下"渭水之盟"（参第一五八条）。对好胜的太宗来说，不啻是生平之耻，成为他发愤图强的动机之一。但是就整个发愤向善的过程来看，外在因素终究不如内在因素来得强。太宗的学识日渐增长，一方面足以使他了解前非（参第一一七、一一八、一一九条）、产生改过向善之决心。另一方面则是正面的，太宗本来志气极高，又基于弥补既往之失的意识，因此决志学习去做一个圣君——要做一个超越近代（指秦汉以来）所有君主、可上比美尧舜的圣君（参第一五二条，他要上比尧舜的言论颇多，不赘引）。

基于这种决心和认识，太宗略微收敛了自己过分沛盛的英武之气，兢兢克己，以新的形象展现出来。他决意以德治仁政为国策（参第一五四条），施政以人民为本，优先内政诸问题。在政治上，他建立了良好的决策制度和谏诤制度，以适度制衡君权，格君之非；整顿了政府组织与编制，实行责任政治。在人事行政方面，他以人才主义为基础，选拔真正的贤能之士，各以其才来任用，并让他们有充分发挥才干的机会；这些人或来自秦府系统，或来自原先的中立派，如李靖、李世勣、萧瑀、陈叔达等，或来自原先的敌对派，如魏徵、王珪、韦挺、薛万彻等。他们之间的人格交往是以诚为本，政治行为则是以法为本；太宗克制自己，努力效法圣君，而同时也要求臣僚为圣贤之臣（这方面的言论颇多，参第八十五条或可管窥全体）。最难得的是，君臣双方对此远大的抱负，大体上都能始终贯彻，互相勉励，秉持着忧患意识，唯恐不达。

在社会经济方面，鉴于大乱之后，百业凋残，太宗抱着"以民为心"（参第四十九条）的原则，全力发展民生经济，尤其优先考虑"民以食为天"的农业。他的政策在与民休息、藏富于民（参第一四二、一五五条），率先躬行节俭之风，并痛惩隋朝以来的奢侈贪污的风气。他推行类似今日的法治——律令政治，让社会迅速安定而稳定，大家皆守法；进而又推行风俗的统一和改革，扬弃一些固陋的习惯（略参第六十四、六十五、九十五、一三六条）。当时的法律以慎刑、宽平、简约、统一为主，从而建立了上诉、合议、死刑覆奏制、笞刑不可笞背及减少抽打数目等制度措施，一扫隋朝以来的严刑酷法（略参第三十五、一四三、一四四条）。

在国防外交方面，除了东突厥、吐谷浑和高昌（参第三十七、八十三、一六六条及《李靖传》）因为严重关系国家的战略安全，所以用武力挞伐，甚至占领之外，对外的考虑，大体是以"先中国而后四夷"的原则作为处理的基本态度，尤其在贞观四年（630）他成为"天可汗"以后，对此考虑得更是慎重。太宗是大唐皇帝，有责任维持国内安宁与周边秩序。大体上他对外国的政策以羁縻怀柔为主，对一些倔强的国家如薛延陀、高句丽等，才用武力干预的政策，这也是在怀柔不成之后才如此（参第一六二、一六三条）。就战略眼光看，周边环境的稳定才足以完成大唐的国家安全，太宗之所以文武并重，适当对外用兵的考虑在此；大唐国内太平，开以下国内百年不见兵戈的原因也在此。这种选择无疑是对的，谈不上穷兵黩武。

唐太宗与群臣经常讨论各种问题，上述的政策措施也通常由此谈论中产生，从讨论中修正及检讨得失。上自国策，下至私行，只要有涉及政治的可能，莫不讨论研究，成为君臣的共识。由于这是一种共识，所以意志也是一致，贯彻的力量非常强大。从太宗即位至平定东突厥的贞观四年，国家已渐渐进入"贞观之治"的盛世。原书曾对此加以描述：

太宗自即位之始，霜旱为灾，米谷踊贵，突厥侵扰，州县骚然，帝志在忧民，锐精为政，崇尚节俭，大布恩德。是时自京师及河东（黄河以东，山西省一带）、河南（黄河以南，今陕西省一带）、陇右饥馑尤甚，一匹绢才换得一斗米，百姓虽东西逐食，未尝嗟怨，莫不自安；至贞观三年，关中丰熟，大家都自动归乡，竟无一人逃散，其得民心如此。

加以从谏如流，雅好儒术，孜孜求士，务在择官，改革旧弊，兴复制度，每因一事，触类为善。当初，息隐、海陵（指建成、元吉）之党共同谋害太宗者百千人，事情平定之后，却把他们居为左右近侍，心术豁然，不有疑阻，时论以为能断决大事，得帝王之体。

帝又深恶官吏贪浊，有枉法受财者，必无赦免；在京流外有犯赃者，皆遣执奏，随其所犯，置以重法。因此官吏多清廉高洁。制驭王公、妃王之家，大姓、豪猾之伍，使他们都畏威屏迹，不敢侵欺细民。商旅野次，无复有盗贼之患，囹圄常空。

马牛布野，户外不闭。又频致丰稔，米斗三四钱，行旅自京师至岭表（即岭南），自山东至沧海，皆不必赍粮，可以直接取给于路。入山东村落，行客经过者，必厚加供待，或发时有赠遗，此皆古昔未有也（见卷一《政体》篇）。

三、唐太宗的后半生

自从平定东突厥，成为"天可汗"以后，太宗不免意满志骄。他原本是一个活泼外向的人，也极懂生活的享受和情趣，如今大患拔除、功成利就，不免有所松弛，不如以前的兢兢业业。他不时外出旅游畋猎，亲手格斗野兽，乐此不疲；又曾多次修建行宫，以备游幸之用，虽说与其气疾的宿病需要高爽的环境来休养有关，但已颇流于奢逸，则又是事实。从俭入奢易，从奢入俭难，群臣忧患他一旦放纵即不可收拾，纷纷而持续地交章上疏批评，不断地警惕太宗。太宗对这类批评也曾有过恼怒，但是面对强直的谏诤，也知群臣是要为他好，所以也极力克制自己，避免了陷溺在更深的欲望陷阱中。

太宗原是反应敏捷、辩才极佳的人，以前为了达成"高居玄默"、放手让群臣发挥才干的理想君主形象，才一再委屈克制自己。中期以后，他已颇有骄意，对着论谏的臣子，往往当面辩论起来，而且容色凌厉，表现出他原有的英气。对他这种态度，有的臣子就不敢多加辩论建议，幸有魏徵、马周、刘洎、褚遂良诸人，犹敢面折廷争，严加批评，使太宗常得自觉，黾勉努力，终能善始克终。

有人认为太宗后半生的最大败笔是亲征高句丽一事，甚至认为他好大喜功，有穷兵黩武之嫌。笔者在前面对此已略有解释，不以为然。即使就整个战役做检讨，他的战略目的或许没有完全达到，但也未完全失败；就战果而言，则更不能说是失败的。唐太宗履行他的"天可汗"责任，其实具有正面的全局战略意义的。倒是他的家变埋下了国家日后的隐忧，才真是他后半生的不幸，对他的内圣外王之完美性构成损伤。

唐高祖共有二十二个儿子、十九个女儿，唐太宗有十四个儿子、二十一个女儿；另外两人又各有一群孙子，这些人是构造"王室"的成员。隋朝以来，王室子弟例封亲王，经常发生继承纠纷及权力斗争，太宗和建成的冲突不过是时代风气下又一个例子罢了。

"玄武门兵变"就政治看是一件不忠的叛乱案，就法律看，可说犯了十恶罪的谋反、恶逆、不道、大不敬、不孝、不睦、不义、内乱诸罪名，这些过失，在太宗人格上早已构成缺憾，我们欣赏太宗即位后的立志为圣、改过向善，但是也只能评论他的整个人生功过皆有，谈不上互相抵消的。假如说太宗是圣贤之君，则更应该补充为"一个犯过大错的圣贤之君"，犯错和圣贤二者都不该、也不必为之隐讳，或刻意非难。他拥有一个属于他自己的理想和行为，是一个真实的人生。

"玄武门兵变"不论太宗如何解释为周公诛管、蔡，对李唐王室及一些臣民来说，一直是一个梦魇阴影。太宗晚年，这个家庭梦魇再度出现。

长孙皇后十三岁嫁给太宗，至贞观十年（636）以三十六岁英年崩逝，自后太宗即仿效其父——不再续弦，然而宫中妃嫔、皇子、公主一大群，却缺少了一个主持内政的贤内助，遂成为问题产生的渊源。

长孙皇后为太宗生育了三男三女，即长子李承乾、四子李泰、九子李治，及五女长乐公主、十九女晋阳公主、二十一女新城公主。其余子女皆非她所生。太宗即位不久就立承乾为皇太子，承乾在母后生前亦无败坏的行为出现。事实上，太宗在孜孜为政之余，对皇弟、皇子们的教育也甚重视（本书这方面的记载亦有不少），只是他最宠爱的却为次子李恪、四子李泰和十四子李明。李明的母亲原为太宗三弟齐王元吉之妃，他年纪尚幼，不足以构成问题。最先成为问题的是李泰，他与李恪皆为兄弟中最有贤名、最富才气的皇子，尤其他是皇后所生的。皇后崩逝后，太宗宠李泰宠得过分了（本书对其兄弟问题记述颇多，不赘引），群臣的劝说警告，均无法阻止这种父爱的流露发展，遂使李泰恃宠欲谋夺长兄的皇太子地位。太子承乾缺乏了父亲的关爱，日渐沉迷于声色犬马，日益恐惧四弟之压逼及父皇心意动摇的可能，遂使兄弟之争渐次提升至武力斗争的阶段。别的兄弟如第五子李祐瞧在眼里，亦暗藏祸机。

"玄武门兵变"的遗祸，终于在贞观十七年（643）再次转化为事实。素养死士的齐州都督、齐王李祐首先提早发难，据齐州（今山东省济南市历城区）反叛。乱事幸被迅速平定，李祐被赐死。这种血腥气味触发了另一场大祸，太子承乾一党决意在翌月发动宫廷兵变。事情未遂即被密告侦破，太宗遂发起大狱，痛惩太子之党。连带的，他也因事由李泰的竞争所引起，决意戢止此夺权不轨之风，对魏王（李泰）之党也加痛惩。此案牵连国戚皇亲与当年"玄武门兵变"功臣及其子弟，人数不少，最后将太子和魏王两废之，并诛杀了一部分人，贬黜了不少人，另立第九子李治为皇太子。这种处分，于情于法皆无不当。只是太宗立了李治后不久，寻因李治性格柔弱，不足以担当大唐皇帝的重任，遂有意废立，另立李恪（参第五十九条）。此事虽因长孙无忌的劝阻而打消，然而他的伦理人情却适足以招致王室的大祸。长孙无忌后来辅政于高宗李治，即率先对具有名望的王室子弟如李恪等加以政治逼害，不待武则天的崛起，国戚皇亲遭到诛锄的命运就早已出现。

第一次"玄武门兵变"暗示了以后许多次兵变，唐太宗及长孙无忌对王室及国戚的惩处逼害也暗示了日后的家变，由家庭变故演变成国家动乱，终大唐一代不能厘治，诚为太宗后半生最大的败笔，而其基因导源于身不正，以至于家不齐，甚至国不治。

太宗的外王功业极为彪炳，内圣修为却是最大的缺憾。圣人也有错误的时候，一个像唐太宗一样性格分明、有血有肉的人生，要求做到完美的境界是很难的。唐太宗在贞观二十三年（649）五月二十六日病逝，享年五十二岁。终其一生，他一直在孜孜不倦地克己学习之中，他不能算是完美的圣君，但他知过能改，努力为善，又有多少人能和他相比？我们不必苛求别人完美无缺，应该歌颂那些虽有过失、但不断努力向善的人。若就此角度而言，太宗的人生仍是值得赞美的，他的成就毫无疑问是值得歌颂的。他的一生言行大多已记载于本书，鲜明清楚，栩栩如生，读完之后，若谓唐太宗是三代以降第一号模范皇帝，谁说不宜？

第二章　贞观名臣列传

一、房玄龄

房玄龄（579—648），原名乔，字玄龄，先世本为清河（清河郡治为清河县，在今河北清河县北）人氏，八世祖时始随鲜卑慕容氏迁居于齐，自此即以齐州临淄（今山东省淄博市临淄区）为籍贯。房氏在地方上世为著姓，屡世为官，为士族门第。玄龄的父亲房彦谦，十八岁即出仕做官，政绩甚佳，隋文帝时曾一度名列天下考绩第一，隋末去世时年龄已六十九岁。

房彦谦为人正直，做事有原则，家产殷富而务存节俭，周恤亲友则慷慨输财，以此作为子侄的身教。他曾告诉玄龄说："人皆因禄富，我独以官贫，所遗留给子孙的仅为清白罢了！"在开皇时代，大家以为太平将至，唯独彦谦认为文帝雄猜刻薄，皇子们则纵恣擅威，故天下虽安，却正是危乱的开始。

玄龄生于北周静帝大象元年（陈宣帝太建十一年），三岁时即遇到隋文帝篡位的变故，十一岁时隋朝消灭南方的陈朝，长达三百余年的分裂局面终于结束，所以他的青少年时代是在著名的"开皇之治"中度过的，壮年则在隋炀帝动荡的世局中生活。玄龄自幼聪敏，由于父教的关系，他像其父一样博览经史，工于草书及隶书，也善于写文章。而且，他对世局的预测，完全与其父吻合，使彦谦惊异不已。玄龄十八岁那年——隋文帝开皇十六年

（596）——就被齐州举为进士，授为羽骑尉，当时的吏部侍郎高孝基（即高构，以字知名于世）主管铨叙，见到玄龄，不由向人深相称赞说："仆（孝基自称）阅人多矣，从未见过像这个郎君一样的人才。他异日必能成为伟人，但恨不能亲眼看着他飞黄腾达罢了！"

玄龄在隋朝任官至隰城县尉（今山西省境内）。隋炀帝弑父自立，其弟汉王杨谅据太原起兵，事败，玄龄亦坐罪除名为民，徙居于上郡（治今陕西富县）。直至大业十三年（617），李渊也据太原起事，引军西入关中，三十九岁的房玄龄遂杖策谒太原西路军统帅李世民于军门，世民的秘书温彦博又大力荐进，二十岁的世民乃接见他，两人一见如故，世民便用他为渭北道行军记室参军（当时世民在渭北作战，记室即为书记官）。

玄龄既遇知己，遂竭尽心力辅助李世民，知无不为。他对世民的最大贡献，是在每次平定敌人之后，众人皆竞求珍宝财物，而他却独先为世民收揽人物，请他们作为世民的幕僚；如果朝中有什么谋臣猛将，他也为世民而和他们秘密结交，使他们为世民各尽死力。李世民的秦王府人才济济，后来有本钱兵变及推动"贞观之治"，全由于此。

秦王世民权势地位愈来愈大，玄龄始终追随在左右，一直担任秦王府记室，稍后秦王兼任陕东道大行台尚书令，他也兼任大行台考功郎中，掌理考核工作。秦王的军事表奏，常由他主笔撰写。唐高祖对他的才识甚为赞赏，曾对侍臣说："这人深识机宜，足堪委任，每为我儿陈述事情，必定暗合我心于千里之外，就像当面报告一样！"这时，秦王和他的兄弟——皇太子李建成与齐王李元吉——冲突日益激烈，玄龄向秦王的大舅子长孙无忌说："今日嫌隙已成，祸机即将爆发，一有变动，大乱即起，不但祸及府朝（指秦王府），而且会危及社稷，这种际会，怎可不加深思！仆有一愚计：莫若效法周公模式（指周公诛其兄弟管叔和蔡叔），外宁国家，内安宗室，然后向今上（指唐高祖）申孝养之礼。古人说'为国者不顾小节'，就是这种意思，总比家国沦亡、身名俱灭来得好吧！"

长孙无忌也是一个敢说敢做的人，回答玄龄说："我久怀此谋，只是一直不敢披露罢了，公今天的建议，深合我的宿心！"于是入府向秦王报告。秦王召见玄龄面议，亦颇有此意，于是玄龄遂和杜如晦同心协助秦王。太子知道秦王用此二人为心腹，遂设法将两人驱离秦王府，不许两人再进秦府一步。

唐高祖武德九年（626），秦王与东宫、齐府冲突已至白热化，决意召二人秘密议事。二人乃穿着道士服，潜入王府，遂策定了六月四日"玄武门兵变"的计划。事情依照计划顺利完成，秦王李世民取得监国权，成为皇太子后，就提升玄龄为太子右庶子（右庶子在东宫系统的地位，相当于朝廷的中书令正宰相），并获赐绢五千匹。翌月，皇太子李世民即进拜玄龄为中书令，展开了他的名相事业生涯。太宗即位后论功行赏，列玄龄为第一功臣，晋爵为邢（xíng）国公，实封一千三百户（参第四十六条）。

贞观三年（629）二月，玄龄又进拜为尚书左仆射。尚书省正长官原为尚书令，由于太宗自开国就一直担任这一首相的官职，所以臣僚以后就不敢再当此官，左、右两仆射实际上变成了首相。玄龄居此官，一直至贞观十六年（642）才卸下，总计担任了十四年。他既为首揆，就更加孜孜不倦，所以王珪公开评论诸相，即推崇玄龄说："孜孜奉国，知无不为，臣不如玄龄。"（参第八条）。玄龄个性谦逊慎重，又明达吏治而能饰以文学，这是他一直担任首相不倒的原因。并且，太宗是懂得分权责成的政治原则之人，所以玄龄能充分发挥其才，尤其太宗信任他，使他能放手提拔人才，不怕有所嫌疑（参第四十一、四十二、四十四条）。他最令人称赞的地方，就是不以求备取人，不以己长格物，因人的才能而叙用，而不计较他们的出身是否贵贱，听说别人有善就像自己有一样，不嫉妒抑压别人的功劳。这种宽宏的气度事实上才足以担当首相的大任，所以他在生前即被推许为良相。史书上记载了许多贞观名臣的丰功茂迹和嘉谋良策，反而玄龄当了宰相后却表现甚少，让同僚部下把风头给抢去了，有些人因此而怀疑玄龄是否浪得虚名。其实这才是玄龄伟大的地方，他的高度的政治家风范和政治艺术，由此最能显示出来。

贞观十三年（639），太宗要玄龄加任太子少师，以辅导太子李承乾。玄龄想法刚好相反，他认为自己位高权重，执政太长久，因此反过来请求逊让左仆射之位。太宗力加挽留，竟至下诏责备他说："选贤的原则以无私为本，奉上之道以当仁不让为贵……公竟忘彼大体而从兹小节，虽受任教谕东宫之职，却希望辞去机衡之务，岂是所谓'弼予一人，共安海内'的态度啊！"玄龄不得已，乃以本官就职，但深自卑损，不敢接受太子的拜礼。有识者莫不推重他的崇让。

贞观十六年（642）七月，玄龄已经六十四岁，自忖为相已长达十七年，居首揆之任亦将届十五年了，加上儿女均与王室通婚（参第七十八条），实显贵已极，故频频上表辞职。当时他的官职全衔为开府仪同三司、太子少师、尚书左仆射，是朝廷最高阶的首相及太子师傅。太宗优诏挽留，拒绝他的退休请求，反而策拜他为司空，仍然综理朝政。玄龄抗表陈议，太宗乃派人到他家请求他说："从前张良让位，窦融辞荣，自惧盈满，知进能退，为前代所称美。公想效法往哲，志实可嘉！但是国家久相委任，一朝忽无良相，就如失去两手一样。公若筋力不衰，请无烦此让！如果自知衰谢，就应当另外奏闻。"玄龄因而不便再提。

贞观十七年（643）四月，太子承乾被废，太宗没有责怪玄龄。及至新太子李治册立后，更请玄龄担任太子太傅，仍然掌理门下省事。太宗亲征高句丽，命令玄龄留守京师，颁手诏给他说："公当萧何之任，朕无西顾之忧矣！军戎器械、战士粮廪，并委令处分。"事实上，玄龄极为反对征伐高句丽，前后多次议论对高句丽作战的不宜，临死仍上奏章批评此事（参第一六三条）。他在贞观二十二年七月二十五日逝世于玉华宫太宗别墅，享寿七十岁。太宗为他举哀三天，追为"太尉、并州都督"，赠谥为"文昭"，陪葬于昭陵（太宗的陵寝）。

房玄龄是一个孝子，性格谦虚，行为谨慎，虽然有过和太宗的小冲突，甚至被勒令回家思过的记录，但是他与太宗之交，确实如鱼得水。他的谦冲个性适足以配合太宗的英气，君臣相得益彰。他是生前即被太宗图形于凌烟阁的"凌烟阁功臣"之一，褚遂良把他比作伊尹、吕望、萧何、王导。

他一直以首相监修国史（指《唐史》，参第一三三条），撰成高祖及太宗的实录（皇帝的实录是编年史，国史的底本），稍后又领导重撰《晋书》一百三十卷，由于太宗也参与撰写其中的四段评论，所以才不用玄龄之名挂衔，而提为"御撰"。此外，他又领导宰相及文学之臣完成了编撰《文思博要》此部一千二百卷的大书，对整理文化颇有贡献。

至于家庭教育，他似乎比不上乃父。他的女儿为韩王妃，次子遗爱则尚太宗女高阳公主。他也曾告诫子弟不可骄奢沉溺，不可以门第欺人，但是诸子似乎并不听教诲。他的国公爵位由长子房遗直继承。但高宗初期，房遗爱和公主夫妇恃宠谋夺其兄长的爵位，上书诬告遗直。高宗命令长孙无忌侦办，结果发现了他们与其他公主、驸马谋反的阴谋。遗爱被处斩，公主赐自尽，遗直因父功而被贬，其弟遗则是太宗弟荆王元景之婿，亦涉案被流放岭南；连带牵累亡父玄龄，被判停止配享于太宗庙廷，可谓家门不幸了。大概他们想效法父亲当年兵变立功之事吧。

二、杜如晦

杜如晦（585—603），字克明，京兆杜陵（今陕西省西安市东南）人氏，晋朝开国名将兼名经学家杜预，即是其先人，世为高门著姓。如晦的叔祖杜果（《周书》作杜杲）在周、隋做大官，擅长外交，最是知名；祖父杜徽、父亲杜咤亦官至一州的长官及上佐。

如晦生于隋文帝开皇五年，比房玄龄小六岁，比唐太宗大十四岁。他个性英爽，临机果断，喜读书及谈论文史，以风流自命。隋炀帝大业年间入京预选，吏部侍郎高孝基对他极为器重，当面称赞他说："君有应变之才，当为栋梁之用，希望能保持令德。今天君想俯就卑职，可惜俸禄少了一点！"于是提拔他为滏（fǔ）阳（今河北磁县）尉。孝基能够识拔房玄龄和杜如晦这两个人物，后来遂被人称赞佩服；杜如晦感激孝基的知人，做了宰相后遂为他建立神道碑，以纪念孝基之德。

不久，世局大乱，如晦弃官而归。李渊攻入长安，秦王世民遂引为秦王府兵曹参军（主管兵籍等事的幕僚，比玄龄的记室参军低一品），成为秦王的幕僚。俄而，如晦迁调为陕州总管府长史（治今河南三门峡市陕州区）。房玄龄遂急向秦王说："王府幕僚多被迁调，虽然他们都是人才，但是离开了也不足可惜，只有杜如晦这人，聪明达识，是王佐之才；如果大王满足于秦王的官爵，循规蹈矩不想别的念头，则用不上这人，如果必欲经营四方，则非此人不可！"秦王世民闻言大惊，说："要不是你的提醒，几乎失去此人！"于是上奏朝廷，留他在秦府继续工作。以后秦王一系列的东征西讨，如晦均随同出征，参谋帷幄。这时正当军国多事之秋，如晦对事情剖析决断，如同流水一般明畅顺利，故深为时辈佩服。

秦王奉诏全权处分山东战地，兼任陕东道大行台尚书令，玄龄与如晦分别兼任行台的司功及司勋郎中，玄龄主理考核，如晦则主理勋赏，共同掌握人事权力，协力襄助秦王世民。后来秦王在王府建立文学馆，招纳学者文才，作为咨询讨论之用，二人皆是十八学士之一。当时的人羡慕秦王府文学馆学士之职，认为得任学士，简直就如登瀛洲，而杜如晦即为十八学士之首。十八学士后来均被画像于丹青，太宗命令学士之一的褚亮（褚遂良之父），为如晦题赞词说："建平文雅，休有烈光；怀忠履义，身立名扬。"他被时人的见重竟至如此。

秦王发动"玄武门兵变"前，即曾密召房、杜二人潜入秦府计谋。事成，名列第一功臣，进拜太子左庶子，再升为兵部尚书，封蔡国公，实封一千三百户。贞观二年（628）正月，如晦加兼检校侍中、摄吏部尚书，兼掌门下省及全国人事权，并且仍旧总监东宫兵马。这时房玄龄也以中书令本官摄太子詹事（东宫总管）兼礼部尚书，两人皆为身兼数职、炙手可热的新贵，所以被御史上书讽刺（参第一一五条）。翌年二月，他与房玄龄同时进拜为左、右仆射，他并且仍然掌管全国人事权。两人共掌朝政，同任首相，所以同心协力，创立了大唐的台阁规模及典章文物，当时即被人共誉为良相，合称"房杜"。如晦和玄龄的性格不同，如晦英爽而果决，玄龄则谦恭而善谋。玄龄常与太宗谋议，必定说"此事非如晦不能筹决"；及至如晦来到，则必然用玄龄的策划，两人深相了解，所以才能同心合作，匡扶太宗。

如晦进拜右仆射的同年冬天即遇疾生病，十二月，自知病重不起，遂上表恳请解职。太宗允许，但特别批准他待遇仍旧，并频遣使慰问，令名医前往诊治。贞观四年，如晦病危，太宗命令太子前往慰问，并亲往其宅，抚之流涕。就在此年三月，李靖大破东突厥，西北各国上太宗"天可汗"称号之时，如晦终于病逝，享年四十六岁。太宗举哀三日，哭之甚恸，追赠司空，赐谥为"成"，又手诏虞世南说："朕与如晦，君臣义重，不幸奄从物化，追念勋旧，痛悼于怀！卿体吾此意，为制碑文也。"后来太宗经常悼念如晦，甚至梦见其人，每次皆欷歔泫然。如晦周年忌日，太宗又派内宫到杜宅慰问杜夫人及其儿子，他的国公府佐（如晦死前已改封莱国公）并不撤销，始终给予恩遇照顾。

如晦英年而逝，两子一弟皆已成人。长子杜构承袭爵位，官至刺史。次子杜荷则以功臣之子选尚城阳公主，官至尚乘奉御（管理皇帝车驾），封为郡公。贞观十七年（643），杜荷建议太子承乾兵变，坐谋反罪被斩，公主改嫁，而杜构亦因牵连，贬死于岭南。所以如晦的直系家属，一如房玄龄般衰没。

如晦之弟杜楚客，原本隐居于嵩山。贞观四年乃兄亡殁，太宗忆念其兄，所以命令他出山为官，继承亡兄遗志。楚客颇有政绩，后来由魏王府长史升迁为工部尚书摄魏王府事。他了解魏王李泰是太宗最宠之子，所以协助李泰阴谋夺取皇位继承权，为魏王主持结交权贵的公共关系事务。案发之后，太宗原要处以死刑，但念其兄有佐命之功，故免死而废为平民。后来再度起用为县令，死于任上。

如晦叔父杜淹，亦因玄龄推荐，用为天策上将府兵曹参军，兼秦王府文学馆学士。太宗即位，进拜御史大夫，稍后参预朝政，叔侄同时成为宰相。杜淹长于制度典故，所以才被拜相，但他的声誉向来不佳，又素与如晦兄弟不睦，与长孙无忌也不和，故为时论所讥。他死于贞观二年（628）十月，三子后来皆任官，直系子孙之中，一共出了杜元颖、杜审权、杜让能等三个宰相，家道较如晦鼎盛多了。

三、魏徵

魏徵（580—643），字玄成，巨鹿曲城（今山东莱州东北）人氏。他的家族在地方上稍有门第，父亲魏长贤曾在北齐做县令。魏徵生于北周静帝大象二年，比房玄龄小一岁，比唐太宗大十八岁，少年孤贫，但落拓有大志，不事生产，不为生计发愁，因此出家为道士。他喜爱读书，学问多所通涉，眼见天下渐乱，遂特别注意纵横家的学说。

隋炀帝大业十三年（617），李密起兵攻破兴洛仓，开仓任人取给，山东各路人马先后来附，遂自号"魏公"，兵力至三十余万，成为群雄的盟主，李渊也基于战略考虑而推戴他。李密集团盘桓于洛阳外围，与王世充的洛阳政府军争执不下，放弃了西入关中的机会。这时，武阳郡（治今河北大名东）丞元宝藏举兵响应李密，召魏徵来助，使典书记。李密每次看到元宝藏呈来的公文都加以称赞，后来闻知是魏徵所撰，遂立刻召见魏徵。魏徵向李密献十策，李密虽奇之而不能用。不久，王世充大举来攻，魏徵分析战局，认为世充军缺乏粮食而前来死战，我军则宜采取持久战，如此则可破世充大军。李密的幕僚长讥笑他的战略说："这是老生常谈罢了！"魏徵愤然道："这是奇谋深策，何谓常谈！"因而拂衣而去。其后，李密被王世充大败，率残部西奔，投靠李渊，魏徵也追随入关，这年他三十九岁。

魏徵在长安久不见知，遂自我请命前赴山东招集群雄。李渊同意，乃授他为秘书丞，让他有名义前往。当时，李密手下大将徐世勣（即后来的名将李世勣）正收拾残兵，为李密守住黎阳（今河南浚县东北）。魏徵说服世勣归降唐朝，并运粮支持在山东作战的唐将淮安王李神通。自从李密失败后，河北的窦建德即成为最大的集团，他自称夏王，建立夏国，又与东突厥有军事同盟关系，兵锋甚盛。武德二年（619），窦建德大举南下，连破唐朝的城池，并将李神通、李世勣、魏徵等一干人俘虏了。魏徵被窦建德用为起居舍人，一种低级的侍从官。直至武德四年（621），秦王平定王世充及窦建德，魏徵才再度西行入关。

魏徵的背景相当复杂，可说与唐朝渊源不深，所以秦王平定夏国，并没有注意到此人。倒是魏徵二度入关后，皇太子建成闻其名，引为太子洗马（洗马是东宫图书馆馆长），对他甚为礼遇。魏徵眼看秦王勋位日隆，每劝太子先下手为强，及早解决秦王问题。及至秦王兵变成功，责备魏徵说："你离间我兄弟，为什么？！"

秦王左右皆为魏徵担心，魏徵却慷慨自若地答："皇太子殿下早从我言，必不死于今日之祸！"

秦王闻言，为之敛容加礼，赦免魏徵之罪。及至秦王成为皇太子，魏徵受任为詹事主簿，主管东宫公文的稽核。待太子受禅为皇帝，他则被擢任为给事中（门下省基层决策审核官），俄而进为谏议大夫（门下省的谏官），封巨鹿县男。这时他已经四十七岁，自此展开与唐太宗合作的生涯。

唐太宗新即位，励精图治，多次引魏徵进入卧内商议，魏徵雅有经国之才，个性又抗直不屈，每次讨论，太宗皆欣然接纳，魏徵亦喜逢知己之主，遂竭思其用，知无不言。太宗曾为此慰劳魏徵说："卿所陈谏，前后共有二百余事之多，非卿至诚奉国，何能如此！"

此期间，魏徵最大的贡献为协助太宗制定国策（参第十二条，其他有关以民为本的原则解释颇多，不赘引），抑制太宗好战喜功之心（如第一五六、一五九条），引导政府偃武修文。同时，他又开导太宗信任群臣，扬弃猜忌政治，选拔良臣以共创君圣臣贤之局（这方面的言论甚多，第二十八条略可作代表）。至于随时压抑太宗的私欲私心，纠正他的过失，则更是魏徵长期执着的职志。他的行为，连太宗最亲密的心腹或皇后也不敢如此，无怪皇后对他赞叹万分（参第八十六条）；而另一名谏臣兼名相王珪，也推崇说："每以谏诤为己任，耻君不及尧舜，臣不如魏徵！"（参第八条）他一生直批天子的逆鳞，遂成为中国历史上最佳的模范谏臣，本书收录他的言论最多，读者自可细阅。

贞观元年（627），他进为尚书右丞仍兼谏职，这一两年间，左、右两仆射空缺无人，魏徵和左丞戴胄二人，处繁理剧，甚为称职，为人所推重（参第四十二条）。魏徵多方面的才华，至此已逐渐发挥，故太宗乃在三年（629）二月，拜他为秘书监，参预朝政，与房、杜等人同日成为宰相，右丞遗缺则由魏徵推荐杜正伦继任。魏徵参与大唐最高决策，深谋远算，弘益更多。

某日，太宗曾谓魏徵说："从前管仲协助公子纠回国为君，对齐桓公加以暗杀，射中他的带钩。卿罪重于中钩，但是我任用卿则超过了齐桓公任用管仲；近代君臣相得，难道还有比得上我之与卿的吗？！"后来，君臣又同游九成宫，饮宴于丹霄楼。酒酣，长孙无忌说："王珪、魏徵从前是息隐（指故太子李建成，此时建成被追封为息隐王）的智囊，臣见之若仇人，没想到今天一同在此宴乐。"太宗说："两人从前尽心为东宫做事，当时诚然可恶，实为我眼中的仇人。但是，他们尽忠于所事的行为，确实有嘉佩之处，所以朕擢而用之，朕这种做法何愧于古人？！魏徵常犯颜切谏，不许我为非，我所以敬重他啊！"魏徵闻言，即席再拜说："陛下启导臣说话，臣所以敢说话；如果陛下不接受臣的意见，臣亦怎敢犯龙鳞、触忌讳哩！"太宗哈哈大笑道："人说魏徵举动疏慢，我但觉他妩媚不过！"太宗和魏徵至诚相交，于此可见。

贞观七年（633），侍中王珪坐罪降贬，魏徵正授侍中之缺，成为正宰相，以后又累封为郑国公。魏徵自以无功于国，徒以辩说而至宰相，故深惧满盈。当了侍中三年之后，乃借口眼睛有病，频表辞职，这时他才五十七岁而已。太宗说："朕拔卿于雠虏之中，任卿以枢要之职，见朕之非，未尝不谏。公独不见金之在矿有何足贵？但经良工锻而为器，便为世人所珍宝；朕方自比于金，以公为良工啊！"魏徵只好打消退意。不过，同年稍后，魏徵又当面请求逊位，意志甚坚。太宗无奈，只好让他逊侍中之位，却另拜他为特进（正二品的文散官，原本不负任何职事），仍然主理门下省事，亦即让他辞去正宰相之位，但仍挽留他掌握正宰相之权，位逊而职不能辞。

太宗君臣常常讨论"创业与守成孰难"此一问题，魏徵认为守成难，所以殷切地希望太宗能做到既能开创也能守成，而他自己则为协助太宗做到这一点确实费尽了心力。太宗对魏徵的贡献是非常了解的，他不能长期与魏徵相离（如参第七十五条）。因此，太宗在皇孙诞宴与公卿畅饮极欢之时，曾公开说："贞观以前，从我平定天下，周旋艰险，玄龄之功，无所与让。贞观之后，尽心于我，献纳忠谠（dǎng），安国利民，成我今日功业，为天下所称者，唯魏徵而已。古之名臣，何以加也！"并亲解佩刀以赐二人。这时房玄龄任左仆射，右仆射温彦博则薨逝将届一年，迄未决定继承人选，太宗有意册拜魏徵为右仆射，因魏徵坚持让贤而止。

皇太子李承乾愈来愈纵恣，魏王李泰则日益见宠，内外群僚为此并有疑义。太宗闻而恶之，向侍臣说："当今朝臣之中，没有人比得上魏徵的忠謇（jiǎn），我请他作为太子的师傅，可以杜绝天下的谣言和魏王等人的希望。"于是在贞观十六年（642）九月，拜魏徵为太子太师、知门下省事。房玄龄原本以左仆射兼太子少师，这时正频频上表请求辞职，太宗命令右仆射高士廉兼摄太子少师之职。魏徵正拜为太子太师，超越了首相所兼的少师之职，可见太宗恳切的心意。任命发表之时，魏徵正在生病，待疾稍愈，遂至朝堂上表请辞。太宗手诏批答说："周幽王和晋献公因废嫡立庶以致危国亡家，汉高祖几废太子，幸四皓出山辅佐而后获安。我之所以有赖于公，正是这种意思。太子是宗庙社稷之本，必须要有师傅来辅导，所以选择中正的人来担任辅弼的任务，朕知公有疾病，但是仍可卧护太子呀！"魏徵乃就职，时年六十三岁。

魏徵从这年起，几乎是长年卧疾于家。他虽然前后蒙赐绢帛黄金等多次，但是家庭经济并状况不见得丰裕，这与他的个性有关。魏宅没有正堂，太宗派遣内使探视魏徵，得知此事，刚好太宗正准备盖一座小殿，乃下诏辍减建殿的建材，先为魏徵营建正堂。正堂在五日内完工，太宗又派内使带着素被素褥前去赠送给魏徵，以成全他的俭约心意。翌年正月，魏徵病重，太宗遣使问讯，赐以药饵，相望于道；又派中郎将李安俨住在魏宅，一有动静立刻奏闻，而太宗和太子也一再亲临探病。几天之后，太宗夜梦魏徵，及旦，官员即来奏魏徵薨逝之讯。

太宗闻讯大恸，亲临痛哭，废朝举哀五天，追赠魏徵为司空、相州都督，赐谥称为"文贞"，下诏给予丰富的赗赠及举行隆重的葬礼，陪葬于昭陵。大殓之日，魏夫人裴氏婉拒葬仪，说："先夫生平俭约朴素，今天特赠以一品官的礼仪来送葬，羽仪甚盛，不合亡者之志。"竟以布车载柩而葬。太宗亲登御苑西楼，望葬而哭（古代天子于礼不送葬），诏令百官送出郊外，亲自撰写碑文，并亲笔书于碑石之上。稍后，太宗临朝对侍臣说："以铜为镜，可以正衣冠。以古为镜，可以知兴替。以人为镜，可以明得失。朕常保此三镜，以防己过。今魏徵殂逝，遂亡一镜矣！"因而泣下。翌月又下诏图形于凌烟阁，太宗多次登阁怀念他。

　　魏徵有四子。叔玉是长子，继承郑国公之爵位。魏徵病危，太宗有意将衡山公主嫁给叔玉为妻，遂带公主一同来探病，告诉魏徵说："公振作一点，起来看看新妇吧！"魏徵病危到不能致谢。由于魏徵之丧，所以叔玉和公主也未便立即结婚。这年四月，太子李承乾案爆发，太宗原无意责怪生病中勉强接受太子太师之官的魏徵，但是魏徵生前推荐的杜正伦和侯君集均牵涉太子之案，正伦坐罪贬出，君集是宰相，坐罪被斩，遂使太宗怀疑魏徵阿党此二人。加上魏徵生前经常抄录谏诤的言论，展示给史官褚遂良看。此事已被太宗知道了，更为不悦，于是手诏停婚，并仆倒所写的碑。贞观十九年（645），太宗亲征高句丽，没有达成目的而还，怅然告诉侍臣说："魏徵若在，我会有此行吗？"随即召见魏徵家人，赐劳裴氏，又命以少牢祭祀魏徵之墓，将仆倒之碑重新树立，恩礼有加。然而公主始终未嫁给魏叔玉。

　　叔玉及叔瑜均任官，叔琬不详，叔璘则官至礼部侍郎（教育部副部长），为武则天的酷吏所杀害。魏徵的五世孙魏暮为唐宣宗的宰相，为人也是说切无所回畏的。宣宗曾称赞他说："魏暮是名臣之孙，有乃祖之风，朕内心颇畏惮他！"

　　魏徵的学问博雅，以儒家为主，以纵横家为用，家中以藏书丰富出名。任侍中时，太宗诏令修撰五代史（即北周、北齐、梁、陈、隋），诸臣分撰，魏徵则总加撰定。他对诸史多所损益，务存简正，对梁、陈、齐诸史各为总论，而《隋书》的绪论，更是魏徵所亲撰，故隋书遂由魏徵领衔，当时有"良史"之称。后来又以《礼记》编次不伦，遂研精覃（tán）思数年，重新编订及综合作注，完成《类礼》二十卷。魏徵其他的小著作、谏疏及别人记录他的言论，后来被人编为《魏公故事》一书，凡数十万言之巨。

魏徵的次子叔瑜，擅长草书及隶书，其子魏华加以研习，尤为精进，以善书闻名于世。魏徵的女儿嫁给大门第兼文学世家的薛仁伟（仁伟的曾祖即隋朝文豪薛道衡，叔祖薛收和从父薛元敬皆为秦王府学士，皆太宗的心腹秘书，薛收之子元超更以文学成为唐高宗的宰相）。仁伟之子薛稷亦以文学知名，成为中宗的宰相，自少从外祖父魏徵家中学得书法，尤擅长草书，与魏华齐名。表兄弟二人皆以书法冠于当世，世称善书者"前有虞（世南）、褚（遂良），后有薛、魏"云云。

四、王珪

王珪（571—639），字叔玠，太原祁县（今山西省晋中市祁县）人氏，系出太原王氏的高门。北魏时，王珪先祖曾任护乌丸校尉（乌丸即乌桓，东胡别种，汉末被曹操所破，遗裔遂居嫩江之北；护乌丸校尉乃监护乌丸的长官），因号"乌丸王氏"。王珪曾祖王神念，在梁武帝时率子王僧辩投奔南朝，遂迁居南方。武帝末，侯景兵变（548—552），僧辩起兵勤王，遂成为最具权力的宰相，主宰梁朝政局。由于权势太盛，遂为陈霸先所推翻，两年之后，霸先得以建立陈朝。王僧辩父子被害之前，他的长子王顗（yǐ）奉命督师于荆州以御西魏，兵败撤入北齐，用为乐陵（治今山东乐陵西南）郡守。王顗即王珪的父亲。

王珪少孤，家计贫穷。他的季叔王頍，素有通儒之称，善于评鉴人物，认为"我家门户所寄唯在此儿耳"。事实上，王珪自少即个性雅淡，没有什么嗜欲，而且志量沉深，能安于贫贱，体道履正，交不苟合，所以王颁看好他。隋文帝开皇十三年（593），王珪二十三岁，应诏进入秘书内省校定群书，任为太常治礼郎的小官职。十一年之后，文帝驾崩，隋炀帝即位，皇弟汉王杨谅挟太原劲兵反对炀帝，王颁当时为杨谅的咨议参军，是他的谋主，协助杨谅起兵。杨谅兵败，王颁被诛，王珪应当连坐，乃亡命于南山（王珪这时住在陕西眉县，南山即终南山），时年三十四岁。王珪在南山隐居十余年，其间只和房玄龄、杜如晦等少数朋友相善；玄龄小他八岁，如晦小他十四岁。某天，王母李氏建议王珪说："你将来必定贵显，但不知你的朋友究竟是哪一类人，不妨带他们来家里坐坐。"玄龄等来到，李氏窥见他们，大为吃惊，赶紧张罗酒食，竟日尽欢。事后李氏向王珪说："房、杜两位客人都是公辅之才，你日后的贵显不必怀疑了！"

炀帝大业十三年（617），李渊自太原攻入关中，拥立代王杨侑为皇帝，自为大丞相。丞相府司录——李渊的重要幕僚李纲，向丞相推荐王珪，称赞他贞谅有器识，李渊遂任用他为世子府（李建成时为世子）咨议参军，成为建成的重要顾问，他这时已经四十七八岁了。不久，李渊称帝，建成被册为太子，王珪累升为太子中允（东宫左春坊的重要机要官，相当于朝廷的门下侍郎），遂全力辅助皇太子。这时，他的挚友房玄龄和杜如晦却全力辅助秦王李世民，可谓各为其主了。太子与秦王冲突日烈，至武德七年（624）六月，爆发了所谓皇太子谋反案（即庆州刺史杨文干兵变，谣传此事和太子有关），东宫和秦府各有重要幕僚遭到处罚，王珪被流放于嶲州（治今四川西昌），直至两年后才被召回。

"玄武门兵变"爆发，秦王世民即皇帝位，这时房玄龄、杜如晦均以第一功臣出任宰相大臣的要职，而太宗亦素知王珪之才，于是将他从巂州召还京师，提拔为谏议大夫，与魏徵同在门下省为侍臣，这时他已五十六岁，魏徵则为四十七岁。两人尽心竭力，由太宗的仇敌变成太宗的两员模范谏臣。

王珪在太宗初期，由谏议大夫升迁为黄门侍郎（门下省副长官）兼太子右庶子，他的最大贡献是协助并促使唐太宗重整中书、门下两省的职权，以及建立谏官入阁的制度；这些制度的重建，使国家大政的决策更慎重、更合理化，避免了隋朝的乱政有重演的可能（参第七、十五条）。王珪的谏臣风范不像魏徵一般抗直激切，却是雅正而不屈的。例如他批评太宗收纳庐江王妃为侍妾，婉转地申诉杀人之夫而取人之妻的不当（参第二十一条）。又如太宗命令名音律家祖孝孙教宫人声乐，却感到不满意而加责备，王珪和温彦博为此上谏，为孝孙做解释，并批评太宗命雅士教女乐为不对。太宗大怒说："卿等都是我的心腹，应当进忠献直，怎么反而附下罔上，为孝孙进言呀。"彦博畏惧而谢罪。王珪不但不谢罪，反而正色地说："臣本是前宫（指太子建成）的人，罪已当死，陛下矜恕性命，不以不屑而置之枢近，以忠直责成于臣。如今怀疑臣有私，是陛下负臣，臣不负陛下！"太宗为之默然，翌日遂向房玄龄等表示悔意，认为错怪王、温二人。所以王珪担任谏官之时，太宗就曾因他推诚尽节、多所建议而嘉慰他说："卿所议论皆击中朕的过失。自古人君莫不希望社稷永安，然而不能达到，其原因主要是人君不闻己过，或闻而不能改罢了。如今朕有所失，卿能直言，朕又闻过能改，何虑社稷的不安哩！"而且也曾推崇他说："卿如果常任谏官，朕必永无过失！"因此，太宗对王珪日益亲厚。

王珪为黄门侍郎，长官即为高士廉。他是皇后的舅舅，五个"玄武门兵变"第一功臣之一。贞观二年（628）十二月，王珪有密表要通过士廉呈奏，士廉将它抑压而不言，遂坐罪贬出为都督，侍中遗缺由王珪守任，王珪遂成为宰相，年龄已五十八岁。两年后，王珪正拜为侍中，温彦博、戴胄等也同时加入宰相团，加上原来的房玄龄、李靖、魏徵三相，遂组成了大唐阵容最坚强的宰相团。太宗知道王珪有乃叔之风，精于评鉴人物，就请他评鉴各宰相，并作自我比较。王珪说完诸相优点后，自谓"激浊扬清，嫉恶好善"方面，亦可与诸相争一日之长（参第八条），太宗和诸相皆认为确论。事实上正因王珪的优点在此，所以才能完美地发挥了侍中应有的职权，而成为名宰相。不过三年以后，他却因泄露禁中机密谈话，坐罪贬出为同州（治今陕西大荔）刺史，结束了宰相生涯。

贞观八年（634）正月，王珪被贬后十个月，太宗怀念此年已六十四岁的名臣，遂再度召回京师，拜任尚书省的礼部尚书。他奉诏与诸儒正定"五礼"，于十一年（637）工作完成后，获得太宗的封赏，并于此年兼任魏王师。相州都督、魏王李泰这时是王室子弟之中最得太宗宠爱的人，也是授任地方长官而不需赴任的人，早就有人认为太宗对他太过宠溺，恐怕日后会生是非，因而进谏。太宗也了解这问题，所以特请王珪兼为魏王师（参第四十九、五十五条）。王珪是体道履正的人，既坚持开创公主拜见舅姑的规矩，因而也以师道自居，接受魏王的礼拜。他一方面教魏王以忠孝之道，一方面则从建立国家礼制上压抑魏王的气势（参第一三五条），因而颇获好评。可惜的是，王珪兼任魏王师的时间不长，实际上尚未满两年，就病逝于任上。他的逝世，无异对日后魏王竞争继承权，是有相当大的影响的。

王珪生于南北朝晚期，至贞观十三年（639）即届六十九岁，这年初春遇疾病倒，且在短时间内急转直下。太宗敕令南平公主就第省视，又派民部尚书（后改为户部尚书）唐俭监督医治他的抢救工作，皆无效果，仍于正月病逝。太宗刚谒献陵（唐高祖陵）而回，闻讯即素服举哀于别次，诏令魏王率领百官亲往临哭，追赠为吏部尚书，谥为"懿"，永宁公的爵位由王珪长子崇基继袭。

王珪自少孤贫，亲友对他有所赠送皆不推却，及至贵显以后，皆一一还以厚报，即使赠送人已死，亦必回报其妻子和儿女。王珪只有兄弟两人，兄长王玭生平不详，但王珪事寡嫂尽礼，抚养孤侄王闵亦恩义隆厚；宗亲、姻戚若有困匮，王珪也多所周恤。所以王珪的家庭经济未必丰裕，日常自奉甚俭。依照法令，三品以上大臣必须建立家庙，以祭祀三代祖先。王珪通显已久，迄未建造家庙，四时祭祀只在寝堂进行，因而曾被法司弹劾。太宗对他优容，对此不加责罚，特令官方为他建造家庙，以愧其心罢了。时论对此则看法不同，认为王珪俭而不合礼，对他颇有贬议。

王珪生有两子，王崇基袭爵为官；王敬直则尚太宗第三女南平公主，因而拜驸马都尉。贞观十七年（643）——王珪死后四年——皇太子承乾谋反案爆发，敬直坐与太子交结，流放于岭南；南平公主亦随同流放，后改嫁给刘玄意。王珪的直系子孙表现多不出色，曾孙之中尤其出了一个王旭，被《新唐书》列入《酷吏列传》之中。

五、李靖

李靖（571—649），字药师，京兆三原县（今陕西三原东北三十里）人氏。李靖系出陇西李氏，与唐朝王室同一系统。陇西李氏在西汉出了一位名将，此即"飞将军"李广。由李广之子李敢一脉下传，至十二世孙李伦，才分出为"丹阳房"；伦弟李柔的后裔则分出为"西凉房"。前者即李靖的直系，后者即唐太宗李世民的直系。如果依照世次排列，李靖应与大唐的高祖皇帝同辈分，较太宗皇帝高一辈；他比高祖小五岁，大太宗二十七岁。他和太宗同在贞观二十三年逝世，他死于五月十七日，享寿七十九岁；太宗则死于同月二十六日，相差仅九天。

李靖的五世祖李文度，因在西凉任官，遂迁居于京兆，子孙屡任地方长官，至玄孙李诠，娶隋朝名将韩擒虎之妹为妻，李靖即其夫妇的次子。陇西李氏原是将门子弟，韩擒虎又是隋朝三大名将之一（另二将为杨素和史万岁），所以李靖可说在军事阀阅的家庭中长大的，韩擒虎生前即曾夸赞李靖说："可以一块儿讨论孙吴兵法的人，只有这个孩子了！"

少年时代的李靖，拥有魁伟的身材、英俊的外表和姿仪。由于家世的关系，他早就博览群书，务通精义，而不是一个读死书的人，故曾豪迈地对人说："大丈夫若遇主逢时，必当立大功做大事，以取富贵，何至做一个章句之儒！"因此，虽然身为将门子弟，三个舅舅（擒虎、僧寿和韩洪）尤为勇将，李靖却不是那种莽夫型的将领，后来王珪声称"才兼文武，出将入相，臣不如李靖"（参第八条），即可想见其人。隋朝最能鉴赏人才的吏部尚书牛弘，曾经称赞他有"王佐才"；连素以恃才矜贵、轻侮公卿见著的杨素，也曾抚着自己的左仆射位子说："卿终当坐此！"

李靖虽然豪迈志宏，但他的行为是老成早熟型的。他待人宽容，能包含别人之短，谋事则从久远处思考，策划则变化多端。后来他立下不世之功，身居首揆之位，所为仍然如此，难怪能享大名。十六岁那年（陈至德四年，隋开皇六年，586），李靖担任长安县功曹参军事。十九岁时，隋军南征陈朝，统一中国，李靖自后历任汲县、安阳县，乃至本籍所在的三原县县令，而且考绩连连名列前茅。由于基层行政成绩卓越，约在三十一岁那年（隋文帝仁寿元年，601），遂被升迁为尚书省兵部驾部司的员外郎。就在这年年初，他的三舅父韩洪率领他的长兄李端（字药王），与突厥大兵团展开激烈而著名的恒安镇之战（今山西怀仁西南五十里），以兵寡无援而败，舅甥两人均除名为民。

四十六岁时，李靖出任马邑郡（治今山西朔州）丞。马邑乃是隋朝对抗突厥的前线重地，朝廷用他为郡丞，实有借重之处。李靖在郡，以德安边，合境无尘，然而大患却自后方起。他在翌年，暗中观察到太原留守李渊阴有异志，稍后且已确知此事果真，于是紧急离开任所，自我锁着奔赴京师告变。他这一揭发行动，几乎坏了李渊的大事。李渊只得提前起事，西攻入关。及至李渊平定关中，捕得李靖，将斩之。李靖大声呼道："公起义兵，本为天下除暴乱，如今不想成就大事，而想挟私怨杀害壮士吗？"李渊壮其言，李世民又从旁固请，李靖遂被释放。李靖以布衣闲居于京师，稍后才被世民引入幕府，擢为开府（即后来的中郎将，统率三卫；三卫乃权贵子弟所组成的部队），这时他已四十九岁。

武德二年（619），李靖奉命统率八百壮士南下经略萧铣。萧铣乃梁朝帝裔，隋末复国于长江中游，兵力四十余万，论领土和兵力，连李密、李渊也比不上他，是江南最大的集团。李靖兵力虽少，却是首次离开秦王而独立作战，展开他后半生的戎马生涯，得到了发挥才华的良机。

李靖在川豫之间作战，连败强大的对手，一再救援唐朝在此作战的李瑗、李孝恭和许绍兵团。唐高祖原先有密令，要许绍借机杀害李靖，以雪告变之仇。许绍见李靖人才，不忍下手，及至连连克捷，高祖大喜，对侍臣说："朕前有密敕命令许绍斩杀李靖，幸许绍爱惜英才，为之请命。朕因许绍是幼时同学挚友，不便过分固执，不料李靖今日果立大功。朕听说'使功不如使过'，这话果然灵验。"于是玺书慰劳李靖说："卿竭诚尽力，功效特彰，远览至诚，极以嘉赏，勿忧富贵也！"使者宣读玺书后，交给李靖一份手敕，上面写道："既往不咎。旧事，吾久忘之矣！"李靖大喜，知道朝廷从此以后真的不记仇于他了，乃放心留在信州（治今重庆市奉节东北），协助年仅二十九岁的山南道招慰大使、信州总管、赵郡公李孝恭，一方面处理战地政务，一方面筹备东征。

大唐经略潼关以东，将之开辟为两个战场，黄河流域是北线，由李神通主持，李世勣、魏徵等协助；南线则由李孝恭指挥，李瑗、许绍等协助。当李靖南下时，南线几乎处于被动受困的状态，北线则兵败如山倒，神通、世勣、魏徵等均为窦建德所俘。李靖在南线作战两年，战局因而大定；北线此时也由秦王世民亲自出马，再度东攻了。武德四年（621），世民经过多次剧烈的大会战，终于平定了窦建德和王世充两大集团，晋册为天策上将。这年，李靖也通过李孝恭提出"平梁十策"，正式东出。孝恭为统帅，李靖则为其中一个兵团的司令官兼统帅部参谋长，这是由于唐高祖认为孝恭未更戎旅，所以将军政一委李靖，使他成为十二个兵团的实际统帅。李靖指挥大军，仅一个月即消灭了梁朝，因而进拜为检校（署理）荆州刺史、上柱国、永康县公。黄河及长江中游，同年皆告平定。稍后，李靖奉命为岭南安抚大师，全力对付岭南。翌年九月，李靖兵不血刃，使岭南悉定，使唐朝增加了九十六郡、六十余万户的版图。

武德六年（623）八月，杜伏威留在长江下游的集团在辅公祐的领导下兵变，他们原是江南反隋的第二大集团。朝廷任命李孝恭为统帅，由荆州会合李世勣等七个兵团联合进讨；而李靖则奉诏急驰入朝，讨论方略后，任命为副统帅，实际指挥七兵团作战。翌年三月，唐军突破叛军各路防线，攻入丹杨，擒辅公祐，荡平其残部，使江南完全平定。朝廷决定建立东南道行台，任命孝恭为右仆射，李靖为行台兵部尚书。自此，潼关以东，黄河流域由陕东道大行台统治，秦王为长官，屈突通为助手；长江流域及五岭南北则由东南道行台统治，由恭孝做长官，实际则由李靖主持。李靖不仅成为方面大员，而且获得朝廷无比的嘉许，唐高祖甚至推崇他说："古之名将，韩（信）、白（起）、卫（青）、霍（去病），岂能及也！"他在建立平定半个中国的功劳而获得如日中天的声誉时，年龄已经五十四岁。这种功名乃在他五年奋斗之下获得。

武德八年（625），李靖奉诏统兵北至并州防御突厥。当时突厥频频入侵，诸军多败，唯李靖兵团独能保持完整，故加授安州大都督，支持今晋陕一带的各兵团作战。秦王为争取继承权而兵变，遣使问计于他，他对这种事情加以拒绝。"玄武门兵变"终于发生了，李靖对此事略无贡献，太宗也没有把他视为兵变的功臣。直到颉利和突利两可汗突袭长安，情势危险，李靖立即率部尾追，在邠（bīn）州（今陕西彬州邠县一带）压敌归路，对来袭敌军构成战略威胁。随后不久，太宗密遣长孙无忌驰至，命他交出指挥权火速入京谋议军事。李靖入觐，劝太宗在不惜一战的基础上运用贿和之策，逼使突厥得到物质利益后惧战而退，此即"渭水之盟"奏效的原因（参第一五八条），所以太宗后来论功行赏，列他为第八等功臣。贞观元年（627）八月，侍中高士廉坐寝抑王珪的表奏之罪，外放为安州大都督，李靖即解除军职，奉调入京为刑部尚书，寻兼行太子左卫率（东宫第一武官）。翌年，五十九岁的他又以本官检校中书令，成为宰相。李靖在隋朝常任文职地方官佐，在唐朝却以军人姿态出现，至此因军功而拜相，这与李靖的军事才华有关，也和太宗准备在适当时机报复"渭水之耻"的构想有关，所以不久即迁李靖为兵部尚书，仍检校中书令，付以全国军政大权。

贞观四年（630），李靖进入六十岁，由于时机已成熟（参第一五六条），遂出任定襄道行军大总管，指挥李世勣、李道宗、柴绍、卫孝节、薛万淑等五个兵团，连他的直隶兵团，分成六路进攻东突厥。这年正月，李靖亲统直隶兵团中的轻骑兵一万人，随飞雪、逾阴山，长程直袭东突厥的定襄大本营，颉利可汗大败而逃，退至铁山和大沙漠边缘，重整军备，并遣使入唐要求议和内附，意图争取喘息的时间。太宗批准内附的请求，遣使北上商议。李靖的看法并不如此，认为突厥休息后仍会为患，不如一劳永逸地征服他们，遂以"将在外，军令有所不受，以利国家"的负责精神，决定不顾朝廷的特使团正在和谈，统兵再次攻击，另命李世勣兵团担任封锁沙漠信道的任务，以免颉利越漠而去。结果不出所料，获得彻底性的成功，连颉利可汗也被俘虏，送至长安。唐太宗对此大喜说："从前李陵提步兵五千人与匈奴作战，不免身降节屈，可是还能名留青史。卿以三千轻骑深入虏庭，克复定襄，威震北狄，立古今所未有的盖世功勋，足以为朕报当年渭水之耻了！"

此役，李靖不但消灭了东突厥所扶植的隋朝流亡政权（参第九条），而且彻底解决了来自北方的最大威胁——东突厥。北方各部为此震动惊愕，入唐推戴大唐皇帝兼为"天可汗"——元首中的元首、帝王上的帝王，中国史从此展开新页。太宗为此晋封李靖为代国公，食邑加至三千户；他原封的永康县公封爵，则加恩保留，封给他的大哥李端；李端并因二弟此功而授任为刺史。至此，李靖的权位才能和太宗其他重要功臣看齐；尤其在同年八月，李靖迁拜为右仆射，成为首揆（kuí），更是超越其他宰相功臣，而和房玄龄平起平坐了。当年杨素的预言，已告应验。

李靖执政稳重无私，每次和诸相会议，总是恂恂然似不能言。房玄龄与他同年龄，房精于吏治，李长于军政，两人皆以慎谋谦退著称，同样得到太宗的亲信和敬重，也得到群臣的佩服。贞观八年（634），太宗欲派重臣分巡全国，畿内道的人选非魏徵即李靖，结果由李靖出巡（参第七十五条）。这年李靖已经六十四岁，事业、权位皆达巅峰，遂思谦退让贤。十月，他上表以足疾为理由要求辞职。太宗刚从九成宫回来，挽留不果，特命中书侍郎岑文本至邸慰谕——文本是李靖得自萧铣，而向太宗荐用的人才。文本向李靖宣示太宗手书说："朕观自古以来，身居富贵而能知足者甚少。世人不论贤愚，多不能自知，才虽不堪也强要当官，身已老疾而仍想任职，绝不放弃权位。公能知大体，深足可嘉！朕如今不但要成全公的雅志，而且更想因公而树立新的形象，作为一代楷模，所以勉强同意公的辞呈。"于是颁达制命，推崇李靖的功业和人格，升迁他为正二品的文散官——特进，命令他足疾好一点后，即可每三两天至宰相议事厅议事；若不能前往，亦可任意在家休养，一切政府待遇仍旧不变。

李靖其实位退而不能休息，因为同年底，讨伐吐谷浑（在今青海一带）的军事行动无效，太宗一者希望彻底解决此几百年来难以解决的问题，一者又难于统帅无人胜任，想请有足疾而刚退休的李靖勉为其难，又不好意思出口。李靖闻讯，遂自请出征。十二月，李靖被任为西海道行军大总管，指挥宰相侯君集，名将李道宗、李大亮、李道彦、高甑（zèng）生，突厥兵团执失思力，铁勒兵团契苾（bì）何力等各军，前赴高原作战。翌年五月，李靖奇兵作战，迅速地征服了吐谷浑所部，兵锋直指黄河发源地的星宿海，另立新王而还。吐谷浑是南北朝以来长期缠战的顽敌，也步东突厥的后尘，在四五个月之内，即被李靖所解决。至此，大唐近邻可说已无强敌，吐蕃、回纥等崛起乃是以后的事了。

当年征服东突厥回朝后，李靖曾被宰臣萧瑀弹劾，说他御军无法。太宗制止了弹劾案，但对李靖也加以责备及警告。李靖顿首谢罪，不作一言以自辩。事后，太宗也颇知对李靖有点过分了。这次远征而回，李靖又被部下高甑生诬告造反（参一四五条）。调查结果证明李靖无罪，反处高氏以诬罔罪名。但是，深知谦退的李靖，自后遂杜门谢客，学习道术，不再从事公开活动，完全从权力圈中退却下来。

李靖不像魏徵那样退而不休，他自政坛退下来后，即绝少参加政治活动。贞观十一年（637），朝廷欲推行世袭刺史制度，李靖是十四个受封功臣之一，也是唯一已退休的大臣。他改封为卫国公，世袭濮州刺史（参第四十七条）。十四年（640），他的夫人病逝。太宗为了推崇她的丈夫的功勋，并安慰那七十高龄的名将，特诏举行异乎寻常的葬礼，准其依照汉朝名将卫青和霍去病的故事，为卫国夫人依突厥境内的铁山和吐谷浑境内的积石山两座山形来修建坟墓，这是妇女葬礼的空前之举。三年之后，李靖入选为图形于凌烟阁的二十四功臣之一。贞观十七年（643），太子承乾案爆发，吏部尚书、参预朝政侯君集——李靖的学生——被处斩，李靖的长子李德謇时任将作少监，因与太子友善而坐罪，判决流放于岭南。但是，太宗体念七十三岁的李靖，特诏改配于吴。这种情况与魏徵不同，显示了太宗对两人具有不同的态度。

贞观十八年（644），李靖进阶为最高级的文散官——开府仪同三司。这时，太宗欲亲征高句丽，朝廷为此而生主和、主战两种意见，争论剧烈。太宗访问于李靖，说："公南平吴会，北清沙漠，西定慕容（指吐谷浑），唯有东方的高句丽未服。公对此有何高见？"七十四岁的李靖表示以往凭借天威而已，如今残年朽骨，但仍想代替天子统兵东征。太宗悯其老弱，不许。及至无功而班师，太宗检讨全局，请教于李靖。李靖说："江夏王（李道宗）晓得。"江夏王道宗乃李靖的老部下，是此役陆军方面的副统帅，他指出安市之战是胜负的关键，假如当时敌军主力前来会战，他别带一军奇袭平壤，战争应当早就结束。太宗后悔当时否决了李道宗的战略，坐贪战果而失去机会，遂改变了以后对付高句丽的战略（参第七十七、一六三条）。

贞观二十三年（649）五月，李靖病重，太宗这时亦生病，扶疾前往探视，流涕慰问，不久李靖就疾薨于邸。太宗当时也已病重，难以至邸悼吊了，只得下诏追赠他为司徒、并州都督，谥为"景武"。他的饰终大典之隆重，乃是开国以来与高士廉、房玄龄二人平等，是武将中的第一人，旧部宾僚闻耗惊愕，皆誉他为宗匠，悲恸不已。

　　李靖生前的武功太高，直至宋人仍称他为近代名将之最，加上他的人格风范亦高，因而使当时乃至后人都对他产生敬仰和膜拜。唐人常将他的事迹加以神化，撰写成传奇小说，宋元以后更提升为著名的托塔天王，而他的舅舅韩擒虎则成为十殿阎王中之楚江王。唐宋之世，有不少道家方术的著作，亦假他的名义而刊行，认为他精于这些道术。事实上，李靖极有政治家的风范，尤长于军事，唐朝中期建立武庙，他自始即成为武庙"十哲"之一。唐太宗命令他教授高级将领以兵法，确切可知是他的学生的，乃有第一功臣及宰相身份的侯君集，除他以外，连与他齐名的英国公李世勣及其以下各名将，大多曾追随李靖作战，是李靖的部下，这是他在唐朝地位尊崇的重要因素。他生前或死后不久，世间即流传他的军事著作——《大唐卫公李靖兵法》；今日坊间流行的《唐李卫公问对》一书，记载太宗和李靖谈论国防军事的语录，为后人所辑，自宋朝即列为"武经七书"之一。李靖的成就，推动了历史的进步。唐朝"贞观之治"因之更显得显赫，甚至超越了著名的汉朝"文景之治""光武、明、章之治"和隋朝的"开皇之治"的声势。

　　由于李靖的性格，他的家教算是相当成功的。长子李德謇虽因与太子承乾友善而坐罪，事实上他并无骄逸不法或参与兵变的行为，只是连带受累罢了。以李靖的声势，他和二弟李德奖应在朝廷更为活跃或更易升迁为大官，事实不然，兄弟二人皆未出任大臣，德奖尤为声迹淹灭，可能与谦退的家风有关。倒是李靖叔父李伟节一家，其中出了一个甚有声望的监察长官李乾祐（伟节子，靖之从兄弟）和一个在武周时期最有权势的宰相李昭德（乾祐子），都对唐朝的政局具有贡献。至于卫国公夫人，唐代即盛传姓张氏，是《虬髯客传》中的女主角——红拂女，此则缺乏证据可考了。

下篇　　　　　　　问题讨论的展开

第一章　统治问题的讨论

一、论怎样做一个统治者

大唐武德九年（626）六月四日，天策上将、尚书令、秦王李世民发动"玄武门兵变"，掌握了统治大权。他的父皇唐高祖李渊，无意再眷恋帝位，于是在八月九日让位给他。

唐太宗即位后，政局犹未完全稳定，寻即发生东突厥颉利可汗统兵二十万，突袭大唐，长驱直下，压逼京城长安之举。太宗被逼作城下之盟——历史上著名的"渭水之耻"——希望通过贿赂手段，使敌军不战自退，以换取从容时间，全力安内，以后再徐图雪耻。

敌军退后，当时最大的问题就是要迅速安定国家，发展经济，以重建自隋末以来大乱的社会，否则动乱兵变仍会循环出现、频仍不已的。

隋朝的两个皇帝——文帝和炀帝——就才干学问来说，不但不是庸劣之主，而且还算得上是历史上第一流的皇帝。唐太宗的文采风流未必比得上炀帝，他后来完成的"贞观之治"也比不上文帝"开皇之治"的富盛，然而隋朝却亡于国富兵强。对太宗君臣来说，这真是历史上极值得重视的大问题，而且也极值得大家讨论，作为启示和鉴戒。

（1）怎样才能做好一个统治者呢？这是太宗君臣长期思考的

重要问题。贞观初年的某一天，太宗和侍臣们聊天。

"作为一个君主的要道，必须先要让百姓能够生存。"

太宗先下了一个结论，跟着做补充说明：

"如果为了自我享受而伤害百姓，就如同割股充饥一样，肚子饱是饱了，但身体也就完了。若要安定天下，就必须先端正其身，没有身子正而影子弯、在上者精于治理而在下者胡作非为的事。朕常常想，伤害自己的不是外面的东西，全是由于自己内心的欲望，所以造成了大祸，像耽嗜滋味、玩悦声色，欲望既然多了，伤害也就大了，不但妨碍政事，且又骚扰生民；而且，有时发出一些不合道理的言论，导致万众为之解体。怨讟（dú）既然出现了，叛乱也就跟着会发生。朕常常想到这个道理，所以不敢放纵享乐。"

"是呀，"谏议大夫魏徵在旁附和，"古代圣哲的君主，都能够就近先从本身做起，所以能够推己及远地体察其他万物。从前楚王礼聘隐者詹何，向他请教治国之道。詹何答以修身的方法。楚王仍未领悟，再次追问如何治国。詹何只回答说：'臣没有听说过有身治而国乱的事呀！'如此说来，陛下刚才所说明的道理，实质上和古人的道理相同啊！"

（2）好的统治者被称为明君——贤明之君，相反就被称为暗君——昏暗之君。太宗当然想做一个明君。但是，明君需要多方听取臣下的意见，而暗君事实上也常常听取别人的意见，这两种君主的差异究竟何在？

太宗想不出它的所以然，于是在贞观二年（628）正月，不耻下问于魏徵："何谓明君，何谓暗君？"

去年年底，魏徵被人进了谗言，太宗几乎误会他行为不检点（详第二十八条），所以魏徵听后，马上回答说：

"人君之所以明是由于兼听，人君之所以暗是由于偏信。《诗》云：'先民有言，询于刍荛（ráo）。'"

《诗经》这句话的意思，是指为人君者应该广泛地听取意见，即使意见来自砍柴的人也不要放过。魏徵引用这句诗，目的在确切地界定兼听的意义，表明兼听与只专门听取一些人的意见不同，后者只能称为偏信。

为了让三十一岁的青年皇帝更了解二者的差异，魏徵进一步举例说明：

"从前尧、舜治天下，辟四门，明四目，达四听，扩充自己的视野，所以消息灵通，无不洞照，共工、伯鲧之徒不能加以蔽塞，言行不一致的事也不能蒙惑他们。秦二世则不是这样，他只听取赵高的意见，每天藏身于禁宫之中，把自己孤立起来，与臣民隔绝；由于偏信赵高，所以及至天下溃叛也不知道。梁武帝偏信朱异，而侯景举兵造反，攻入宫阙，武帝竟然一点儿也不知道。隋炀帝也是，他偏信虞世基，及至天下大乱，盗贼在各地攻城劫邑也不得而知。因此，人君兼听而察纳下言，那些权贵大臣就不得蔽塞下情，而下情也就必得向上沟通啊。"

"甚是，甚是！"太宗听得频频点头，顿然领悟。

（3）贞观中期以后，天下已臻太平，物阜民丰，万国来朝，蒸蒸然已进入"贞观之治"的时代。

贞观十年（636）的某一天，年届四十、半生励精图治的唐太宗皇帝，在与侍臣们聚会的时候，突然提出了一个千古争辩不休、迄今仍为人们辩论的问题。

"卿等谈谈看，"太宗提议说，"帝王的事业，开创和守成哪一种比较艰难？"

"世界混乱昏暗，群雄竞起角逐，力量大的攻破力量小的，小的就投降；战胜了，对方就消灭。就此而言，开创确实艰难！"尚书左仆射房玄龄似乎有所感慨地回答。

"不然，不然！"魏徵反对说，"帝王的兴起，必定承受了世界衰乱的机会，打倒那些昏狡之徒，百姓一定乐于拥护，四海归命，天授人与，哪里算得上难！但是既得天下之后，志趣骄逸，百姓想安静休息而徭役不休，百姓凋残困苦而奢侈的事情没有停息，国家的衰敝，常常因此而发生。这样看来，守成实在难呀！"

太宗听了两人的辩论，就作了一个结论："玄龄从前追随我平定天下，备尝艰苦，出万死而遇一生，所以看见开创事业之难。魏徵与我安定天下，忧虑产生于骄逸之端，如此则必定踏上危亡之地，所以看见守成之难啊！现在，开创之难既然已经过去了，至于守成之难，应该和公等（指宰相侍臣们）慎重努力才是。"

玄龄等听后，礼拜着说："陛下能够说出这样子的话，真是四海之福啊！"

（4）中期以后，太宗目睹太平之盛、国威之远，心志不免慢慢松懈下来，而且言行也不免有所骄奢，不像以前一般察纳雅言、从善如流了。有时臣下向他进谏，他竟然常常和谏者面对面地剧辩不休。太宗口才好、学识丰、地位尊，谏者被他面折，常陷于既窘又惧的困境中。

他和房玄龄、魏徵讨论过"创业与守成孰难"这一命题以后，有一天，又想到创业既然已经完成，守成尚需慎重努力，但是，现在国家已经进入太平有年，而且蒸蒸日上，守成到底有多难呢？他百思不得其解。于是，太宗又问侍臣：

"守天下究竟是难呢？还是容易？"

"甚难。"魏徵马上回答。

"任用贤能而又能接受谏诤就可以了，为什么说甚难？"太宗紧追着问。

"臣观自古以来的帝王，在忧危的时候则任贤受谏，及至安乐，就必定产生懈怠之心，因此提议论谏的臣子，只有战战兢兢，困惧不已。这样子日复一日，慢慢衰懈，以至于危亡。"魏徵申述说，"圣人之所以居安思危，正是为此啊！安乐之中而能保持忧患意识，岂不是很难吗？"

（5）贞观十年（636）六月，侍中（门下省长官、宰相）魏徵因为眼睛有毛病，屡次上表请求逊位。太宗认为他的年龄仅五十七岁，退休言之过早，因此每次均挥朱笔否决。魏徵坚持再三，太宗无奈，遂升他为正二品的文散官——特进，但特诏命令他仍然代行门下省长官的职权。同月，长孙皇后驾崩（古时皇帝及皇后死均称为驾崩），三十九岁的太宗悲悼不已。年底隆重埋葬了皇后以后，太宗就想到东都洛阳住一段时间，以冲淡睹物思人的伤感。

贞观十一年（637）春正月，太宗下诏建造飞山宫于洛阳，以备临幸（天子降临）。翌月，大驾遂浩浩荡荡出发东行。三月到达洛阳，下诏将洛州改名为洛阳宫，一直住到翌年二月才西还京城（唐人称长安为京城），整整住在洛阳宫一年之久。除了留守人员，京城大多数官员，此次均随太宗东行。

三月十五日，太宗召宴重要随行官员于洛阳宫西苑，泛舟积翠池上。这是他即位以来首次游幸洛阳，回想十多年前，这里的池榭台阁仍然属于隋炀帝所有，自己亲统大军将之攻下，变为大唐所有。十年来人事几番更新，太宗内心颇有感触，因此回头看着侍臣，徐徐道：

"炀帝做此宫苑，结怨于百姓，如今这一切悉为我所有，正由宇文述、虞世基、裴蕴之徒（三人皆为隋朝权贵，炀帝亲信），向内谄谀君主，对外蒙蔽视听的缘故，大家怎样可以不引作炯戒哩！"（谈话详细内容参考第一六八条）

魏徵听了，宴罢回去，思考一番，不久即奏上一疏（臣下向天子提出的奏章），说：

"臣观自古创业守成之君，都想德配天地，明同日月，子孙百世，传祚无穷。然而，能够贯彻始终的人很少，多是败亡相继之例，究竟是什么缘故呢？这是因为他们追求目的的手段迷失了正道啊！殷鉴不远，可以得而言之。

从前隋朝统一天下，武力强锐，三十余年风行万里，威动殊俗；一旦举而弃之，尽为他人所有。那炀帝岂是厌恶天下能治安，不想社稷能长久，故实行暴虐之政以自取灭亡的呢？只是他凭恃富强，不虞后患，驱使天下以满足个人欲望，罄尽万物以自我享受，选采国中的子女，追求远方的奇异，装饰宫苑，崇建台榭，徭役无时，干戈不止，外表示人以尊严庄重，内心却多奸险猜忌，谗邪的人必受福赐，忠正的人生命难保，上下互相蒙蔽，君臣互相隔绝，人民痛苦不堪，全国分崩破裂，于是以四海之尊，殒命于匹夫之手，子孙殄绝，为天下所笑，可不痛哉！

圣哲（指太宗）乘机而起，拯救危溺，扶正天下，重建秩序，迅速即能达至治安太平。现在，宫观台榭，陛下尽居之了；奇珍异物，陛下尽收之了；宫姬淑女，已经全部伺候于陛下身侧了；四海九州，已经全部成为陛下的臣民了。如果能够吸收亡隋失败的教训，体念我之所以成功，日慎一日，虽休勿休，焚弃那些宝衣广殿，在峻伟的殿宇中保持忧患意识，在卑小的宫室里常思安恬而处，则神化潜通，无为而治。这是德之上啊！

如果成功不毁，留用那些旧物，取消不急之务，再三节俭自奉，住在杂有茅茨土阶的宫殿之中，让百姓乐意地接受役使而不竭尽他们的力量，常念居住的人安逸而工作的人劳苦，那么，亿兆人民就会像儿子依慕父亲一般来归，群生也能仰承陛下的德泽而安乐。这是德之次啊！

虽然是圣人，但是不体念万物，不能贯彻始终，忘记缔构的艰难，以为天命可以凭恃，忽视恭俭而进求靡丽，增广现有的基础，增加现有的装饰，触类而长，不知止足。人民看不到他的德泽，而劳役却频频听到，这就是下等了。譬如负薪救火、扬汤止沸，以暴易乱之举，事实上与乱相同，不可效法啊！这样做，后代子孙有何足观的呢？事情无可观则人怨，人怨则神怒而灾害必生，灾害既生则祸乱必作，祸乱既作而能保全身体和令名的人，世界上非常的少。

顺天而为的领袖，将能兴隆七百年的国祚，并将之传给子孙万叶。天下难得而易失，怎可不常加体念哩！"

魏徵这份表疏，有人称之为《谏作飞山宫疏》，意谓魏徵认为洛阳宫室已宏伟壮丽，不必劳民伤财以建飞山宫。就在这一年的七月，突然大雨连绵，洛阳附近的谷水和洛水大涨，倒灌入洛阳宫，水深达四尺、破坏宫寺民房甚多，冲走了六百家，溺死达六千余人。遇此天灾，太宗下诏百官上书，极言得失。百官交章上书，就在水灾后十九日，太宗征求极言后十二日，遂再度下诏，命令废止明德宫（水灾前太宗刚好移居于东都苑的明德宫）和飞山宫的玄圃院工程，送给水难百姓作重建家园之用。

不过，魏徵此疏固然反对营建宫殿，但是飞山宫是小行宫，太宗也没有像炀帝一般大造宫阙，因此魏徵疏中一字不提"飞山宫"三个字。寻思魏徵的本意，大概是他害怕太宗由此兴起奢靡之心，因而借题发挥，申论君德的等第，盼望太宗做个上德的圣君。魏徵立志"致君尧舜上"，通过这份表疏就很容易了解，所以这份表疏视为《论君德疏》似乎更合适。

事实上，魏徵在这几个月之间曾多次上疏给太宗，其中最为世人所熟知的《十思疏》，就是继《论君德疏》之后，同月所上进的。

《十思疏》是这样写的：

"臣听说冀求树木长大的办法是必须先固植它的根本，希望水流长远的措施必须先疏浚它的泉源，殷盼国家安定的途径必须先累积德义。泉源不深而希望水流长远，根本不固而冀求树木长大，德泽不厚而殷盼国家治理，臣虽然是下愚的人，也知道绝不可能做到，何况明哲的人呢！

人君当神器（指帝位）之重，居域中之大，将崇极天的高峻，永葆无疆的福祉，不念居安思危，戒奢以俭；德不处其厚，情不胜其欲，这也是丧害根本以冀求树木茂盛，堵塞泉源而希望水流长远的方式啊！凡百元首，承受上天的大命，无不因为殷忧而道为之彰明，功成而德为之衰退，有善始的帝王实多，能善终的帝王却少，岂不是进取容易而守成艰难吗？从前进取而有余，如今守成而不足，这是什么道理呢？

　　臣的意思是，人君在殷忧的时候，必定竭诚以待下；等到得志以后，则变得纵情以傲物。竭诚则胡越（指南北不同民族的人）可以成为一体，傲物则骨肉变成路人，虽然用严刑来督责，用威怒来恐吓，终究只是心存苟免而不怀仁德，外表恭顺而内心不服。怨愤不在大小，值得可怕的因为怨愤者是人；人民如同水一般，可以载舟，也可以覆舟，理应留意戒慎！用腐朽的绳索套住飞驰中的马车，危险性可以忽视吗？

　　统治人民的君主，如果真能做到产生欲望则思知足以自我警惕，想有所兴作则思知止以安定人民，想到位高势危则思谦冲而自我修养，害怕满溢则思江海所以下于百川，乐于游猎则思包围三面以免杀绝（即留下一面以作生路，以免赶尽杀绝，有伤好生之德），忧虑懈怠则思慎始而敬终，忧虑蒙蔽则思虚心以纳下，意念谗邪则思正身以黜恶，恩泽所加则思无因个人的喜欢以谬赏，惩罚所及则思无因个人的愤怒而滥刑，总此十思，弘那九德（指宽而栗、柔而立、愿而恭、乱而敬、扰而毅、直而温、简而廉、刚而塞、强而义），简拔贤能而任用，选择至善而顺从，则智者尽能发挥他们的计谋，勇者尽能发挥他们的力量，仁者传播他们的恩惠，信者贡献他们的忠诚，文武争着效力，君臣因而无事，可以尽情享受豫游之乐，可以修养松乔（指古仙人赤松、王乔）一般的长寿，鸣琴垂拱，不言而化。何必劳神苦思，代替部下处理公务，致使劳役聪明的耳目，亏损无为的大道哩！"

　　太宗收到魏徵多份表疏，尤其看到这《十思疏》，不禁感动，亲手写了一份答诏，说：

　　"知道频频抗表上疏，诚极忠款，言穷切至，使朕披读忘倦，每达夜半。若非公体国情深，开导义重，岂能以良图见示，匡扶朕的不及！

朕听说晋武帝自从平定吴国以后，务在骄奢，不再留心于政治。他的太傅何曾某天退朝，告诉儿子何劭说：'我每次进见主上，不见主上讨论经国的远图，只是谈谈平生常语罢了，这不是传于子孙之道。你们或许可以避免大祸，但是孙子辈必定遭遇动乱。'及至何曾之孙何绥，果然死于八王之乱。先前的史书对此事引以为美谈，说何曾有先见之明。朕的意思绝不以为然，认为何曾不忠，罪可大了。因为人臣理当进思尽忠，退思补过，顺从君主之美，匡救君主之恶，以此态度共同治理天下。何曾位极人臣，名器崇重，应当直辞正谏，论道佐时，然而他却退有后言，进无廷诤，这种行为以为是明智之举，不也荒谬吗？危险而不扶持，何必用他当宰相。

公的批评，朕闻过了！朕要将它放在几案上经常阅读，希望晚年能得善终，不让尧、舜的良政专美于往日，不让刘备、孔明的交情高出于当今。等待公再报朕以嘉谋，无妨有所冒犯而不必隐讳！朕将要虚襟静志，敬伫德首。"

二、论政治的重要原则

（6）唐太宗精于射箭，他所用的弓和箭都比正常的弓箭大一倍，是一个著名的射手。他在即位后第二个月，为了将来洗雪"渭水之耻"，遂经常亲自训练军队于显德殿，砥砺将士们的战技。太宗每天抽调数百战士，教导他们射击。学习完毕，他就躬亲主持考试，射中多的则赏以弓、刀和缣帛，将帅级的军官则打上等考绩。因此人思自励，数年之间，全部成为精锐的劲旅，奠定了重振声威，获得"天可汗"尊号的军事基础。

贞观元年（627）闰三月二十日，太宗告诉太子少师萧瑀说：

"朕少年时代就爱好弓箭，自以为尽得其妙。近日获得良弓十几张，拿出来给弓匠看，怎知道弓匠竟然说：'这些全部不是良材。'朕惊问其故。公知道弓匠怎样回答吗？"

太宗接着说："他批评道：'木心不正则脉理皆邪，这些弓虽然刚劲，然而发箭的轨道不会正直，所以不是良弓。'朕听了立刻领悟。朕以弓箭平定四方，用过的弓可以说太多了，但是仍然不知道这道理，何况朕得天下之日尚浅，了解治理的意义原就比不上了解弓箭。对弓的了解尚有所失，何况于治理天下的政治原理哩！"

自此以后，太宗下令五品以上京官，轮番进入禁中的中书内省值班，以备顾问。每次召见他们，太宗都赐坐，然后才谈话，询问他们外面的事务，务必要了解百姓的利益和弊病，知道政治和教化的得失。

经过衰乱以后，唐王朝迅速即能进入"贞观之治"，这一点是值得注意的。

（7）唐朝中央政府主要由三个宰相机关组成：尚书省是总领百官、施行大政的机关。门下省和中书省两省则兼为皇帝侍从供奉机关，前者掌握审决权，后者掌握拟定权，即是圣旨，也须经中书拟定和门下审决，通过两省的同意和副署后才得以颁发下来。三省的建立，原本有互相制衡的意义，尤以门下、中书两省为然。但是从隋朝以来，由于人为的因素，制衡的精神已日渐褪色，影响到大政的合理决定。太宗亟谋重整，希望将之恢复原貌以长期实行。

贞观元年（627）某日，太宗对黄门侍郎（后来改称门下侍郎，是门下省副长官）王珪指示说：

"中书省所拟定的诏敕（圣旨），送到门下省审议，卿等有因为意见不同，或者因为原旨错失而加以驳正的事吗？设立中书、门下两省的原意，本来是假定两省能互相制衡而防范过失错误的。

人的意见常常有所不同，有所是非，本来只是为了公事。或许有些人护短，忌闻自己的过失，别人对他批评，就因此衔以为怨。或许也有些人避忌私人恩怨，互相珍惜颜面，知道内容和政事无关，因此就马上同意施行。难于拒绝一官的小情谊，立刻就变成了万人的大弊病，这实在是亡国之政，卿等特须在意防范啊！"

跟着又作解释与要求说：

"隋朝当日，内外百官依违于政事，而导致了祸乱。大家都不能深思这道理，当时都以为祸不及身，所以当面顺从而背后批评，不以为忧患。后来大乱一起，家国俱丧，虽然有些人幸得脱身，即使不遭到严刑和杀害，但也都辛苦而幸免，因此甚为舆论所批判。卿等特须灭私徇公，坚守直道，使事情能够互相反映启示，万勿上下雷同一响啊！"

两年以后，太宗又严厉地批评两省作风，正色地要求他们充分履行这制度。

太宗对两省侍臣说："中书、门下两者，是国家机要的机关。两省官员全都提拔才俊出任，委任实在很重，因此诏敕如有不妥当，就必须执论而不通过。近来，朕只觉得两省官员仅是阿谀圣旨而顺水做人情，唯唯诺诺地希望避免过错，就连一句话也没有谏诤过。难道这就是正当的道理了吗？如果你们只会副署圣旨、奉行公文，那么谁不能担任这些官职？何必麻烦地简择人才，付以重任？自今以后，诏敕如有不妥当，就必须执言，不得妄有畏惧，知而不言。"

太宗重建合理的制度，期望之殷切，决心之坚定，由此可知。

（8）贞观二年（628），太宗经常和侍臣们讨论古今帝王，尤其严厉地批评桀、纣和隋炀帝等暴君。有一天，他问黄门侍郎王珪：

"近代君臣治国多比古代恶劣，这是什么原因呢？"

"古代帝王为政，都以清静无为、不干扰人民为职念，以百姓之心为心。"王珪跟着说，"近代的帝王，只有伤害百姓来满足他们的欲望，所任用的大臣也不再是经术之士。从前汉家宰相，无不精通一种经术，如果朝廷遇到疑惑难决的大事，他们都援引经义来做决定，因此人识礼教，治致太平。近代则重武轻儒，或者参以法家的规律来治国，儒家的行为已受到亏损，所以淳厚的风尚就大坏了。"

太宗听了王珪的解释，深深地同意他的说法。从此以后，百官中有学业优良、兼识政体的人，太宗都对他们非常注意，多提升他们的官阶，并且屡次升迁他们的官职。同年十二月，太宗也进拜王珪为门下省长官——侍中，正式任命他为宰相。王珪因此成为历史上的名宰相。

贞观四年（630），可以说是东亚历史上的转折点。这年，大唐消灭最强大的东突厥帝国而成为最强大的国家，西部很多部族甚至尊大唐天子为"天可汗"。在内政方面，大唐自此也进入太平时期。这些成就，当然是唐朝全体君臣努力的结果，尤其以宰相团的才干最为重要。贞观一朝的宰相，几乎都是历史上的名相。单就个人才干和声望而言，当然首推房玄龄与杜如晦，若就宰相团阵容之强而言，可以说当数贞观四年的宰相团了。

这年秋冬之间的某天，太宗召宴所有的宰相。酒酣，太宗忽然给王珪出了一道难题，说：

"卿精通识鉴之术，尤其善于谈论。宰相们自玄龄（房玄龄为二品首相左仆射，唐代惯例，天子对二品以上官不能连名带姓地称呼，只可称其名）以下，都请加以评鉴一番如何？而且，卿又不妨自我比较，看看自己与诸位宰相，到底谁最贤能？"

这时，房玄龄、李靖分别为左、右仆射，他自己为侍中，温彦博为中书令，戴胄为户部尚书参预朝政，魏徵以秘书监参与朝政。六名宰相共同在政事堂，经常会议国家政务，王珪和他们都很熟悉。太宗的问题难以答复，主要在不便于宴乐之中公开评论谁好谁坏，以免有损团队精神；至于自我与诸相比优劣，更是不好干的差事。事实上，这些宰相，全都是学业优良，或兼识政体的人物，所以才被擢拜为宰相的。

"孜孜奉国，知无不为，臣（王珪自称）不如玄龄。才兼文武，出将入相，臣不如李靖。敷奏详明，出纳惟允（指处理公文、起草及口头报告圣旨），臣不如温彦博。处繁理剧，众务必举（指处理繁重的政务而一定能完成），臣不如戴胄。每以谏净为己任，耻君不及尧舜，臣不如魏徵。"王珪不愧急智敏捷，滔滔地、从容地随即回答，而且跟着说：

"至于激浊扬清，嫉恶好善（指荐进忠良，批评邪恶），臣与数子（指宰相们）比较，也有一日之长！"

太宗听了王珪这不亢不卑之答，鼓掌深表同意。宰相们亦各以为王珪之论恰能说出他们心里的话，所以大家都认为这是确论。

贞观一朝人才济济，名臣如云，似乎上天把人才都集中生在这二三十年了。事实上，人才各代皆有，君主能识拔他们的则不多。太宗自始至终，都非常留意于此，知道自己成就要大，则愈是需要识拔人才；识拔的人才越好越多，则自己的成就就会越大，人才乃是治世之本。所以，贞观晚期，五十岁左右时，有一天他对侍臣们说：

"朕观古来帝王，因为骄傲自矜而导致败亡的，不可胜数。远的不谈，就以晋武帝平吴而统一原来三分的天下，隋文帝平陈而统一大江南北而言，他们此后的心理就愈来愈骄傲和奢侈，自大而矜持，使臣下不再敢说话，政治因此而弛紊。朕自从平定突厥，打败高句丽以后，跟着兼并漠北的铁勒，席卷沙漠以为州县，夷狄远服，声威和教化益加广大。朕却恐怕变得骄矜起来，常常自我警惕和克制，日旰（日落时）而食，坐以待晨，每思臣下有谠言直谏、可以施于政教者，都拭目以师友之礼来待他；这样子做，大概才可以把国家跻至太平盛世。"

太宗大抵上一直能克制自己，识拔人才，并礼遇他们。诚如魏徵之言，人君待以国士，则人臣当以国士报之。一代盛世先从人才盛起，思太宗君臣的谈话就可以知道。（太宗亲评晚期宰相，可参第二十六条）

（9）贞观四年（630）正月，远征军统帅李靖亲率骁骑三千夜袭东突厥颉利可汗的定襄（在今山西大同西北）大本营。可汗不意李靖猝至，混乱中逃至碛口（入大沙漠至漠北的道口），他的亲信康苏密带着隋炀帝的萧皇后和其孙杨政道来投降。

萧皇后是一个贤淑的妇人，是以前南朝梁明帝的公主，后来嫁给了炀帝。江都兵变后，兵变集团拥着她和杨政道西归，中途为窦建德集团所破，遂落入窦建德手中。当时，窦建德称臣于东突厥，东突厥前任可汗将萧后及杨政道迎入东突厥，后来立政道为隋王，在定襄城让他建立傀儡的流亡政权，隋朝人逃入突厥的，都全部移交给他统治。十年来，隋朝流亡政权颇对隋朝政治有所影响，有些人因此暗通于它。所以，萧后及政道被俘后，有官员要求太宗追究暗通之罪，向萧后及政道查证那些不忠的臣民。太宗拒绝，说："天下未定，突厥方强，无知的愚民或许有这种事。如今天下已定，既往之罪，何必再问哩！"

总之，杨隋流亡政权的摧毁是值得唐朝君臣心中放下一块大石的事。及至战事完全结束，七月初一刚好出现日食。古代认为日食是代表上天垂示谴责，所以太宗接见宰相侍臣，和他们讨论政治。

太宗问左仆射房玄龄和御史大夫、参议朝政萧瑀：

"隋文帝究竟是怎样的君主？"

萧瑀是萧后的弟弟，隋炀帝的小舅子，与杨家关系密切，也曾在隋朝出任机要官职。唐高祖时代，他早就拜为宰相，而且两度出任仆射。只是他为人刚介，不易与人相处，所以一再罢相，这时已是第三度罢相后参政。他见太宗有此一问，于是就回答说：

"文帝克己复礼，勤劳思政，每一坐朝，甚至到了日昃（zè，过了正午，太阳偏西）才退；五品以上官员，常被引坐论事，害得卫士仪队不能解散，只好立驻着传飧而食。所以他的个性虽然不是仁厚，却也是一位励精之主。"

"公（指萧瑀）但知其一，未知其二。公知道他为什么会这样的吗？"太宗不赞同他的观点，继续说：

"此人个性极为精察而内心却昏暗不明，内心昏暗则识照有所不通，过于精察则对人多所猜忌。又欺人孤儿寡妇以得天下（指文帝篡北周静帝的事），常常恐惧群臣内怀不服，所以不肯信任百官，每样事情都亲自决断。他虽然劳神苦形，但是所作所为不能完全合理。朝臣揣知他的心意，也不敢公然直言，宰相之下，只有唯诺承顺罢了。"

太宗做了一番心理分析，接着检讨自己，指出为政之道：

"朕的意思绝不以他为然。以天下之广，四海之众，千端万绪的事情，必须综合而变通。这种情况，朕都要委任百官商量斟酌，然后呈给宰相筹划，及至事情稳当方便，才可以向朕奏行，岂得以一日万机，独断于一人的思虑啊！而且，每天决断十件事而有五件不中，决断对了的固然好，但是那些不中的又如何？以日继月，乃至累积经年，乖谬的事既然多了，不亡何待？怎么比得上广任贤良，高居深视，法令严肃，这样谁敢为非？"

于是，太宗下令各有关机关："如果诏敕颁下而未有稳便的，则必须执奏，不得顺旨。令到立即施行，务尽臣下之意！"可知太宗君臣经常保持意见的沟通，不仅是出于太宗的个人要求，而且确实将此管道制成法令，使之成为有法令基础的政治行为。贞观朝百官经常提出意见，避免了不少不必要的错误，显然不是纯由人治所能做到的。

（10）太宗鉴于隋朝之亡在于君主独裁而群臣不言，使君主洞察不明而孤立。他也了解君臣隔绝的原因：在君主而言，是自以为权位已安定而无所忌惮；在群臣而言，则是害怕言之有罪，身家不保。怎样解决这些问题呢？太宗君臣有两次会谈值得注意。

第一次在贞观五年（631）。那年国势日盛。年底，林邑国（在今越南）呈献五色鹦鹉，新罗国（在今韩国）呈献美女二人，倭国（日本）遣使入贡，太仆官员李世南新开拓了党项（在今青海、甘肃一带）之地共十六州、四十七县，跟着康国（在今新疆北境及俄领中亚细亚一带）也远道而来，要求内附。虽然太宗婉却了呈献及内附的要求，但是这些成就在国防和外交上都值得大书特书；对一个君主来说，也实在值得令人骄傲的了。

太宗对这些成就的态度是怎样的呢？某天他对侍臣们说：

"治国的道理与养病无异啊，病人正渐渐痊愈的时候，就更需要细心地调护；如果稍有差错，必定导致丧命。治国也是如此，天下稍安则尤须兢慎，若是因此而骄逸，也必定导致丧败。如今天下的安危，系于朕一人的身上，所以日慎一日，虽休勿休。然而，朕的耳目股肱，寄托于卿辈的身上，君臣义均一体，理应协力同心，所以如果遇到有不妥当的事情，即须极言无隐，假如君臣互相猜疑，不能推心置腹，实为国家的大害！"

魏徵马上跟着说："如今内外治安，臣不以为喜；只有陛下居安思危，才是值得可喜的事啊！"

第二次发生在翌年。从这年开始，太宗言行颇有骄矜之色，有时会责怪讲话的臣子，大臣如中书令温彦博等，已不客气地提出了批评，太宗也因此而常加检讨。

有一天，太宗对侍臣说：

"古人说：'危而不持，颠而不扶，焉用彼相。'（意思指危困时不来帮助，则何必用他们来做宰相。）臣君之义，能够不尽忠匡救吗？朕读书读到夏桀杀关龙逄（páng）、汉景帝杀晁错，未曾不停下叹息。公等只要能正词直谏，裨益于政教，朕终究不会以犯颜忤旨的罪名，妄加诛杀和怪责。朕近来临朝断决事情，也有违背法令的地方，但是公等以为那是小事，所以就不再执言反对。凡大事都起于小事，小事不论，则大事又将不可救，社稷倾危，莫不由此。隋朝的君主残暴不仁，所以身死于匹夫之手中，天下苍生，极少听说有人为他嗟痛的。公等为朕思考隋朝灭亡的事，朕为公等思考龙逄、晁错之诛，君臣互相保全，岂不美呀！"

以太宗当时的声望成就，能不断地自我检讨，也能为群臣设身处地地想，显然真是一位不可多得的贤君。

（11）民本主义是儒家政治理论中的基础，他们认为人民是国家的根本，根本稳固了，国家就会安宁。太宗君臣经常以儒家理论作切磋，因此也常常讨论到这原理，因而对此非常熟悉。

贞观六年（632）的某天，太宗和侍臣从君主要兼听，谈到民本主义对政权的影响，因而提出为政的大原则必须顺从民意。

太宗说："朕看古代的帝王有兴有衰，就如同朝之有暮一样，这都是由于耳目受到了蒙蔽，不再知悉时政的得失；忠正的人不敢说话，奸邪谄媚的人则每天进用。君主既然看不见自己的过失，所以造成了灭亡的大祸。朕既然深居九重之内（君门有九重），不能尽见天下的事，所以寄托于卿等，作为朕之耳目。不要以为天下无事，四海安宁，就漫不经心，不再留意！须知'可爱非君，可畏非民'（舜告禹之辞，意谓君可爱而民可畏），作为天子嘛，有道则受人民推戴而为君主，无道则被人民背弃而不再拥护，真是可畏呀！"

"自古失国之主，大都因为居安忘危，处治忘乱，所以不能长久。"魏徵顺着而发挥，"如今陛下富有四海，内外清平，能够留心治道，常常怀着临深履薄（指走近深渊，行上薄冰）的戒惧心情，则国家的寿祚自然长。臣又听闻古语说："君主如舟，人民如水，水能载舟，也能覆舟。'陛下以为可畏，完全和圣旨（指前面有道、无道之说）相同。"

到了贞观九年（635），大唐消灭了立朝以来第二个难缠的对手，位于今日青海高原的吐谷浑；也将户等按照资产由三等划分为九等，改革了税政制度，使人民负担的赋税更为合理。内外形势，更胜于昔。

有一天，太宗又向侍臣重申民本主义的观念。他说：

"当年初平京师（长安）的时候，宫中美女珍玩，无院不满；但是隋炀帝意犹不足，征求不止，而且又东征西讨，穷兵黩武。百姓不堪生活，就导致了隋朝的亡灭。这些全都是朕所亲眼见到的。所以朕夙夜孜孜，唯欲清净，使天下无事。后来果然使得徭役不兴，年谷丰稔，百姓安乐。"

接着他对此作了一个结论说："治国就像栽树一样，本根稳固而不动摇，则它的枝叶就必然会茂盛。君主能够清净，百姓哪得不安乐呢？！"

太宗的意思是，人民为国家的根本，根本稳固了，国家就能安宁。不过，人民因为福和乐利而安稳，为他们谋福利的则是君主；因此君主必须先清净，然后人民才能安稳地拥护他的政权。这是为政最基本的原则。

（12）贞观七年（633）三月，侍中王珪泄露禁中机密谈话，坐罪贬出为同州（治今陕西大荔）刺史。当时魏徵已以秘书监本官检校侍中（门下省侍中有两员，检校为署理职），所以在王珪贬后第三日，即正除为侍中，成为正宰相。在这件事情发生前，太宗对群臣提起当年一次大辩论；这次辩论事关国策的决定，所以太宗特别提起。

那是太宗初即位时候的事了，那时右仆射封德彝还未死（他死于贞观元年六月）。某天，太宗与群臣从容讨论自古政治得失。谈着谈着，太宗突然疑惑地说："当今承接大乱之后，恐怕人民急剧之间，不易接受教化，以达至治世吧！"

"不然，"魏徵当时担任谏议大夫，表示反对说，"凡人在危困时则忧死亡，忧死亡则思治安，思治安则易教化。依照这个道理，那么乱后易教，就像饥饿的人易于被喂饱一样。"

"善人治理国家，尚需百年之后，然后可以胜残去杀，做出一些成绩来。大乱之后就想求治，哪里可以迅速见功而有希望呢？"太宗不以为然，紧接着追问。

"陛下之言，只是根据常人之言，"魏徵侃侃而谈，"并不针对圣哲而论。如果圣哲施展教化，上下同心，人民响应，那么就能不疾而速。期月而可以奏效，真的不是难事；至于三年才能成功，臣犹嫌它来得晚了。"

太宗深深以为然。不过封德彝在旁，厉声反对，并指责说：

"三代以后，民风日益浅薄虚伪，所以秦朝专用刑法，汉朝杂以霸道，两皆希望国家治理而不能做到，难道这两个王朝能够致治而不想致治吗？魏徵书生，未识时务，如果信从他所说的空虚之论，恐怕会贬乱国家！"

"五帝、三王并没有改换了人民，而能够达到致治的成就。所以，实行帝道则帝，实行王道则王，关键在于当时的政治教化罢了。"魏徵无惧于封德彝是元老宰相，一反驳即肯定自己的观点，跟着援用历史例证质询封德彝之说：

"就根据书本记载来印证吧，可得而知的是：从前黄帝和蚩尤七十余战，世界混乱极了，获胜之后，就能达致太平；九黎乱德，颛顼征之，胜利之后，不失其治；夏桀乱虐，而商汤放之，在汤生前即致太平；纣王无道，武王伐之，到了成王时代亦致太平。这些圣王都能及身而致太平，难道不是承大乱之后吗？如果说古人淳朴，后世日渐浅薄虚伪，那么降至今天，早该全部化为鬼魅了，难道尚可得而教化他们不成？"

封德彝和他的附和者，对着这滔滔之论，感到无以反驳，但是全都坚持以为不可。太宗最后采用魏徵的意见，决定承接大乱之后，领导全国实行王政。由于太宗力行不倦，贯彻始终，所以数年之间，便达至海内康宁，并消灭了最强大的东突厥。

太宗回忆这个片段，因而向群臣说：

"贞观初年，人皆议论说：'当今必不可实行帝道、王道。'只有魏徵劝我实行。我采用他的意见，不过数年就使得华夏安宁，远戎宾服。突厥自古以来常为中原劲敌，如今他们的酋长变成我的带刀侍卫，部落人民则袭用中原衣冠。使我所以能达到这样的成就，都是魏徵之力啊！"

接着顾谓魏徵说："宝玉虽有美质，在于石头之间，如果没有遇到良工琢磨，就如瓦砾一般没有区别；如果遇到良工，即可变为万代之宝。朕虽无美质为公所切磋，但是劳公约朕以仁义，弘朕以道德，使朕功业至此，公亦足以为良工啊！"

这年，太宗正式拜魏徵为宰相，虽说为了酬庸功劳，其实与魏徵是良工，具有治国平天下的大才有关。

（13）贞观八年（634）正月，太宗当了八年皇帝，第一次想派使节四出，代天巡狩，以了解民间疾苦，观察各地风俗。于是，李靖等大臣同时受命出使，分道巡视全国。

某日，太宗和侍臣们聊天，谈到了人民的财产问题，他说：

"隋朝时代，百姓纵有财物又哪里能够保得住！自从朕有天下以米，存心抚养他们，不派给他们科差，使人人皆得营生，守住资财，此即与朕所赏赐无异。要是朕一向科征使唤不已，那么虽然屡次赏赐，也不如不得。"

"尧舜统治的时代，百姓也说耕田而食，饮足饭饱之余，鼓腹高歌：'帝力于我何加焉！'现在陛下如此含养百姓，真可以说日用尧舜之道而不知啊。"不运用政治力量干扰民生，让百姓自然发展，休息养生，是魏徵政治主张之一，所以他顺着太宗之言而称美这种观念。

接着，魏徵又向太宗说了一个故事：

"从前，春秋五霸之一的晋文公，打猎时追逐野兽而脱离了队伍，在大泽中迷了路。他看见泽中有一渔者，就告诉他说：'我就是你的君主，道路怎样走才能出去？告诉了我，将会厚厚地赏赐你！'

渔者回答说：'臣倒愿意有些话奉告。'于是把文公带出了大泽。

这时文公问他：'现在先生有什么话要赐教给寡人（文公自

称）吗？我愿意接受它！'

渔者说：'鸿鹄住于河海，厌倦了而飞至小泽，于是就有被人射击之忧；大龟住在深渊，厌倦了而来到浅渚，于是就必有被人钓射之忧。如今国君离队至此，走得太远啊。'

'善哉！'文公吩咐随从将渔者姓名记下，准备厚赐他。

结果渔者竟然推辞，说：'君为什么称为君？他如果尊天事地，敬社稷，保四国，慈爱万民，薄赋敛，轻租税，臣（渔者自称）也就能得到福利了。如果君不尊天，不事地，不敬社稷，不固四海，外则失礼于诸侯，内则违反人心，这样就会一国流亡。渔者虽得厚赐，又哪里能够保得住哩！'"

太宗一点即通，连称："卿言甚是！"

（14）贞观十七年（643）正月，魏徵逝世。死前一个月，太宗和他还有其他侍臣聚会。这次聚会，太宗提出了一个中国传统政治的重大论题，与魏徵辩论了一次。

开始时，太宗原本是将此论题提给众侍臣辩论。他说："君主乱于上而臣子治于下，或者臣子乱于下而君主治于上，两者比较，何者比较好？"

这个大问题引起纷纷意见。但是，魏徵说：

"君主有心求治，则能照见臣下的非法胡为，那时杀一儆百，谁敢不畏威尽力？！如果君主昏暴，不从忠谏，虽有百里奚和伍子胥，国家也不能挽救败亡之祸。"

"如果这是必然的后果，"太宗质问，"那么，北齐文宣帝是昏暴之主，他的宰相杨遵彦以正道扶持他，却能得到治理之局，这是什么理由？"

　　魏徵马上分析文宣帝之例，与臣子乱于下而君主治于上的情况，二者有所差异。他说："杨遵彦弥缝暴主之过，救治苍生之命，只能使局面勉强免于祸乱，却也很危险和辛苦了。这与人主严明，臣下畏法，直言正谏都受信任的情况，实在不可同日而语啊！"

　　关于这问题，太宗与魏徵仅论至此，但是千余年来，仍有不少人一再提出讨论。

第二章 论怎样求谏和纳谏

一、求得谏诤的谈论

青年时代的太宗皇帝，就已统兵作战，南征北讨，即位时也不过二十九岁罢了。而且，自从大唐创建以来，太宗除了一直担任首相（尚书令）之外，同时也兼为最高统帅（天策上将）、军区司令官、讨伐军统帅等重要官职。崇高的威望、显著的功勋、严肃的军政生涯，在磨炼着他的人品性格。二十几岁的他，言行显然与一般青年有所不同了。

（15）贞观元年（627），年届三十而立的太宗，一向容貌威武，言行严肃，使进见他的百官，全皆举措失所。太宗也知道这种情形，意识到事情的严重性，因此努力克制自己——每次见人奏事，必定和颜悦色，希望听到谏诤，俾知政教得失。

有一天，他劝勉公卿大臣说：

"人想自照就必须明镜，君主想知道过失，就必须借着忠臣的帮助。君主如果努力想做贤君，而臣下却不匡扶和纠正他，想不危险和败亡，岂可得啊！要知君主丧失了他的国家，人臣也不可能独自保全他们的家园。像隋炀帝的暴虐，使臣下钳口不敢说话，结果使自己不闻其过，最后因此而灭亡；至于他的宰辅虞世基等，不久也跟着被诛杀。前事不远，所以公等若看到不利于人民的事，必须极言规谏！"

太宗这次指示，鼓舞了臣下率直发言的风气，开启了一个踊跃谏诤的时代。后来吴兢编《贞观政要》，就把这段话列于"求谏"类作第一条。

事后谏诤虽然可作得失检讨，但总不及事前谏诤般具有事前防范的功能。所以，太宗同年一方面指示中书、门下两省执奏他的圣旨，重新恢复两省的功能（参第七条）；另一方面则创立了谏官入阁预闻机务的制度，使得君主和宰相在作决策前，即已得到某些忠告。这个制度是因为一次会话而创立的。

元年正月的一天，太宗勉励侍臣说：

"正主（端正的君主）任用邪臣不能致治，正臣效力邪主也不能致治，只有君臣相遇，有同鱼得水，然后海内才可平安。朕虽然不明，幸赖诸公数相匡救，希望凭借公等的直言鲠议，以致天下太平！"

当时担任谏议大夫的王珪回答说："臣听说'木从绳则正，后从谏则圣'（语出《尚书》，意谓木头被绳子衡量才能正直，人君听从谏诤才能成圣君），所以古代的圣主，必有诤臣七人，如果言而不用，他们则相继以死。陛下开张圣虑，采纳下民之言，愚臣处于这种言论开放的朝廷，实愿罄其狂瞽，尽力献言。"

太宗称善，并正式颁制（制是正式的圣旨）命令自后宰相大臣入阁（入便殿）讨论政事，一定要谏官随同进入，有失辄谏。谏官在这种情况下进谏，太宗常常是虚己接纳的。

太宗有求谏之心，而又屡有指示勉励，自己又尽量克制地听纳，原本就足以招致诤言。不过，他又革新了这两种防范决策错误的制度，实为人治与法治兼行的措施，无怪嘉言美论如潮般涌至了。

（16）上述的指示和措施，虽然能鼓励群臣的谏诤，但是效力还未必能充分发挥。因为谏诤必定有所批评，甚至是直接而又率直的批评，万一弄得不好，言者可能因而获罪，乃至殒身亡家。古来这种事例不少，隋炀帝时，皇帝不喜谏诤、群臣不敢说实话的例子殷鉴未远，对群臣有很大的教训意义。

消除群臣此内心最大的恐惧，必须要有一套办法和行动才成；否则纵有美意良法，群臣终究是不敢言。太宗的基本措施是：一再保证言者无罪，无论批评恰当与否，自己皆作反省警惕。

贞观二年（628），太宗与魏徵讨论明君和暗君那一年（见第二条），似乎意犹未尽，又向侍臣提出问题：

"明主思考自己的短处，因而愈来愈好；暗主则不然，他们一向护短，因而他们永远愚昧。隋炀帝好自矜夸，护短拒谏，臣下实在也不敢冒犯。虞世基不敢直言，或许不能深深怪罪于他。从前箕子被纣王拒谏，就假装疯狂来自我保护，孔子也称赞他的仁。这样说来，当炀帝被杀时，虞世基合该一同受死吗？"

"天子如果有谏臣，虽然无道，也不会失掉天下。孔子称赞生前进谏被拒、死后犹以尸谏的史鱼说：'直哉！史鱼。邦有道如矢，邦无道如矢。'（意谓国家有道时是那么直，无道时仍是那么直。）虞世基岂得以炀帝无道，不纳谏诤，就杜口无言？偷安重位而又不能辞职请退，这与箕子佯狂而去，事理完全不同。"

宰相杜如晦回答。他反对太宗宽恕虞世基的观念，接着又举历史为例证，以申述身为一个宰相大臣，应该负有怎样的政治责任。他说：

"从前晋惠帝和贾后要废愍怀太子，司空（三公之一，张华时为宰相）张华竟不能苦谏，只是阿意顺从，盼能苟免于难。及至赵王伦（晋朝八王之乱主角之一）举兵废后，派人逮捕张华。张华自我辩护道：'将废太子的时候，我不是无言，只是那时我的说话大概不被采用，所以不言罢了。'逮捕的官员严词质询说：'公身为三公，太子无罪被废，公的意见既然不被采纳，为何却不引身而退！'张华无言以对，遂被斩首，并夷三族。古人有云：'危而不持，颠而不扶，则将焉用彼相！'所以君子临大节而不可夺啊。张华既然抗直而不能成节，逊言而不足全身，大臣之节早就丧失了。虞世基位居宰辅，在得言之地（世基为炀帝的机要秘书，所以说在得言之地），竟然连一言也没有谏诤，真是该死。"

"公言是也！"太宗同意如晦的说法，跟着保证说，"人君必须忠良辅弼，然后才得以身安国宁。炀帝岂不是以下无忠臣，身不闻过，恶积祸盈的原因弄到灭亡吗！如果人主所作所为不当，臣下又无匡谏，反而以阿顺为苟安，每事皆歌颂，是则君为暗主，臣为谀臣。君暗臣谀，那就离危亡不远了。朕如今立志要君臣上下各尽至公，共同互相切磋，以完成治道。公等各宜务尽忠说，匡救朕的过错，朕终不会以公等直言冒犯而辄相责怒。"

到了贞观八年（634），太宗以天下已定，有时颇有骄奢之色，群臣为此上奏章谏诤的也不少。太宗有一次做了自我检讨后，向侍臣说："朕每闲居静坐，则做一番自我反省，常常恐怕上不称天心，下为百姓所怨，所以只盼正人君子来匡谏，希望自己了解外面，使人民无所怨滞。"

　　说到这里，他又提到最近的事情，说："又近来看见前来奏事的人，他们大多心有恐惧，所以连说话也颠三倒四的。普通奏事的情况犹且如此，何况想来谏诤的人？谏诤的人必定害怕冒犯于朕。所以，每次有人谏诤，纵然不合朕的心意，朕也不以为冒犯；如果马上加以嗔责，朕深恐人怀战惧，岂肯再来谏诤。"

　　贞观十五年（641）的某一天，太宗和魏徵谈到近来论事的人愈来愈少，遂问："近来朝臣都不论事，是什么原因？"

　　魏徵答道："陛下虚心采纳，大家的确应该有所建言。但是古人说：'未信而谏则以为谤己，信而不谏则谓之尸禄。'然而人的才干器识各有不同，懦弱的人则心怀忠直而不能进言，疏远的人担心不被信任而不得进言，做官只关心前途的人，则忧虑说话不便于自己，所以不敢进言，因此大家都互相缄默，俯仰度日。"

　　"确实如卿所言，"太宗承认，并且勉励侍从们，"朕也常常想这问题。试想人臣想进谏，却动辄恐惧死亡之祸，这样则与赴鼎镬、冒白刃有什么差异呢？所以忠贞之臣并非不想竭诚；要竭诚呀，真是极难之事。从前禹拜昌言，岂不是为此吗？朕如今开放胸怀，抱纳谏诤，卿等不要因为恐惧，就不敢极言！"

　　唐太宗虽然偶有不耐谏诤的行为，大体上看，他的虚心求谏仍然始终一贯，而且了解在心理建设上先要破除群臣的恐惧感乃是首要之务。因此，他一再向群臣做这种类似心理治疗方式的讲话和保证，希望取得群臣的信赖与合作。

　　（17）上述措施以外，对进谏者给予明显的物质或精神奖励，也是求谏有效的方式。

贞观三年（629），太宗对司空裴寂说："近来有些奏章列述的条数甚多，一下子难以充分了解，朕总将它粘在墙壁上，出入观省。朕之所以孜孜不倦，目的在希望尽臣下之情；每一想到政治，有时就弄到三更才睡。朕也盼望公等用心不倦，以副朕的理想。"

又在贞观五年（631），太宗提示左仆射房玄龄等说："自古帝王多任情喜怒，喜则滥赏无功，怒则滥杀无罪，天下丧乱，莫不由此。朕如今夙夜未尝不以此作为警惕，常想公等尽情极谏！公等也必须接受别人的谏语，岂得因为人言不同己意，便即护短而不接纳？若不能受谏，又怎么能谏人？"

太宗表示愿身为榜样以孜孜求谏，希望以此感召宰相大臣，变成一种团体精神。

（18）贞观六年（632），太宗以韦挺、杜正伦、虞世南、姚思廉等人上书论事，能够符合自己的意旨，于是设宴召见他们，表示嘉奖之意。

"朕遍阅自古人臣建立忠贞的事迹，如果遇到明主，他们就该尽诚规谏；至于像关龙逄和比干，他们遇到暗主，则不免被杀。为君不易，为臣极难啊！"太宗在宴会开始，讲了这么一段开场白，以解释这次招待的原因。

他继续说："朕又听说龙可以驯养，不过喉下有逆鳞，触之则龙怒，容易发生不测之祸。卿等就是不避触犯，各进封事（奏章用封套封好，称为封事）来言事，常能如此，朕岂会忧虑国家的倾败！每想卿等此用意，令人不能暂忘，所以设宴为乐罢了。"

说完，太宗依照他们的官职，各赐赠缣绢若干匹，以表奖励，然后才饮宴作乐。

这些被太宗特宴招待的人，世南和思廉是名学者，正伦是魏徵所荐用的，韦挺则是王珪所荐用的。王珪与韦挺都是太宗第一号政敌——故太子李建成的东宫重要幕僚。韦挺更是东宫首席武官，为建成所亲重，他人莫及。这年他已官拜御史大夫。

十八年后，韦挺转为太常卿。他又曾经上书陈述得失，太宗极为嘉赏，于是写了一封信给他，说：

"所上意见，极是谠言，辞理可观，甚以为慰！从前齐境之难，管仲有射钩之罪（指管仲欲拥护公子纠为齐君，行刺公子小白——齐桓公之事）；蒲城之役，勃鞮为斩袂之仇（晋献公命勃鞮行刺公子重耳——晋文公，文公翻墙逃走，勃鞮追逐，斩其衣袂事），事后小白用管仲为相而不以为疑，重耳见勃鞮而待之如旧，岂不是犬只各为其主而吠人，志在专一而无二吗？卿的深厚诚意，可见于此了，如能永远保全这气节，则可永葆令名；如果忽怠了，可不值得惋惜吗！希望卿勉励始终，垂范将来，当使后之视今，亦犹今之视古，不也传为千古美谈吗？！朕近来没有听到及看到自己的过失，赖卿竭尽忠诚，几次上进嘉言，使朕怀得以启发，多么令人赞美啊！"

太宗借齐桓公、晋文公宽恕仇敌，管仲等尽忠回报的历史事实，勉励于韦挺，大有盼望自己和韦挺成为今之齐桓、管仲的意思。这是一种极高的期待，也是极感人的精神鼓励。

（19）贞观十七年（643）正月，魏徵逝世。太宗思念不已，感叹地告诉侍臣说：

"人以铜为镜，可以正衣冠。以古为镜，可以见兴替。以人为镜，可以知得失。魏徵亡殁，朕亡一镜了！"

过了一段日子，他又向房玄龄等说：

"所谓'自知者明'，确为难以做到的事，像那些舞文弄墨之士、歌艺巧技之徒，都自以为自己比别人好，如果让名工大匠稍加批评，于是芜词拙迹就露出来了。由此言之，人君必须要得到匡谏之臣，经常纠举他的过失才成。要不然一日万机，由一人来听断，虽然忧思劳苦，哪能完全做到尽善尽美？常念魏徵随事谏正，多中朕失，就如明镜照形一般，美恶必见。"

说罢，太宗因而举杯赐玄龄等饮，并一再切勉他们。太宗对魏徵如此推崇追思，对后来者头有很大的鼓励作用。

（20）魏徵死后第二个月，太宗大约在一次宴会间玩赏食器，突然想起一个问题，问谏议大夫褚遂良说："从前舜造漆器，禹在食皿上雕镂花饰，引起谏诤者达十余人。食器之间，何必为此苦苦谏诤？"

"雕琢会妨害农事，纂绣则妨碍女工，这些美丽悦目的花巧，将会首开奢淫危亡之渐；当漆用器皿不已而不能满足，最后则必然用金来雕饰，当金铸器皿不已而不能满足，则必然用玉来雕饰。所以谏臣必定在刚开始的时候就提出谏诤，及至发展得过分了，就不再进谏。"褚遂良答。

"卿言是呀！"太宗领悟地说，"朕的所作所为，如有不当，或者开始萌发，或者已经快要结束，都应该加以进谏。近来读历史，看到有些臣子进谏，做皇帝的就批答说'已经做了'，或者'已经同意做了'，竟然不为之暂停和修改。这真是危亡之祸，可以反手而待啊！"

这则太宗求谏，不但鼓励群臣在事前进谏，而且也要求他们在事情进行中或快将结束时，都必须进谏，以避免错误愈来愈大。

二、纳谏的行为和言论

（21）"玄武门兵变"造成群臣心理的不安，及至太宗下令赦免太子及齐王集团的人物，始稍告安定。但是，从前亲附太子李建成的大臣，终究在心里仍然留下了权力斗争的阴影。

幽州都督、庐江王李瑗，拥兵十万，是建成的亲信，也是太宗的堂兄。六月四日兵变发生后，太宗召李瑗回京。李瑗不安，遂在六月二十五日举兵造反，寻即被反兵变行动所杀。太宗下令将他的身份废除，降为庶民，家人也赐给领导反兵变的将领王君廓，以作为惩罚。

两年多以后，太宗和黄门侍郎王珪闲居宴谈。太宗指着侍侧的美人，告诉王珪说："她本来是庐江王妃。李瑗叛逆身死。她依照法例没入宫中做工。本来她也有丈夫，庐江不道，贼杀其夫，而将她强纳为妻。像他那样暴虐，焉有不亡的道理。"

王珪一怔，马上避席而反问道："陛下以为庐江这样纳她为姬，究竟是对呢，还是不对呢？"

"哪有杀人而强取人妻的道理。"太宗回答，然后反问，"卿这样问朕是非，为什么？"

王珪答道："臣听闻管子说，齐桓公到郭国，问其父老说：'郭国何故灭亡？'父老答：'由于郭公善善而恶恶啊！'桓公又问：'像你们所说，郭公明明是贤君啊，为什么把国家给亡了呢？'父老应声说：'不是，郭公爱好善人而不能用，厌恶恶人而不能去，所以亡了。'如今，这个妇人还在陛下左右，臣以为陛下的心意认为这样做是对的。陛下如果认为不对，那就不该这样做，知道不对而照样做，这就是所谓'知恶而不去'啊！"

太宗大悦，连称极善，马上下令把美人放还她的亲族。

（22）贞观四年（630）六月，太宗平定东突厥，报了渭水之耻后，就想到要巡幸洛阳，于是下诏征调士卒，修建洛阳的乾元殿，作为巡幸洛阳时的行宫。

给事中（门下省属官，职掌审驳）张玄素上书谏阻，大意说：

"陛下得天下，各方面都无不得心应手。微臣窃思秦始皇做皇帝，想将天下传给万代子孙，然而却仅及二世而亡。这是放纵嗜欲、逆天害人的缘故。所以，天下不可以力胜，神祇不可以亲恃，只有弘俭约、薄赋敛、慎始终，才可以国家永固。"

接着他切直指出如今巡幸洛阳极不适宜，理由有五点："如今乘战乱凋敝之余，陛下必须率先节之以礼制，东都还没有决定巡幸的日期，就已经下令先作补葺；王子们长大了要离开宫内，又须在外建造王府，征用民力过多，令人民疲累失望。这是第一不可。

陛下初平东都的时候，曾下令拆毁所有的层楼广殿，天下观感为之一新，同心倾仰，岂有当初厌恶它的侈靡，现在就因袭它的雕丽呢？这是第二不可。

每次请示巡幸日期都未有音讯，因此修建乾元殿，无疑是事不急之务，成虚费之劳。如今国家积储不多，用于修建，劳役过度，将会导致怨讟大起。这是第三不可。

百姓承乱离之后，生计粗安罢了，恐怕三五年之间都不能回复隋朝盛时之旧，故不应营建未幸之都以夺民力。这是第四不可。

东都形胜不如西京，陛下的教化，为日尚浅，未甚淳厚，斟酌事宜，不可幸东都。这是第五不可。"

末了，他向太宗提出警告："臣曾见隋朝建造这乾元殿，楹栋宏壮，所用的大木材都不是附近生产的，而是采自豫章（今江西南昌一带）。运送的方法则是：两千人拽一根柱，下面施以生铁造的毂，因为用木造则动辄摩擦出火；如此拽行一二里，铁毂辄破，另外派数百人带着铁毂随而换易。总计一条大木，平均每天只能拽行二三十里，运到东都，已用数十万之多；其他费用尚未计算，它们都是以过倍的情况来花费。臣闻'阿房成，秦人散；章华就，楚众离；乾元毕工，隋人解体'（阿房、章华皆为宫名，分指秦、楚、隋三国亡于修建）。陛下今日所为，恐怕远甚于隋炀帝啊！深愿陛下三思，无为识者所笑，则天下幸甚了！"

"卿以为我不如隋炀帝，那么，和桀、纣比又如何？"太宗阅读后，召见张玄素。

"如果乾元殿最后仍然兴工，那就是所谓同归于乱！"

"我不思量，竟至于此！"太宗嗟叹，对房玄龄说，"如今玄素上表，洛阳实亦未宜修造，以后在事在理都必须东巡，露天而坐亦复何苦？所有工作及差役，即日停止。不过，以卑干尊，古来不易，要不是他忠直，又怎能如此！而且古语有云：'众人之唯唯，不如一士之谔谔。'可赐给他五百匹绢，以示奖励。"

魏徵听后，赞叹说："张公就有这种回天之力，可谓'仁人之言，其利博哉'！"魏徵大概也为此进过谏，可能不被太宗所接纳。七年之后，太宗下令修建洛阳飞山宫，魏徵的谏言似乎也不被接纳（见第五条）。

想魏徵等宰相不为建造宫殿而一再极谏，原因可能有二：第一，乾元殿是东都正殿，太宗为秦王时攻下东都，下令摧毁它，但是帝王以后要巡幸东都，必须有大殿以作朝会之用，所以魏徵等宰相不再极谏。事实上经张玄素此谏，太宗即终身无意复建乾元殿，宁愿作飞山宫等小宫殿为居止之地。飞山宫仅是小行宫，魏徵等不谏止修建，这是原因之一。

第二，魏徵等宰相　直与太宗关系亲密，日夕侍从，深知太宗自青年时代即染上气疾（可能是哮喘病），每年炎暑即感不畅，所以需在地势高、气候好的地方修建小行宫，作避暑之用。因此，他们也就不一再对此事直言极谏。而太宗为身体着想，也不一定会接纳。

贞观七年（633）春天，就发生如下一例：

太宗经常到九成宫（隋文帝建，在陕西麟游西）避暑，这年春正月，又下诏将幸九成宫。散骑常侍（门下省侍从官）姚思廉进谏说：

"陛下高居紫极，宁济苍生，必须以欲从人（抑制欲望以顺从人民），不可以人从欲。那么，离宫的游幸是秦始皇、汉武帝做的事情，不是尧、舜、禹、汤之所为啊！"

思廉言甚切直。太宗不得不晓谕他说："朕有气疾，天气一热便更加剧烈，并不是为了情好游幸而去的呀！甚喜卿意！"

九成宫还是在三月去了，不过为了嘉慰谏者之意，太宗于是赐给思廉五十段帛。

（23）太宗如果不是皇帝，那他必然是一位名将，飞鹰驰马乃是他的专长之一，所以他很喜爱驯养鹰马。

贞观三年（629）冬十一月，朝廷派使者来到凉州（治今甘肃武威）都督区。使者见甘青一带有名鹰，遂暗示都督李大亮呈献给皇帝。李大亮是一位富有文武才干、性格端正的名臣，于是秘密呈上一份密表，大意说：

"陛下久绝畋猎而使者求鹰，如果这是出于陛下的主意，则陛下深深违背了初衷；如果是使者擅自出主意，那就是陛下用人不当。"

太宗阅密表，对侍臣说："李大亮可谓忠直呀！"于是亲自撰写诏书，赐给大亮说：

"以卿兼资文武，志怀贞确，所以委以方面重任。近来卿在地方上声绩远播，念此忠勤，寤寐岂能相忘！使者暗示献鹰，卿绝不曲顺其意，论今引古，远献直言，披露腹心，非常恳切。朕阅览之后，不禁嘉叹不已。有臣若此，朕复何忧？！盼望能继续守此诚心，始终如一。《诗》云：'靖恭尔位，好是正直，神之听之，介尔景福。'（意谓虔敬地做好你的职位，爱好正直，神会知道，而降福给你。）古人又说：'一言之重，侔（比）于千金。'卿之所言，深足以珍贵啊！

如今赐给卿金壶瓶、金碗各一，虽无千金之重，却是朕自用之物。卿的性格和做事，常能胜任朕的要任，朕将要大加任用，以申重寄。卿在公事之余，应多读点书籍，现在兼赐荀悦所著的《汉纪》一部给卿。这部书叙述简要，议论深博，极尽为政之体和君臣之义。今以赐卿，宜多加思考阅读。"

　　太宗不因小事而忽略了别人的批评，反而为了这点小事一再表现出他的纳谏态度，不但使谏者感激图报，抑且使旁人受到鼓励。五年之后，李靖奉诏担任讨伐吐谷浑的远征军统帅，太宗就征调他为远征军且末道兵团司令官，立下了大功。战事平定后，远征军各兵团班师回国，太宗独留李大亮兵团一部分，就近监护败亡后的青海地区，实践了大加任用、以申重寄的预期。不久，李大亮即入调为右卫大将军。

　　长孙无忌的妹妹十几岁就嫁给了李世民。世民即位，立她为后，成为历史上标准皇后之一。她曾经为马匹之事进谏过唐太宗。

　　那是某年的某一天，太宗最爱的骏马无病而暴死了。这匹马由于是太宗最爱的骏马之一，所以特别留在宫中饲养，竟然无缘无故死了，太宗大为震怒，要杀掉养马的宫人。

　　长孙皇后进谏说："从前齐景公也为了爱马之死而杀人，晏子请求先数饲养者之罪，然后才推出去斩首。晏子数说其罪道：'你养马而养到死，这是你第一条罪。你使得国君因此而杀人，百姓闻知，必怨吾君，这是你第二条罪。诸侯听到了这个消息，必然因此轻视我国，这是你第三条罪。……'景公顿悟，于是释放了饲养马的人。陛下曾经读过这段记载，难道忘记了吗？"

　　太宗听了，怒意也消解了，而且又向房玄龄赞叹说："皇后事事相启发，极有利益啊！"

　　贞观十五年（641），由于西突厥内乱有年，国家分裂为南、北两政权，北面称北庭，南面称为南庭，大体以伊犁河为界，互攻不已。南庭可汗亲唐，数次遣使入贡，希望得到唐朝的承认与支持。这年七月，太宗派遣将军张大师前往南庭册封可汗，表示正式承认。

使节团尚未回国，太宗又派另一个使节团，多带金帛，到南庭所属各国（当时龟兹、焉耆等天山南路诸国臣属于南庭）去买马。宰相魏徵谏道：

"如今发使以立可汗为名，可汗还没立完，就到各国去买马，他必以为我国意在买马，而不是为了专立可汗。可汗得立则不很感激，不得立则必生深怨，其他藩国知道了，也不再看重中央。只要他们的国家因此安宁，则各国的马匹将会不求自至。

从前有人献千里马给汉文帝，文帝说：'我参加庆典，骑马的速度是每日三十里，出兵行师，也不过五十里而已，统帅旗引导在前，大队人马跟随在后，现在我独乘千里马，要到哪里去呀？'于是计算旅途花费，赏赐给献马人，命令他牵马回去。又有人献千里马及宝剑给汉光武帝，光武帝将马用来驾车，剑以赐骑士。如今陛下凡所施为，都超过了三王之上，奈何这件事想屈于孝文、光武之下呢？

又魏文帝下令求买西域大珠，苏则劝告他说：'如果陛下惠及四海，则大珠不求自至；求而得之，不足贵啊！'陛下纵然不能效法汉文帝的高行，也不警惕于苏则的正言吗？"

太宗欣然接纳，立刻下令取消买马之事。

（24）贞观六年（632）年底，太宗有一次与侍臣讨论安危之本。中书令温彦博说："伏愿陛下常如贞观初则善了。"

"朕近来怠于为政吗？"太宗诧异地问。

"贞观之初，陛下志在节俭，求谏不倦。近来营造颇多，进谏的人颇有冒犯圣上的意旨，这就是前后的差异所在了！"魏徵抢先回答。

"确有此事，确有此事！"太宗鼓掌大笑，承认魏徵的批评。

一年多后，有一个小县丞皇甫德参上书批评时政，竟然大胆地说："修建洛阳宫，劳民伤财；征收地租，无异厚敛；现在社会上以高髻为时髦，大概是宫中首先创导的歪风。"

太宗勃然大怒，告诉房玄龄等说："皇甫德参想国家不役一人，不收斗租，宫人皆无头发，然后才称心如意吧！"于是想治他讪谤之罪。

"从前贾谊上书给汉义帝，声称'可为痛哭者一，可为长叹息者六'，"侍中魏徵随即进言，"自古上书率多激切，若不激切，则不能动人主之心。激切即似讪谤，请陛下详察！"

"非公不能道此！"太宗顿悟说，"朕怪罪此人，则谁敢再说话。"下令赐给德参绢帛二十匹。

他日，魏徵又奏道："陛下近日不好直言，虽然勉强包涵，已经不像往日那么豁如虚心了。"

太宗一再称谢，对德参更加优赐，甚至超升他为监察御史。

（25）高季辅自少文武双全，又以孝著称于乡里。贞观初年，太宗升他为监察御史。他多所弹纠，不避权责，所以又升为中书舍人（中书省侍臣，职掌撰写圣旨）。其间，他曾经上书批评时政，竟然直指太宗、王室及宰相大臣。太宗不怒，反而称善不已。

贞观十七年（643）四月，太宗废了太子，另立王子李治为太子，安排季辅为右庶子（东宫撰写公文的机要官）以辅导他。鉴于他上疏忠直，太宗遂特赐钟乳一剂，勉励他说："卿进药石之言，所以用药石相报！"

钟乳在中医上，有通气生胃的功效。太宗特赐此物，用意颇深。后来太宗也拜他为宰相。

充当新太子的东宫师傅和侍臣，连高季辅在内，皆为一时之选，这些人在当时或后来都成为宰相。由他们来辅导太子，加上太宗平常也亲自教育儿子，所以李治当时的表现也不太坏。

有一次，太宗发怒于苑西监（掌理宫苑的官）穆裕，下令于朝堂处斩。太子李治立即犯颜进谏，使太宗怒意化解。长孙无忌（太子的亲舅舅）在旁赞美说：

"自古太子进谏，大多等到天子怒解，然后从容而言。如今陛下发天威之怒，太子犯颜之谏，真是古今所未有！"

"人与人相处时间久了，自然互相熏染学习。"太宗颇为得意地说，"自从朕御天下，虚心正直，即有魏徵朝夕进谏；自征逝世，又有刘洎、岑文本、马周、褚遂良等继之。皇太子幼在朕膝，常常看到朕心悦谏者，于是熏染以成性，所以才有今日之谏。"

（26）若以贞观十七年（643）魏徵之死为界限，以前代表以魏徵、王珪为主，以后则以前面太宗所提及的刘洎等为主，则太宗一朝前、后期的谏风有所差异，宰相侍臣的阵容也不相同。

魏徵、王珪等谏臣，在前期或婉言讽喻，或面折廷争。由于他们与太宗同辈，又是开国人物，且太宗当时亦为树立形象，孜孜求谏，所以谏者的言论大多被太宗所接纳。因此，前期宰相百官，大多能知无不言，不惜犯颜批逆鳞。魏徵当谏议大夫时，即曾上书谏诤两百余次之多，王珪也多所建言，皆不时有直接批评太宗本人之举。

贞观中期以后，自魏徵以下，已常有言论批评太宗求谏不及初期，强辩而不虚心，太宗也往往为之谢过。自从魏徵死后，开国人物存者已不多，侍从谏臣如刘洎辈，大多是第二代人物，太宗颇以子侄辈视之。加上太宗功成名就，心态颇有不同于往日，所以他们的谏言，太宗不一定虚心采纳。这些人也知道太宗的性格，因此也不像魏徵、王珪等，不惜直攻太宗的不是。这种转变，造成了贞观晚期一些重大政策决定的错误。下面有两件事情，足以窥见转变的端倪。

贞观十八年（644），魏徵死后才一年。这年四月，太宗继游幸钟官城（在今陕西西安市鄠邑区东北）、骊山温泉宫（在今陕西省西安市临潼区东南，后改称华清宫，杨贵妃春寒赐浴华清池即在此）等地之后，又要幸九成宫避暑。

太宗一行中途来到太平宫（隋建，在西安市鄠邑区东南），安顿完毕，与宰相侍臣闲游。

“人臣之对帝王，大多顺从而不抗逆，甘言美辞以讨好君主。”太宗忽然建议说，“朕现在发问，卿等不得有所隐讳。卿等试依次说说朕的过失，让朕自闻其失吧！”

侍臣之中，以司徒、同中书门下三品（司徒是三公之一，即以司徒兼宰相职）长孙无忌地位最高，他和民部尚书唐俭等，都歌颂说：“陛下圣化，道致太平，以臣观之，不见其失！”

散骑常侍刘洎不完全同意，批评太宗说：“陛下拨乱创业，实功高万古，诚如无忌等所说。不过，近来有人上书，辞理有所不称旨，陛下或至面对面穷加诘责，使人无不惭惧而退。这种态度恐怕不是奖励进言、广开言路的方式。"

太宗听后为之动容，立即说："此言甚是，朕当为卿改之！"

轮到左庶子、中书侍郎（东宫机要官兼中书省副长官）马周，他也婉转地说："陛下近来赏罚，颇以个人喜怒而有所高下，此外不见有过失。"

换句话说，太宗虚心求谏不及既往，又时以个人喜怒来作赏罚，已经成为他的显著缺点。第二年，刘洎就是以宰相身份，因太宗一时之怒而被赐死的。该年太宗让声名冲昏了头脑，亲统大军东伐高句丽，拒绝了宰相大臣一切反对的意见，结果无功而回。太宗颇感丢脸和后悔，曾感慨说："魏徵如果尚在，绝不会让朕有此行！"是的，魏徵等尚在的话，太宗晚期不至于频有错失的，显见后期的宰相侍臣，已经不及当年王珪、魏徵等人的说话威力。

贞观十八年（644）的八月，那时太宗还在九成宫避暑，他曾一度评论了当时的宰相侍臣，把他对他们的观感表达出来了。这次评论是这样发生及进行的：

有一天，太宗又建议长孙无忌等人："人苦不自知过，卿等可对朕明白地批评一番！"

"陛下武功文德之高，臣等追随顺从还来不及，又哪有过失可言！"无忌等回答。

"朕问公等我有什么过失，公等竟然曲相谀悦。"太宗不大高兴侍臣的态度和说话，当面加以批评，接着提议说，"朕想当面列举公等得失，希望大家互相警惕勉励而改正过来，怎样？"

大家起来拜谢。

太宗于是逐一评论说："长孙无忌善于避免嫌疑，反应敏捷迅速，决断事理，古人未必能及；至于统率军队指挥作战，就不是他的所长。高士廉（当时为开府仪同三司、同中书门下三品，元老宰相）涉猎古今，心术明达，临难不改节，当官无朋党；他的缺点仅在缺乏骨鲠规谏罢了。唐俭言辞辩捷，善于调教别人；但是事朕三十年，就是没有对我谏诤。杨师道（前任宰相，现任吏部尚书，主管人事行政）性行纯和，自然不会犯大错；但是他情实怯懦，危急时不可得力。岑文本（现任中书侍郎）性质敦厚，文章华美；至于持论则常有经远之意，自当不负于物望。刘洎性最坚贞，对国家有利益；但是他意尚然诺，私于朋友（指他重然诺、重交情）。马周见事敏速，性甚贞正，评论人物能直道而言，朕最近差遣他做事，多能称意。褚遂良（现任谏议大夫）学问稍有长进，性亦坚正，常常表露忠诚，亲附于朕，譬如飞鸟依人，人也自然怜爱它。"

太宗娓娓道来，只评论随行人员，对于像留守京师的元老宰相房玄龄等，并未提及。王珪以前在贞观四年（630）评论各宰相（参第八条），除了房玄龄仍然健在，其余皆已作古。王珪所论诸宰相的才干和性格，与此时太宗所论诸人比较，阵容和声势上后者显然差于前者了。因为太宗评论后不久，即提拔刘洎、岑文本、马周、褚遂良四人为宰相了。

三、直谏

唐制谏诤权原由谏官行使，但是其他官员也可以进谏。谏诤权行使方式有五种，即讽谏、顺谏、规谏、致谏和直谏。直谏，是指谏者直接针对问题所作切直不隐的谏诤。谏者行使这种方式时，往往与被谏者针锋相对，所以威力甚大，常能挽回人主之心。这一节就是列举了一些直谏之例，以证太宗君臣进谏和纳谏的实况。

（27）大唐武德九年（626）八月九日，李世民历经兵变，于此日正式即位于东宫显德殿，下诏大赦天下，并宽免京师附近各州的租税两年，全国其他各州则宽免一年。

不久，有敕更改命令：现已服劳役与已纳租税的地方，照常办完服役轮租的程序，等待下年度才折算宽免。

给事中（门下省基层审驳官）魏徵在门下省接到敕旨——敕旨依法须由中书省发出，呈给天子画敕（签署）后，移交至门下省。门下省依法先经给事中审驳，然后才呈交侍郎（副长官）及侍中（正长官）审核。手续完成，加盖大印，始成为正式的诏书——随即将它压下，紧急上书说：

"伏见八月九日诏书，全国宽免租税，使老幼相欢，且歌且舞。又闻有敕下令改正，国人咸感失望，以为国家追悔前言，二三其德。臣窃闻天之所辅者，仁；人之所助者，信。今陛下初登大位，亿兆欢德，不料第一次发布命令，便有二言。这样必使天下生疑，而对人民失信。纵然国家有倒悬之急，犹且必不能如此做，何况以泰山之安而辄行此事！为陛下出此主意者，于财利小有补益，于德义则大有亏损。臣智识浅短，窃为陛下可惜！伏愿稍览臣的意见，详择利益而决定。冒昧之罪，臣所甘心！"

魏徵原是太宗的政敌。太宗即位即提拔他为侍从审驳官；而他也甚为称职，马上就给太宗颜色看——封驳了太宗的敕旨，并上书批评他失信，请他重新考虑。这时，太宗和魏徵的关系并不像以后那么亲密，这就更难能可贵了。

过了不久，由于东突厥入侵至京师，首都戒严，太宗被逼作了"渭水之盟"。事后，太宗极思雪耻，精简部队，亲自训练。

右仆射封德彝奉命充当简点使，实行"可汗大点兵"。封德彝的计划是：除了选择丁男（成年男子）外，中男自十八岁以上，一并加以简点服役，使兵源充足。太宗同意，发敕三四次，皆被魏徵执奏以为不可，加以封驳否决。德彝不同意门下省的否决，亦一再重奏，并向太宗报告说："今见点兵官说，中男之内大有强壮的人在。"

太宗听了，为之大怒，再次发敕说："中男以上，虽然未满十八岁，只要身体壮大，亦得征服兵役。"

魏徵坚决不从命，不肯副署敕旨。

太宗召见魏徵和谏议大夫王珪，作色以待，一见面即责怪说："中男如果瘦小，自然不征点服役；如果壮大，也就可以简取。君等对这事有何嫌疑，竟然做得如此过分？！"

"臣闻竭泽取鱼，不是不能得到鱼，只是明年也就无鱼；焚林而畋，不是不能获得野兽，只是明年也就无野兽。"魏徵也向太宗正色作答，并批评太宗说：

"如果中男以上全部征召入军，那么租税杂徭将向哪里征收？而且近年国家的卫士（唐人称军人为卫士）不堪攻战，岂是因为数量少的关系？只因待遇不当，遂使人无斗志罢了。如果多加点取，入军后他们仍然充当杂差使，那么数量虽众，终是无用。如果精简壮健，待之以礼，届时人百其勇，何必在多？

陛下每次都说：'我当君主，以诚信待物，欲使官人百姓皆无矫伪之心。'但是从登基以来，大事三数件，皆是没有信用的，用什么取信于人？"

"所谓没有信用，是什么事呀？"太宗愕然。

"陛下初即位，下诏宽免一切逃负官方的债务，立即命令有关机关开列事条，但是欠秦王府的却不算是官方债务。陛下自秦王成为天子，秦王府的债务不算官债，不得宽免，试问还有其他机关算是官方的吗？即位那天下诏宽免全国赋税，寻即更改为已征收的照样征收，等待来年才准折，这是宽免以后再征收的手段，百姓之心不能无怪。既然已经征收，这时又再征召当兵，来年才得准折不征收、不征召，何以取信于民？又治理天下委托于刺史（州长）县令，平常课征赋税，完全委托他们执行，至于简点人民服兵役，即怀疑他们有诈伪，不委托他们执行。这样子盼望臣下诚信，不是很难吗？"魏徵侃侃而言，一一罗列。

太宗略一思想，立刻谢罪说："我见君固执不已，怀疑君对此事有所不明。如今纵论国家失信，乃是人情不通的缘故。我不思索这件事，过失也太大了，行事往往如此错失，如何可以致治！"于是下敕停止征召中男，并赐魏徵金瓮一口，赐王珪绢帛五十匹。

（28）贞观元年（627），魏徵由于表现出色，遂被擢升为谏议大夫，不久又由谏议大夫升为尚书右丞，但仍兼谏议大夫。

这时候的魏徵身兼皇帝侍从谏官及尚书省秘书长两职，繁忙而清贵，足以充分发挥他的才干。魏徵原就是一个敢说敢做、落拓豁达的人，不甚拘泥小节，于是就任一年左右，有人告他阿党亲戚。

太宗得到投诉，指使御史大夫温彦博调查其事。彦博调查结果，判断是投诉者不对，魏徵并无其事；然而他却向太宗覆奏说："魏徵既然被人投诉，说他坏话，表示他虽然无私，但也有可责之处。"太宗因此命令彦博去见魏徵，传达他的意思作为警告："你谏正我数百条之多，难道因此小事情便损害自己的美好形象？自今以后，需得检点自己！"

过了两天，太宗询问魏徵："这两天在外面有没有听闻批评我的不是？"

"前日陛下命令彦博宣敕，警告臣为何不检点。此言大不是！"这天大概是魏徵轮值之日，得以侍从太宗。他不但不接受太宗的警告，且反过来批评太宗警告得不对："臣闻君臣同气，义均一体，未闻不存公道，仅知自我检点。如果君臣上下大家都这样做，则邦国的兴衰，实未可知。"

"前天说了这些话，朕随即就很后悔，实在是大不是！公也不得因此而有所隐避。"太宗蘧然改容，谢罪说道。

魏徵下拜而说："臣以身许国，直道而行，必不敢有所欺君负国！但愿陛下使臣为良臣，不要使臣为忠臣。"

"忠臣和良臣有差异吗？"太宗惊讶地问。

"良臣使自己身获美名，君主得到显赫的名号，子孙传世，福禄无疆。"魏徵分析说，"忠臣使自己身受诛夷，君主陷于大恶之名，家国并丧，徒然独有其名。以此而言，两者相去就太远了。"

"卿但莫违背此言，我必不忘社稷之计。"太宗领悟了忠臣与良臣的区别，勉励地说，并且下令赐给魏徵绢帛五百匹。到了贞观三年（629），太宗就拜他为宰相。

（29）御史台有两个御史——权万纪和李仁发都喜欢弹劾别人，而且通常都是以告讦谮毁的方式进行弹劾的，连宰相房玄龄和王珪也被权万纪诬告弹劾过。太宗虽知房、王等大臣无过，但也不惩罚权、李二人，反而以为他们"不阿贵近"（不讨好权贵），多次召见。太宗这种态度，无异鼓励了二人之心。所以两人也越发肆无忌惮，随心弹射，肆其欺罔。百官无以自安，心知不可如此胡为，而莫能论争。

贞观五年（631）八月，宰相魏徵实在忍不住了，乃上奏章正色而谏：

"权万纪、李仁发并是小人，不识大体，以谮毁为是，以告讦为直，凡所弹射，皆非有罪。陛下为他们掩饰短处，鼓励他们的行为，遂使他们得以骋其奸计，附下罔上，多行无礼，以博取强直之名。诬告房玄龄，斥退张亮，并没有收到肃厉的效果，徒然损害了主上的圣明，而且导致道路之人，皆兴起谤议。

臣猜度圣心，必不以他们是谋虑深长、可委以栋梁之任的人，只是想利用他们无所忌惮的行为，作为群臣的警惕讽厉。如果陛下昵信邪狎之人，犹且不可以利用小人以计算大臣，何况群臣素无矫伪，空使他们产生离心哩？！以玄龄、张亮等人，要申诉他们的枉直犹且不可得，其余疏远位卑的臣子，就更难免于被欺罔了。伏愿陛下留意再想，自从陛下运用两人以来，如果有一弘益，臣即甘心斧钺，受不忠之罪！陛下纵然不能举善以崇德，岂可就进奸而自损呢？"

魏徵言辞凌厉，太宗为之默然，不得已把权万纪调职，免掉李仁发，并赐魏徵绢帛五百匹。朝廷为此，咸相庆贺。

（30）自从贞观四年（630），消灭东突厥，国家内外跻入升平以后，第二年正月，各州施政报告的特使（通常由州长或州政府重要僚佐充任，称为考使或朝集使，参第一三七条）会集京城。大家认为四夷咸服，天下太平，于是共同上疏，请求天子封禅——一种国家最高仪式，由天子在泰山向上天报告成功。太宗谦虚，手诏不允。

贞观六年（632）正月，文武百官二度请求封禅礼，声言"称述功德，时不可失，天不可违，如今行礼尚嫌其晚"云云。太宗逊词答道："卿等皆以为封禅乃是帝王的盛事，朕意则不然。如果天下乂安，家给人足，虽不封禅，对我岂有伤害啊！从前秦始皇封禅而汉文帝不封，后世岂以为文帝之贤，比不上始皇呢？！而且事天扫地而祭，何必一定要登泰山之巅，封数尺之土，然后才可以表达诚意呢！"群臣不同意，固请不已，独魏徵不表赞成，力排众议。

太宗觉得奇怪，问道："朕想得到卿的直言，不要有所隐讳！卿不愿朕封禅，以为朕功不高吗？"

"高呀！"征答。

"德未厚吗？"

"厚呀！"

"国家未安吗？"

"安啦！"

"远夷未服吗？"

"服啦！"

"符瑞未至吗？"（古人相信天下太平则有祥符出现）

"至啦！"

"年谷未登（丰收）吗？"

"登了！"

"那么为什么不可以封禅？"

"陛下功高而人民未怀惠，德厚而恩泽未旁流，国家已安而未足以供应耗费的典礼，远夷虽服而无以满足他们的需求，符瑞虽至而纲罗犹密，积岁丰稔而仓廪尚虚，臣所以切谓不可。"魏徵接着说：

"臣未能远譬，且借一个近喻吧。譬如有人长患疼痛，医好后仅存皮包骨，就想背负一石米而日行百里，一定是不可以的事。隋末之乱不止十年，陛下充当良医，除其疾苦。天下虽已乂安，但未甚充实，对于告成功于天地这事，臣窃有疑。

而且陛下东封泰山，万国咸会，荒遥之外的君长，莫不奔驰而来扈从。如今自伊洛以东，至于泰山，灌莽巨泽，茫茫千里，人烟断绝，鸡犬不闻，道路萧条，进退难阻，怎可招引那些戎狄到来，让他们看到虚弱的腹地？况且行礼之后，竭财以赏而不一定能满足远来客人的欲望，连年宽免而不足以补偿百姓的辛劳，万一遇到天灾地变，庸夫邪议，悔不可追。这种想法岂是臣独有的想法，舆论也是如此啊！"

太宗连连称善，于是封禅之意因此停止。当群臣歌功颂德之时，魏徵能够否认天子已经完全成功，并冷静地分析国家内外的隐忧，阻止了国家最隆重大礼的举行，确是直谏的典型。太宗不陶醉于歌颂声中，毅然听取魏徵那些反调，也是纳谏的榜样。

（31）贞观七年（633）那年，蜀王——太宗第六子李愔

（yīn）——王妃之父杨誉，在尚书省争奴婢。都官郎中（尚书省刑部都官司的司长，主管配役囚奴等政务）薛仁方看他不像话，于是将他拘留查问。都官司尚未判决，杨誉之子当时担任千牛卫士（皇帝的带刀侍卫），在殿廷向太宗投诉说："依照法律，五品以上官员若非反逆，不能加以拘留。臣父因为是国戚，所以节外生枝，又不肯判决，淹留岁月。"

太宗大怒："知道是我的亲戚，所以故意如此刁难吗？！"即令杖薛仁方一百下，免除所任官职。

门下省依法有监督及覆判刑部的案件之权，侍中魏徵认为太宗做得过分了，于是进谏说：

"城狐社鼠都是微物，所以不能清除，就是因为他们有所凭恃，何况世家贵戚，自来就号称难理，汉晋以来不能禁抑。武德年间，贵戚骄纵，陛下登极，方始萧条。仁方既是职责所在，能为国家守法，岂可枉加刑罚，以徇外戚之私？此源一开，以后万端争起，后悔莫及。自古能禁断此事，只有陛下一人，预先防范以备不虞，是治国的常道，岂可以水未横流，便欲自毁堤防！臣私下思考，认为不可。"

敕令在门下省被侍中否决，太宗就知道难以通过，但是怒意未消，而仁方却也有所不是，所以太宗只好修改敕令；杖他二十下，而特免再作追究。他说："诚如公言，向来没有想过，但是仁方动辄拘禁官员，也不向上级报告一声，颇为专权。虽然不合处以重罪，也该稍加惩肃吧！"

（32）贞观八年（634）左右，另外发生了一件有关法律的事件，魏徵谏回重议，逼使改正过来的。

郑仁基曾在隋朝任官，有一女年方十六七，容色绝姝，当时莫及。长孙皇后访求得之，乃建议三十七岁的太宗任用她当内官（妃嫔之官），以备嫔御。太宗于是聘郑氏为充华（妃嫔位号）。

诏书通过中书、门下两省，已经颁发出来，只是策拜的使节尚未出发。魏徵忽然听闻郑氏先前早已许配给陆爽，于是紧急上表谏阻，说：

"陛下为人父母，抚爱百姓，当忧其所忧，乐其所乐。自古有道之主，以百姓之心为心，所以君主居住于台榭，则想百姓有栋宇之安；食用膏粱，则想人民无饥寒之患；顾御妃嫔，则想人民有家室之欢，这是人主的常道。如今郑氏之女早已许人，陛下取之不疑，无所顾问，若播之四海，岂是为民父母之道呢？臣根据传闻，未必一定确实，但是恐怕亏损圣德，情不敢隐。人君举动皆有史官记录下来，愿陛下特别留意！"

太宗大吃一惊，亲手写答诏给魏徵，以表深自责备；并停止册封，命令将郑氏还给他的旧夫。

册封的诏书已经公布，突然取消，满朝文武一时惊愕。左仆射房玄龄、中书令温彦博、礼部尚书王珪、御史大夫韦挺等了解原因之后，共同启奏，建议说："说郑氏早已配给陆爽，并无显然的证据；大礼既行，不可中止。"

陆爽这时也抗表上奏："臣父生前与郑家交往，不时互相赠送礼物，初无婚姻之言。外人不知，妄有此说。"

大臣拿着陆爽之言作证据，又劝进于太宗。

太宗于是颇以为疑，召见魏徵而问："群臣或者是顺着朕的意旨，不过陆氏又为什么推得一干二净，表现得那么分疏呢？"

"以臣猜度，他的意思其实可知。他把陛下比作太上皇（唐高祖）呀！"

"这话怎么讲？"太宗追问。

"太上皇当年平定京城，得到辛处俭之妻，而颇加宠爱。处俭当时官拜太子舍人（东宫属官），太上皇闻知而不悦，就命令他调出东宫，任为万年县县令。他每怀战惧，常恐生命不保。"魏徵继续说：

"陆爽以为陛下现在虽然宽容他，以后则会阴加谴谪，所以反复自陈。意在于此，不足为怪！"

"外人意见或是如此，然而朕的话未能使人必信吗？"太宗哈哈大笑，并降下敕旨："今闻郑氏之女先已受人礼聘，前出文书之日，事不详审，此乃朕之不是，亦为有司之过。聘授充华一事宜停。"

魏徵直指王室的私生活，比太宗于高祖的强夺人妻而计谋人夫，真是"以小人之心度君子之腹"，很易惹祸的。但是魏徵敢讲，而太宗也敢接纳，不但不怒，反而宽恕地笑解；反过来看，房玄龄等人格于大礼已行，又无显证，坚请册礼进行，则不免有逢君之恶的嫌疑了。

天子已宣布册妃嫔，突然中止，此为一奇；平民陆爽为此上表声明没有婚约，以成全皇帝，这是二奇；在这种情况之下，太宗尚认定郑氏已曾受礼聘，不但下诏罪己，也怪罪有关机关，最后坚持停止，这是三奇。难怪当时的人们，莫不称叹其事了。

（33）越王李泰是长孙皇后亲生第二子，太子的同母弟，后来高宗皇帝的同母兄，在太宗十四个儿子之中则排行第四，向来最为父皇疼爱。太宗对他宠异的程度超过了对待太子李承乾，因此引起后来的继承纠纷和事变。

贞观十年（636）正月某天，有人向太宗说闲话，说三品以上大臣皆轻蔑越王。挑拨者的用意，在谮毁侍中魏徵等，以激起太宗的愤怒。

太宗果然愤怒，来到齐政殿，召见三品以上大臣，引大臣入座坐定，遂大怒作色道：

"我有一言向公等说，以前天子即是天子，今日天子就不是天子吗？！以前天子儿是天子儿，今日天子儿就不是天子儿吗？！我见隋家诸王，达官以下都不免被他们所欺压；我的儿子，自然不许他们纵横。公等日子过得容易，所以互相轻蔑他们，我如果纵容他们，岂不能欺压公等？！"

房玄龄等战栗拜谢。魏徵却正色而谏：

"当今群臣必无人会轻蔑越王。然而在礼法上，臣和子是一例的。经传说王人（周天子的人）虽微，列于诸侯之上，诸侯用之为公，即是公；用之为卿，即是卿；若不为公卿，就是下士于诸侯。如今三品以上，列为公卿，都是天子的大臣，陛下所加敬异；纵然稍有不是之处，越王何得辄加折辱？！如果国家纪纲败坏，臣就不知道；以当今圣明之时，越王岂得如此？而且，隋高祖不知礼义，宠溺诸王，使得他们非法无礼，最后不得不加以罢黜，这种不可效法的事，亦何足道哉！"

太宗闻言，喜形于色，对群臣说："凡人言语，理到则不可不服。朕之所言，当是溺于私爱；魏徵所论，才是国家大法。朕刚才愤怒，自以为理在我身而不疑，及见魏徵之论，始觉大非道理。作为人君，发言何可轻率啊！"于是又切责房玄龄等不明这个道理，而赐魏徵绢帛一千匹（又参第一三五条）。

（34）贞观十二年（638）三月，太宗四十一岁，添了一个皇孙，于是在东宫召宴五品以上官员。

"贞观之前，追随朕经营天下，这是玄龄之功。贞观以来，协助朕纠弹愆谬，则是魏徵之功。"太宗在宴乐之间突然说，而且立刻赏赐佩刀给他们两人。接着太宗又问魏徵："近来所行得失政化，何如往年？"

"如果讲恩威所加、远夷朝贡，比较贞观初则不可等级而言；如果说德义潜通、民心悦服，则比贞观初相去又远了。"魏徵答。

"远夷来服，应该是由于德义所加，以前的功业为什么反而更大呢？"太宗奇怪了。

"从前四方未定，陛下常以德义为心；旋以海内平安，就慢慢骄奢自满。所以功业虽盛，终究比不上往年。"

太宗又问："那么，朕的所作所为，比往年有何差异？"

"贞观之初，陛下恐怕人不献言，所以常诱导别人作谏诤。三年以后，见到人谏，陛下犹能悦而从之。近一两年来，陛下已经不悦人谏，虽然黾勉听从，而内心意终不平，而且脸上还有难色。"

"对什么是这样表现的？"

"陛下即位之初，处元律师死罪。孙伏伽谏谓'法不至死，不容滥加酷罚'，就赐给他价值百万的兰陵公主的花园。有人说伏伽所言不过只是常事，而赏得太厚。陛下答以'我即位以来未有谏者，所以厚赏他。'这是诱导别人献言之例。

徐州司户（主管州的户政）柳雄，窜改在隋朝任官的资历（唐朝承认隋资仍有效），被人告发。陛下命令他自首，不自首则处之以罪。柳雄坚持说隋资是实，竟不肯自首。大理推得其伪，将处以死罪，大理少卿戴胄认为依法只合判徒刑。陛下说：'我已给他判决完讫，但当判以死罪。'戴胄力争说：'陛下既然不立即杀他，将他交来司法当局，臣忝为法官，判定罪不合死，不可酷滥！'陛下当时作色下令要杀，戴胄则固执不肯，争持至于四五次，然后终于赦免；而且勉励法司说：'但能为我如此守法，岂畏滥有诛夷！'这就是悦以从谏之例。

往年陕县丞皇甫德参上书大忤圣旨，陛下以为讪谤。臣奏称'上书不激切则不能动人主之意，激切即似讪谤。'当时虽从臣言，赏绢二十匹，但是意甚不平，这是难于受谏的表现啊。"

（参第二十四条）

太宗感叹道："诚如公言，非公则无人能道此！人皆苦于不能自觉，公从前未说出来时，朕都以为自己所作所为一贯不变，及见公之论说，始知过失堪为惊人。公但存此心，朕终不违忘公的嘉言！"

嘉庆宴会，春风得意之际，魏徵却大浇太宗冷水，真是名副其实的直谏啊。

第三章　论君臣之际和制度的建立

一、论君臣的鉴戒

（35）贞观四年（630），太宗经常以隋朝的种种问题咨问侍臣，希望从中得到一些教训。一天，太宗又和魏徵讨论起隋朝司法之弊，问魏徵当年亲眼看到的究竟是如何。

魏徵答道："臣从前在隋朝，曾听闻有盗发之案。炀帝下令于士澄捕逐他们，只要有所疑似，一律捉来，苦加拷掠，有两千余人因为受不了酷刑，被迫承认为贼，炀帝竟然下令'同日斩决'。

当时的大理丞（最高法院秘书长）元济觉得奇怪，猜想别有内情，于是复查全案真相，发现有六七个人在盗发之日才从别的囚禁所放出，竟也遭到审判及酷刑，不胜痛苦而自诬行盗。元济既有此发现，就作了更进一步的调查，又发现两千人中，只有九个人在案发当天行踪交代不明而已；这九个人之中，官吏认识而认为他们不会做贼盗的又有四人。也就是说，涉嫌犯罪的两千余人之中，真正有嫌疑的仅有五个人。但是炀帝已下令斩决，所以元济也不执奏，全部将他们执行死刑。"

隋朝滥刑，毫无法律保障，是历史上著名的。太宗听到魏徵说出此骇人听闻的集体滥杀案，嗟叹万分，乃勉侍臣们说：

"不但是炀帝无道，臣下亦不尽心！为人臣子，必须加以匡谏，不避诛杀，岂能只行谄佞而苟求悦誉？君臣如此，何得不败！朕赖公等互相辅佐，所以令囹圄空虚。愿公等善始能终，常如今日！"

根据记载，这年五月，太宗下诏"自今诉讼者，若上诉至尚书省（唐制正常司法至省审为止），仍不服省判，得至东宫上启，委由太子裁决。若仍不服，然后闻奏"。十一月，太宗读《明堂针灸书》，了解人的五脏系统咸附于背，背被笞打，不死则残，于是下诏，命令"自今毋得笞囚犯之背"。

这一年，据尚书省刑部报告，全年判死刑者才二十九人；豪猾、盗贼销声匿迹，囹圄常空。

（36）贞观六年（632），太宗又向侍臣提到一件值得人君鉴戒的事，说：

"朕闻人说，周朝和秦朝初得天下，两件事原来并无所差异。然而周则唯善是务，积功累德，所以能保八百年之国基；秦则恣其奢淫，好用刑罚，所以不过二世而已。这岂非为善者福祚延长，为恶者降年不永吗？

朕又闻桀、纣是帝王，地位至尊，但是将一个匹夫比为桀、纣，这人则以为是侮辱。至于颜渊嘛，他是匹夫，但是将一个帝王比作颜渊，这帝王则引以为荣。那样说来，这也真是值得帝王深耻和反省的呀！

朕常引这两事作为鉴戒，恐怕力所不逮，为人所笑！"

魏徵在旁听了，就借孔子的幽默进一步启发太宗，说："臣听说鲁哀公和孔子有一次这样子闲谈；哀公说：'有一个善忘的人，搬家时把家搬了，却把妻子给忘掉了！'孔子却答道：'有一些人比这人更善忘，丘（孔子名丘）见桀、纣之君，连他们自身也给忘了。'愿陛下常以此为虑，庶免被后人所笑啊！"

（37）高昌国（今新疆吐鲁番东南哈喇和卓）原是唐朝甫开国时，即遣使其至国王入朝的友好国家，为大唐在西域较忠诚的属邦。国王曲文泰后来渐渐骄傲，对唐朝不甚礼貌，又阻断西域各国入朝大唐的通道，已经联合西域霸主西突厥共同攻击唐在西域的属国。太宗屡次下诏切责，曲文泰终是不改。贞观十三年（639）十二月，唐朝派宰相侯君集统兵讨伐。

唐军越沙漠、冒炎寒，间行七千里远征，次年五月兵临沙漠道口。文泰不料唐军大至，忧惧而卒，由其子曲智盛继位。智盛恃着与西突厥有军事同盟，努力迎战。唐军势如破竹，西突厥部队不敢交战，退却千余里。智盛只得开门出降。这年九月，唐朝将高昌国改为西州，并以此为据点，设立安西都护府。侯君集押着智盛等一行俘虏班师回朝，十二月在观德殿举行献俘大典。太宗受俘，随即拜智盛为将军，封郡公，让他长住京师。

太宗召侍臣，赐宴于两仪殿，谓房玄龄说："高昌若不失臣礼，又岂至于灭亡？朕平定此一国家后，觉得深怀危惧，只有自我警戒骄逸以自防，接纳忠言以自正，黜弃邪佞，任用贤良，不以小人之言而议君子；能够慎守这几点，庶几可获安全！"

"臣观古来帝王，拨乱创业，必自戒慎开始，而采舆论之议，从忠说之言。及至天下既安，则多恣情肆欲，乐于接受谄谀而恶闻正谏。"魏徵顺着开导太宗说：

"张子房乃是汉王谋臣，及至汉高祖成为天子，想废嫡子而立庶子，吕后强迫子房出主意挽救。子房说：'今日之事，不是口舌所能争的啊！'始终不敢再说话。何况陛下功德超越汉高祖，即位十有五年，圣德光被，今又平定高昌，却经常忧患安危，正要纳用忠良，开直言之路，真是天下幸甚！"跟着又讲了个故事作譬喻：

"从前齐桓公和管仲、鲍叔牙、宁戚四人一起饮宴，桓公建议叔牙：'何不起而为寡人干杯！'叔牙奉觞而起，说：'愿公毋忘当年逃亡莒国之时！愿管仲毋忘被鲁国囚缚之时！愿宁戚毋忘在牛车下吃饭之时！'桓公急忙避席，敬谢叔牙说：'寡人和两位大夫能不忘夫子之言，则国家不会危险啦！'"

太宗听了这一席话，为之动容，衷心告诉魏徵说："朕必不忘布衣之时，公不得忘叔牙的为人呀！"

（38）贞观初年，太宗和侍臣讨论，就有"君臣一体论"的认识，认为"君臣本同治乱、共安危"，"君失其国，臣亦不能独存"，并经常以此黾勉宰相侍臣。降至十四年（640），特进魏徵为此特别呈上一通《论君臣一体疏》，大意说：

"臣闻君为元首，臣做股肱，齐契同心，合而成体；体如或不完备，则不可能成人。然则首虽尊贵，必资手足以成体；君虽明哲，必借股肱以致治。如若委弃股肱，独任胸臆，具体成治，臣从未听说过可以成功的。

君臣相遇，自古为难。其能开至公之道，申天下之用，人君内尽心膂（lǚ），臣子外竭股肱，和若盐梅，固同金石的，并非因为高位厚秩来维持，主要是在于'礼之'罢了。像周文王鞋带松了，不叫群臣来结，自己亲自结好就算了，这就是知礼的表现；伊尹本是有莘氏的媵（yìng）臣，因汤王致礼而助他成王业；韩信本为项羽的囚徒，因汉王重用而为汉建功于垓下。如果夏桀不弃于伊尹，项羽垂恩于韩信，他们怎会败亡？

又微子是殷朝的骨肉，但受周朝封为宋国；箕子是殷朝的良臣，却为周朝开陈大道。孔子声称这两人为仁人，从无贬斥批评之意。所以君主为国家而死，臣子也当追随殉国，如果为了自己而死，若非是他亲昵的人，谁敢以殉身自任？枕尸而哭、三踊而出，这就够了。孟子说：'君视臣如手足，臣视君如腹心；君视臣如犬马，臣视君如国人；君视臣如粪土，臣视君如寇雠。'虽臣之事君无二志，至于去就之节，当缘恩之厚薄。然则作为人君，怎么可以无礼于臣下呢？

窃观在朝群臣，都曾立事立功，为一时之选。请他们主政中枢，委任可谓重了。但是任之虽重而信之未笃，则人会自疑；人若自疑则心怀苟且，心怀苟且则节义不立，节义不立则名教不兴，名教不兴而可以共同来巩固太平之基、确保七百年国祚，实为从未有过的事。国家对功臣虽然不念旧恶，却宽于大事，急于小罪；临时责怒，未免有爱憎之心，不可以为政。《礼记》说：'爱而知其恶，憎而知其善。'如果憎而不知其善，则为善者必然恐惧；爱而不知其恶，则为恶者必然日多，这绝非尧、舜之心，也绝非禹、汤之事。孔子说：'鱼失水则死，水失鱼犹为水也。'所以尧、舜战战兢兢，日慎一日，可不为此深思而熟虑吗？

委任大臣以大体，责成小臣以小事，乃是治国的常道。如今委任职务则重大臣而轻小臣，至于有事，则信小臣而疑大臣。信其所轻，疑其所重，怎能求得致治？

又政贵有恒而不求屡改。今责小臣以大体，或者责大臣以小事，职非其位，罚非其罪，想要他们无私而尽力，不也很难吗？小臣不可委以大事，大臣不可责以小罪，任以大官而求其细过，就容易造成刀笔之吏舞文弄法，曲成其罪。被枉屈的人想自诉明白，人君则以为他心不伏罪；想不申诉，则以为他真的犯罪。进退惟咎，莫能自明，于是只好平常苟求免祸。大臣苟免则谲诈萌生，谲诈萌生则矫伪成俗，矫伪成俗则不可以臻于致治了。

又委任大臣，欲其尽力。但是每次选拔及推荐官员，都有所避忌，不参加又说不尽力。如果推荐得人，何必嫌疑他们有故旧之情？如果推荐不得人，即使他们关系疏远，又如何值得可贵？对待大臣不以诚信，又怎样可以责其忠恕呢？臣下虽然或许有过失，但君主也未为得呀！上不信于下，则必定以为下无可信了；如果臣下必无可信，则主上也有可疑呀！上下相疑，则不可以谈致治了。一介庸夫亦有以身相许之交，何况君臣契合、如同鱼水；若君为尧、舜，臣为稷、契，岂有因小事小利就改变心志的呀？如果有，那么虽然是臣下立忠未明，但也是由于主上不信任，而待之过薄所造成的吧！这岂是'君使臣以礼，臣事君以忠'之道呢？

以陛下的圣明，以当今的功业，诚能博求时俊，上下同心，则可直追三皇而变为四，直追五帝而出现六了。夏、殷、周、汉，何足道哉！"

太宗览此长疏，深为嘉许，接纳了魏徵的观念。

（39）贞观十七年（643），太宗和侍臣讨论了一个颇有意思的论题。太宗问："自古草创之王，至于子孙则常常多乱，这是什么原因？"

"这是幼主生长深宫，少居富贵，未尝了解人间情伪和治国安危的道理，所以为政多乱。"司空房玄龄说。

"公意推过于幼主，朕则归咎于人臣。"太宗反驳，"那些功臣子弟，多无才行，凭借父祖的资荫，就能做到大官。德义不修，奢纵是好，主既幼弱，臣又不才，颠而不扶，岂能无乱？隋炀帝因为宇文述帮助夺位的功劳，于是提他的儿子化及于高位；宇文化及不思图报，竟然在江都发动兵变，犯下弑逆之罪。这不是臣下之过吗？朕发此言，目的在希望公等戒勖子弟，教育他们不要做那些僭过的错误行为，那就是家国之庆了。"

太宗跟着又问："化及与杨玄感，都是受隋恩深的大臣子孙（玄感父乃名相杨素），然而也都造反，这又是何故？"

中书侍郎岑文本认为："君子才能怀德荷恩，不会造反，而玄感和化及却都是小人。古人所以贵君子而贱小人，就是为此。"

太宗说："是呀！"

就在这年的三月，太宗之子齐王李祐造反，失败被赐死，同党四十余人也被诛杀。过了两个月，太子李承乾、皇弟汉王李元昌、功臣宰相侯君集等一伙阴谋兵变的案件也接着爆发，被废被杀的王室子弟、功臣及功臣子弟人数也不少。三子一弟及功臣与功臣子弟事涉兵变的人如此多，令太宗感到人生乏味，内心无聊得几乎要自杀。你说太宗与房玄龄的论点，到底是谁对了？或是两人都对？或是两人都错？

二、有关慎选官员的谈话

（40）贞观元年（627）初，太宗告诉右仆射封德彝："大理少卿之职事关人命，此官空缺已久，极须妙选公平正直的人来做。"

封德彝还未回答，太宗就向他推荐人选说："戴胄忠直，每事用心，这就是最佳人选！"后来遂拜戴胄为少卿。

太宗推荐戴胄后，跟着责备封德彝说："致治之本，惟在得到人才。近来命卿举拔贤能，却迄今未见有所推荐。天下事重，卿宜分朕忧劳，卿既不言，要朕寄望于谁？"

"臣愚昧，岂敢不尽情尽力；只是迄今未见有奇才异能之士罢了。"封德彝自辩说。

"前代明哲之主，使人各取其长，而且都在当时求取，不会借用到不同时代的人才。"太宗似乎有点不满，责备说，"岂得等待梦见传说，遇到吕尚，然后才有人可用，才可以为政呢？而且哪一代没有贤能之士？只怕用人的人遗漏而不知道罢了！"

封德彝惭赧而退。

（41）同年，太宗指示宰相房玄龄等："致治之本，在于审量人才而授以官职；务必要精简官员。所以《书经》说：'任官惟贤才。'又说：'官不必备，惟其人（编制名额不必凑足，宁缺毋滥，只要用对了人的意思）。'如果得到了适当人选，虽少也足够了；那些不适当的人，纵然很多，但是会有什么作为？古人也将官不得其才比作画地做饼——中看而不中食。经典谈到这道理的地方不少，不能具道。如今应该并省官员，使得各当所任，这样就可以无为而治了。卿宜详思此理，量定百官名额和秩位。"

玄龄等遵奉圣旨，制定文武官员总共只有六百四十员，太宗同意，并因此又指示说："自今以后，倘有乐工杂类（主要指各种技术人员），即使技术超过同行其他人，也只可特别赐给物资作为赏赐和奖励，一定不可以超授官爵，让他们和朝贤君子比肩而立、同坐而食，使到士大夫引以为羞耻。"

（42）贞观三年（629）二月，唐朝最著名的两位宰相房玄龄和杜如晦同日晋拜为左、右仆射。两人孜孜奉国，知无不为。过了几个月，太宗召见二相，指责他们说：

"公等身为仆射，是最高行政长官，理当助朕忧劳，广开耳目，求访贤哲。近闻公等连诉讼也听受，而且日有数百件之多。这样做即使阅读公文卷宗还来不及，安能助朕求贤呢？"

接着下达敕旨："尚书省琐碎事务，皆付左、右二丞（左右仆射各有一丞为秘书长）处分；只有冤滞大事、合当闻奏者，才须呈请仆射裁决。"

也就是说，尚书省是政本之地，太宗不愿两位长官大小事务一把抓，让庶务妨碍了政务的施行。他希望当首相的人，应该有更大的责任，从容思考国家大政。两员仆射和六部尚书，合称"八座"，都是政务官，所以太宗的要求是对的。但是，政务首长不过问本机关的琐事，那就必须精选部下的属官以分劳，否则尚书省的事务将会发生问题。

贞观十一年（637），御史刘洎即上疏批评尚书省，尤其要求精选左、右两丞和左、右两司郎中（司长）。他的表疏大意说：

"臣听说尚书省万机毕集，实为政本之地，八座、二丞等官，诚难得到适当人选。伏见近来尚书省公文稽停壅滞，臣诚庸劣，请述它的来源：

贞观初年未有人担任尚书令和仆射，那时省务繁杂，倍多于今。而左丞戴胄、右丞魏徵并晓达行政处理，质性平直，勇于任事，陛下对他们也非常好，所以自然能做到百物肃厉，百官不懈，及至杜正伦继魏徵而出任右丞，仍然颇能厉下。近年纲维不举，原因是元勋和懿亲在位，才干不足，而大家功勋势力又相当，谁也不服谁；在下的属官，未能遵循公道，想自我黾勉发愤地做事，则动辄招谤，令人惧怕。所以郎中不敢决定事情，只有上呈给尚书；尚书也犹豫不决，于是只有故意稽延。公文上下往还，时常事涉经年；若非如此，则是下级顺着上级心意办事，或者为了避嫌而避犯法令；司署以案成作为了结而不究其是非，部会以便僻为奉公而莫论适当与否，互相姑息，上下包庇。

任官的原则应该是选贤与能，元勋和懿亲只该待之优礼就够了；至于其中年高及耄或者积病智昏的人，既无益于时，就应该让他们闲逸退休。久妨贤路，殊为不可。要挽救此弊，首先则应精选两丞和左右两司郎中的人选；如能得人，自然就能纲维备举，弊病矫正。"

表疏奏上，太宗寻即提拔刘洎为左丞。

（43）贞观二年（628）的某天，太宗和侍臣说：

"朕每夜常思百姓民间的事情，有时至夜半而不睡。朕担心都督、刺史们的才干是否足以胜任牧养百姓的工作，所以把他们的姓名录写在屏风上，坐也好，卧也好，常常留意看；在职的优良事迹也列于他们的名下，以备将来作考绩。朕居深宫之中，视听不能及远，实际治国的责任，就是委托给都督和刺史，国家的治乱安危系于他们身上，所以尤须得人。"

到了贞观十一年（637），侍御史马周上疏批评重视中央官而轻视地方官的制度，说：

"治天下以用人为本，欲令百姓安乐，只有用得好刺史和县令才成；县令人数众多，不可能全部用到贤能之士，但是，如果每州都能求得良刺史，则可合境苏息了。若天下所有刺史都能称职称意，则陛下可端拱无为于上，而百姓不虑不安。自古地方长官皆选贤德之人，想拜将相也必先任用为地方官，以试验他们临民之才，所以朝廷必不可独重内臣（中央官），而压低刺史和县令，使得地方官人选轻卑。

如今本朝用人任官唯重内轻外，刺史治理一州，竟然多用武人，或者是将京官不称职的加以外放；边远地方，用人更轻。所以百姓未安，殆由于此。"

太宗览疏后，一再称善，告诉侍臣说："朕当自选刺史，县令则宜命令五品以上京官各举一人。"

（44）贞观六年（632），太宗某天和魏徵谈话，说："古人说王者必须为官择人，而且不可以随便仓促即加以任用。朕如今行一事则为天下所观，出一言则为天下所听，用得正人好人，则天下都会激励；误用恶人坏人，则天下都会竞进。赏励需当其劳，那些无功的人自然就会引退；惩罚需当其罪，则为恶者自然就会戒惧。所以，朕知道不可轻行赏罚，用人则更须慎择。"

"知人之事，自古为难，所以有考绩的制度来审察善恶。"魏徵附和他的说法，并进而提出"才行兼备论"的观念，"如今要求人，必须先审察查访其人的行为，若知其善然后才用他，假设这人才干不济，但品行不是大恶，那么也不会造成大害；假如误用了恶人，他又是强干之徒，为害就大了。只是乱世仅讲求才干而不顾其品行，如今太平之时，则必须才行兼备，才可任用。"

过了几年，太宗和侍臣又讨论到知人之难，希望建立自我推荐的制度。他说："朕闻太平之后，必有大乱；大乱之后，必有太平。大乱之后即是太平之运，只有用得贤才始能安天下。公等既然不知贤才，朕也不可能识遍所有的人，如此日复一日，绝无可能得到人才的道理，如今朕想令人自我推荐，公等对此有何意见？"

魏徵反对说："知人者智，自知者明，知人既以为难，则自知其实也不容易。而且，愚暗的人大都矜能伐善，这样做恐怕会助长浇竞之风，不可允许他们自行推荐。"

既然不建立自我推荐的制度，则知拔人才只好依靠在朝的宰相大臣。当然，太宗认为他们都是贤才，所以才依靠贤才来知拔贤才。贞观二十一年（647）六月，就曾经发生了一件颇有意思的事情。

这年初夏，太宗得了风疾，急往终南山的翠微宫去避暑休养，委托司空房玄龄留守京师。太宗在翠微宫休养期间，任命司农卿李纬为民部尚书。刚好有人从京师来觐，太宗问道："玄龄闻李纬进拜为民部尚书，有什么表示吗？"

"房相公只说'李纬大好髭须'，此外更无他语。"来人回答。

太宗闻言，不久即将李纬改调，任为洛州刺史。

（45）贞观十四年（640），特进魏徵呈上一疏，讨论理想政治和人才的关系，及求才之法，大意说：

"臣闻知臣莫若君，知子莫若父；父不能知子，则无以睦一家；君不能知臣，则无以齐万国。万国康宁、一人有庆，皆须借着忠良做弼、俊乂在官，才能达至无为而治的境界。所以尧、舜、文、武，见称于以前的书籍，都以知人则哲，使多士盈朝。那些朝代人才济济，岂是上天故意把他们都生在那时代，而使当今独无呢？不是的，关键在于求与不求、好与不好罢了。

如今群臣罕能坚贞清白、才能卓异，其原因在求之不切，励之未精。如果勉之以公忠，期之以远大，使之各有职责本分，得行其道：贵则观察他的行为，富则观察他的修养，居则观察他的所好，习则观察他的所言，穷则看他何所不受，贱则看他何所不为。因才而取，审能而任，用其所长而掩其所短，进以六正而戒以六邪，则必能不严而自励，不劝而自勉了。

刘向撰《说苑》一书，提及人臣之行有八正和六邪，行六正则荣，行六邪则辱。何谓六正呢？第一就是能洞烛先机、使人主显荣的圣臣。第二是协助人君发扬善道、匡救人君之恶的良臣。第三是尽心不懈、谏厉人主的忠臣。第四是运筹救弊、使人主无忧的智臣。第五是奉公守法、礼让廉洁的贞臣。第六是国家昏乱而不谀、敢犯颜批评人主过失的直臣。

何谓六邪呢？第一就是贪图官禄而不务公事，与世浮沉而左右观望的具臣。第二是阿谀人主，从君之恶而不顾后患的谀臣。第三是外谨内诈，巧言嫉贤而怀私结党的奸臣。第四是才智足以饰非文过，挑拨构乱的谗臣。第五是专权擅势，结党营私以追求富贵的贼臣。第六则是谄主以佞邪，陷主于不义，朋党比周，颠倒是非，使人主之恶远播的亡国之臣。

贤臣处六正之道，不行六邪之术，故上安下治，生则见乐，死则见思。这才是人臣之术啊！有这些作为标准衡量大臣，则人臣的情伪知之不难了；从而又设礼以待之，执法以防之，为善则赏，为恶则罚，谁敢不愤发尽力呢？

国家想进用忠良而抑退不肖，已经十多年了。但是徒闻其语而不见其人，何故？盖因言是如此，而行却是另一套吧！言行不一致，则会导致是非相乱，好恶相攻，赏罚失当。如此而望邪正不惑，可以做到吗？若赏罚公平，循名责实，则邪正不能隐瞒，善恶自然分明。如此而后取长舍短，则期月便可不言而化。空有至公之言而无至公之实，爱而不知其恶，憎而遂忘其善，徇私情似近邪佞，背公道而远忠良，是则即使夙夜不怠，劳神苦思，也不可得以至于致治。"

表疏奏上，甚为太宗所嘉纳。

三、有关封建的争论

（46）唐高祖即位的武德元年（618）八月，就曾下诏赐予追随他起事的人为"太原元谋勋效功臣"，各有封赏，并赐予免死铁券。太宗在武德九年（626）八月九日兵变即位，亦于同年九月二十四日，下诏封长孙无忌、房玄龄、杜如晦、尉迟敬德、侯君集五个"第一功臣"为国公，命令侍中陈叔达于殿阶下唱名宣布。

"朕叙公卿勋劳，量定封邑，恐怕不能尽美，卿等该当各自发言，表示意见！"太宗待唱名完毕，建议说。

"义旗初起的时候，臣率兵先来响应，如今让房玄龄、杜如晦等刀笔之吏功居第一，臣窃不服！"淮安王李神通挺身宣称。

"国家大事，惟赏与罚。赏当其劳，则无功者自退；罚当其罪，则为恶者咸惧，可知赏罚是不可轻行的。"太宗亦带安抚亦带责备地说，"义旗初起时，人皆有响应之心。叔父虽然率兵，但未曾行军作战；后来派你到山东迎战窦建德，你却全军覆没；刘黑闼来攻，你也望风而破。如今计勋行赏，玄龄等有筹谋帷幄、安定社稷之功，就如汉朝的萧何，虽无汗马之功，却因策划指导，故得名列第一。叔父于国至亲，朕诚无偏爱，只是不可以讲究私情，滥与功臣同赏罢了！"

这天之前，本来有些功臣自我矜功，甚至攘袂指天，以手画地。及至他们看到淮安王也理屈，于是互相说："陛下以至公行赏，不私其亲，我们如何可以妄诉！"论功遂因此决定下来。

（47）唐高祖开国以后，认为天下尚未安定，于是拿着宗正籍（王室家谱），由弟弟、侄儿开始，以至于再从（同曾祖），三从（同高祖）兄弟，年龄自孩童以上，一律封王，共有数十人之多。太宗即位后，曾问侍臣说："广泛地封宗室子弟于天下，方便吗？"右仆射封德彝以为不便，不单加重人民负担，也非至公之道。

太宗说："是呀，从汉朝以降，仅封皇帝的儿子和兄弟，疏远的亲戚如非立有大功，也都不得受封。朕治天下，本为百姓，不是想劳百姓以养己亲，如果全都封王，就会加重人民力役等负担，使他们劳苦罢了。"于是下诏命令，除了有功的宗室仍得受封郡王，其他一律降爵为县公。皇弟、皇子受封为亲王，挂名为都督、刺史，大多不是真的临民亲政，仅是虚衔而已。

不过，太宗倒是一直想效法周朝，广封子弟为诸侯，以藩卫中央王室，使国祚绵长的。所以，他一直保留封建的意图，并一再要求群臣发言讨论。十余年间，群臣多次发言，反对的意见较具影响力，所以到了贞观十三年（639），太宗才因反对重重而毅然取消实质的封建制度，奠定了唐朝"设爵无土，署官不职"的封建形态。

这里仅介绍了李百药和马周的争论，其他正反双方的议论都被删略了。

贞观二年（628）十二月十六日，太宗以如何能使子孙久长、社稷永安，请教于公卿。有人引用历史教训为例，主张实行封建制度。礼部侍郎（教育部副部长）、名史家李百药于是上疏反驳，大意说：

"臣闻说经国庇民是王者的常制，尊主安上是人情的大方；思求长治久安的长策，是万古不易、百虑同归的心理。但是，命运有长短的不同，国家有治乱的差异，远观载籍，已有详尽的论述。

大家都说周朝的国祚已经超过它应有的历数，秦朝则未至历数享尽前就亡掉了，所以认为存亡之理，在于是否实行封建制或者郡县制。周朝封建，因此能深根固本，即使本干有问题，仍得枝叶扶持，不会迅即灭亡；秦朝事不师古，弃先王之道，力行郡县制，使子弟无尺土之邑，百姓罕共治之忧，因而一夫号呼，国家遂亡。

臣的观点，对上述说法不敢苟同。臣以为自古帝王临天下，早就冥冥中有所决定了，像曹操是养子，刘邦为贱役，不但意有觊觎，事实上也是命定，推之也不能去的；否则如尧、舜、大禹的善政，要揖让守之也不可能。由此可知，国祚长短必在于天，时政兴衰则有关于人事；周朝和秦朝的兴亡，实各有得失成败的根由。

著述之家，多守常辙，莫不情忘今古，理蔽浇淳，想以后世而实行上古三代之法，使中国尽为封建诸侯。这样做法，必使天下紊乱，是刻舟求剑的方法，臣不以为可以实践。行封建则有霸政之权，行郡县则有孤立之忧，这都是君主昏乱，自革安危所造成，固非守宰公侯以促成。而且，封建既行，数世之后，王室渐弱而藩屏渐强，往日宗亲皆化为仇敌；家殊俗，国异政，强陵弱，众暴寡，彼此干戈频仍，使人民涂炭。若行郡县，设官分职，任贤使能，以循良之子担任地方长官，共治天下，同其所乐，这样则人必忧其忧而拯其危，岂容以为封建诸侯则同其安危，郡县长吏则异其忧乐呢？这种说法怎么这样迷妄啊！

封君列国则数世之后，子孙常忘其祖先的艰苦，莫不淫虐骄侈，政治不会清明。郡国官员则由朝廷选择，又有考核，如果专门挑剔，说他们会为利图物，真是多么错谬啊！总而言之，爵位不是世袭，则用贤之路广大；人民别无定主，则附下之情不固，这是贤愚都能分辨的道理，怎会疑惑呢？春秋二百年之间，灭国弑君，乱常干纪，略无宁岁，纵使两汉末期，淫暴也不至于如此。

伏惟陛下承运创业，欲复封建以亲诸侯，臣窃以为有乖至公之道。何况晋朝封建而八王有乱，扰漾达数百年，使天下崩裂；习文者则学长短纵横之术，习武者则尽干戈战争之心，使狡诈浇浮之风更炽。隋文帝因势篡位，非有克定之功；炀帝则世道交丧，人物扫地将尽。虽天纵陛下神武克定，然而兵威不息，劳止未康，即位以来，励精图治，夙夜匪懈，各种政绩粲然可观，实生民以来一人而已！无奈积习已久，难以急遽完成革新，请待斫雕成器，以质代文，刑措之教大行，封禅之礼已毕，然后才划野分封，未为晚啊！"

贞观五年（631）十一月，太宗颁下诏书："皇家宗室及勋贤之臣，宜令坐镇藩部，贻厥子孙，非有大故，毋或黜免，所司明为条例，定等级以闻。"表示命令有关机关研究制定封建制度，意欲推行。

被太宗亲自提拔为监察御史不久的马周，寻即上疏反对，说："伏见诏书，欲实行封建制度，臣窃以为陛下这样做，真是爱之重之，想让他们的子孙世代承守，与国无疆。但是臣以为不可，因为像尧、舜那样的父亲，也有像丹朱（尧之子）和商均（舜之子）那样不肖的儿子，何况等而下之！万一继承爵位的子孙骄逸，则黎民必蒙其殃而国家必受其败，届时人君要绝灭其国，就有点难向当年的宗贤功臣交代；不处罚，则罪恶已经昭彰。最后的结果，必然是与其让骄逸者毒害现存的百姓，则毋宁割恩于已亡的一臣，然则往日之所谓爱之者，只是适足以害之罢了。

臣认为封建只可以是名义上分封，实质上让封君只食户邑的租税就好了；如果其中有才干的人，才可以随器授官，让他们共治天下，这样做也可以免除他们以后的尤累。从前光武帝为了保护功臣，而不让他们真正担任职务，这才真正是爱之重之的方法，愿陛下深思其宜，使宗贤功臣得奉大恩，而又能使他们的子孙终其福禄。"

反对派的理论，主要认为：封建乃私天下的表现，非至公之道；封建又可导致国家的分裂和战争；而且封君的子孙后世万一出了问题，必会招来朝廷可怕的重罚，以致抄家灭族，真是爱之适足以害之。但是，群臣正、反两派都有意见，也有调和派的，太宗一方面遍询群臣，另一方面则并未改变要行封建制度的初衷。

贞观十一年（637）六月六日，正式下诏推行封建制度，命令皇弟和皇子荆州都督、荆王李元景等二十一王，世袭所任的刺史。同月十五日，又颁布诏令功臣长孙无忌等十四人改调为刺史，并得子孙世袭。

左庶子于志宁以为古今环境不同，封建制度不是久安之道，上疏力争。长孙无忌等留恋首都，不愿受封外出，亦力加反对，口出怨言，甚至说："臣披荆棘以事陛下，今海内太平，就把我们放弃于外州，这与贬降有何差异？！"太宗无法，只好说："割地以封功臣是古今的通义，原意要公等的子孙在外屏卫王室，共传永久罢了，而公等薄山河之誓，发言怨望，朕亦安可强迫公等受封为君哩！"于是下诏取消世袭刺史制度，以后也不再讨论封建制度的问题。

第四章　教育皇子们的言论

一、分别太子和诸王名分的讨论

（48）李恪是太宗第二子，虽然不是皇后所生，却是太宗最疼爱的儿子之一，后来几欲立他为太子。贞观中，他以亲王身份出任都督。任命发布后，太宗无奈地对侍臣说：

"父子之情岂不想常相见呢，但是家国事情不同，他必须外放为都督，以作为中央的藩屏；而且这样做也可以让他早有固定的名分，杜绝了觊觎皇位之心。我百年以后，可使他们兄弟共处互安，而无危亡之患啊！"

不过，十几年后，李恪之弟——高宗李治时代，他终究还是被迫害而死。主要的原因就是，太宗曾欲废掉太子李治，而想另立李恪。太宗当年外放李恪为都督，让他们兄弟早有定分，措施是对的；但心志不坚定，反而爱之适足以害之，则是太宗所始料不及的。依照唐代继承法规定，李治是皇位第五继承人。

（49）吴王李恪向无谋夺太子地位的野心，反而四弟魏王李泰倒积极地欲谋夺太子之位。贞观十年（636）二月，太宗分任子弟为都督，李泰为相州（治今河南安阳）都督，但特准不去上任而留在京师王邸，情况与李恪显然不同。

太宗对魏王宠异超过太子，群臣机警者早就已经觉得不妙，有些即为此向太宗劝谏。贞观十一年（637），马周上疏说：

"汉晋以来，对待诸王皆安置失宜，不预早划清名分，以至于灭亡。人主熟知这种事实，却溺于私爱，所以看着前车已覆而后车犹不改辙。如今诸王承受宠遇之恩，其中有的已经承恩过厚，臣之愚虑，不单忧虑他们恃恩骄矜，而且也忧虑往后的发展。

从前魏武帝曹操宠爱陈思王曹植，及至魏文帝即位，即对兄弟们严加防范或禁闭，有如囚犯一般。原因何在？在先帝加恩给兄弟太多，使曹丕心理不平衡，从而产生恐惧感，因此对手足进行逼害。此则魏武帝之宠爱陈思王，适所以害苦他了。

而且，皇子何患不富贵？身食大国租税，封户也不少，锦衣美食之外，更何所需求？而陛下每年另外特加优赐，曾无限制。俚语说：'贫不学俭，富不学奢'，表示不学而会，自然而懂。如今陛下以大圣创业，岂仅止于安置现在的子弟而已？当须制定长久的法制，使万代遵行才是啊！"

表疏奏上，太宗甚嘉赏他的言论，下令赐他绢帛一百匹。

（50）马周之谏，虽援历史事实作论证，但犹婉转地不直指魏王而言。贞观十六年（642），谏议大夫褚遂良以为每天特给魏王府物资，有逾于皇太子，做得太过分、太公开了，于是上疏谏道：

"从前圣人制礼，尊嫡子而卑庶子，称嫡子为储君。储君地位次于天子，甚为崇重，用物不加限制，钱财与天子共之；庶子体卑，不得为例，所以能杜塞嫌疑，消除祸乱。先王制法本于人情，知有国家则必有嫡庶之别，然而庶子虽爱，不得超越嫡子，所以正之以礼，对嫡子特加尊崇。如果不能明立定分，使应该亲近的变成疏远，应该尊崇的变成卑贱，则佞巧之徒乘机而动，以私恩伤害公道，甚至使国家大乱。

伏惟陛下功超万古，道冠百王，发号施令，为世作法；一日万机或未尽美，臣职掌谏诤，不容缄默。

伏见储君所用物资，反而少于魏王。朝野见闻，大家都以为不对。古书说：'爱子教以义方。'忠孝恭俭就是义方。从前汉朝窦太后和景帝不懂义方的道理，过分宠溺梁孝王，封他四十余城，庭苑大到方圆三百里，还大肆建筑宫室，积财以巨万计算，出入则仪队浩荡、道路戒严，使梁孝王骄恣得不得了，后来小不得意，竟发病而死。汉宣帝也骄恣淮阳王，几至于败事，幸赖辅以谦退之臣，侥幸获免于祸患（指宣帝因爱淮阳王母子而欲废太子，另立淮阳王之事，幸好宣帝请韦玄成辅导淮阳土，终于没有酿成家变）。

如今魏王新近搬出皇宫而迁居于王邸，伏愿陛下对他常加礼训，妙择师传，启示他祸福成败的道理，敦之以节俭，劝之以文学，惟忠惟孝则奖励他，这样做才能道之以德、齐之以礼，可以成为良器。这就是所谓'圣人之教，不肃而成'的呀！"

太宗深纳其言。

（51）贞观十六年（642）八月的某天，太宗又建议侍臣们说："当今国家何事最急？请各为我说说看！"

"养百姓最急。"右仆射高士廉说。

"抚定四夷最急。"黄门侍郎刘洎说。

"《论语》说：'道之以德，齐之以礼。'这才是最急。"中书侍郎岑文本说。

"当今四方仰德，不敢为非，但太子和诸王必须有所分别，固定名分；陛下应制定万代之法，以传给子孙奉行，这事最为当今的急务。"谏议大夫褚遂良说。

"此言是也！"太宗同意遂良的看法，并且担忧地说，"朕年将五十（太宗此年四十五岁），心里已觉得衰惫，如今既以长子作为太子，而诸弟及庶子的人数将达四十人之多（唐高祖有二十二子，太宗有十四子），朕常忧虑的就在于此！"

接着指示侍臣们说："但自古嫡庶不好，何尝不倾败家国？公等为朕搜访贤德，以辅导东宫以及诸王，必须要端正之士才成。而且王府官不能长久为王做事，因为时间久了就情义深厚，非意觊觎的事件多因此而起。那些王府官僚，不要让他们任职超过四年。"

太宗自己以亲王身份兵变夺嫡，嫡子就是他的同母长兄太子李建成。对于这次事变，太宗似乎一方面内疚于心，一方面则警惕地教育现有的子弟。太宗的嫡子——太子李承乾愈来愈不为父亲所爱，魏王泰则刚好相反。包括魏徵、褚遂良等很多朝臣，都已发觉及注意这种发展，太宗自己也是如此。

在感情上太宗发生这种变化，在理智上他却绝对了解不可废太子，太子和诸王之间必须有所分别，以免重复当年之辙。本书所录的几段言论，即足以证明。不过，理智是否能够永远克制情感，诚值怀疑？太宗日常对魏王的偏爱，导致太子内心恐惧而不平衡，也给了魏王一个错误的信息——以为父亲爱他，有更换太子的希望。太子和魏王的互相冲突竞争，终于造成十七年（643）兵变之祸。兵变的失败，也导致太宗对二人"两弃之"的重惩。

二、论尊敬师傅

（52）唐高祖武德九年（626）十月八日——太宗即位后两个月，就册立长子中山王李承乾为皇太子。李承乾这时才八岁，唐太宗特别任命刚卸职的首相萧瑀为太子少师，即太子的师傅。贞观元年（627）六月，萧瑀再度出任左仆射，太子的师傅即无人递补。

如是过了三年——贞观四年（630）七月，太宗决定为十二岁的太子选择师傅，遂诏令已退休的名臣——前太子少保李纲为太子少师，三度拜相的萧瑀则再度卸除相职而为太子少傅。

李纲是隋朝名臣，曾任太子杨勇（义帝的长子）的太子洗马之官。武德元年（618）为唐高祖擢升为礼部尚书兼太子詹事（东宫总管大臣），翌年更以原官加任太子少保，以辅助当时的太子李建成，后来因为建成不接纳他的谏诤，遂想告老退休。高祖知他是一个忠直之士，挽留下来，仍任太子少保兼詹事。"玄武门兵变"后，李纲大体上已投闲置散，但太宗也知他忠直，又因他曾辅助过两个太子，经验丰富，所以超擢他居于萧瑀之上，寄望殷厚。

李纲这年已八十四岁，又有脚疾，不便于行，太宗特赐步舆（一种轿子），命令东宫卫士抬入东宫，诏太子亲自引他上殿，并且向他行礼，大为崇重。李纲于是为太子陈述君臣父子之道和平常生活礼节，理顺辞直，听者忘倦。太子又曾和他讨论古来君臣名教，竭尽忠节之事。李纲凛然说："托六尺之孤，寄百里之命，古人以为难，而纲则以为易！"每吐论发言，皆辞色慷慨，有不可夺之志。太子对他，未尝不耸然礼敬，可惜他在第二年六月就病死了。

（53）高祖武德七年（624），唐朝颁行新律令，大体斟酌隋朝的旧律令修改而成。隋朝旧的政府组织法令中，本无天子三师的建制，所以唐初也无三师之官（指太师、太傅、太保）。太宗认为不当，在贞观六年（632）二月下诏说：

"朕近来研读经史，知道明王圣帝，何尝没有师傅呢？以前颁行的法令中，看不见三师之位，朕认为是不可以的。理由何故？试看黄帝、颛顼、尧、舜、禹、汤、文王和武王，无一不学有师傅。他们如果未遭遇这些老师，则功业不会显著于天下，名誉不会流传于载籍，何况朕承接百王之末，知识追不上圣人，若无师傅，怎可以统临兆民？《诗经》也说，'不愆不忘，率由旧章'（不犯错不忘记，全部遵循惯例之意）。要知不学则不明古道，如此而能致太平，则前所未有啊！可以立即发布命令，创置三师的建制。"

这道诏令表示了太宗的谦德，不过，选择皇帝师傅，人选当比太子师傅更难，所以终太宗一朝，除了追赠元勋重臣，没有一人在生前曾担任过三师之其中一职。

三师在政府组织中地位最崇高，位列正一品；太子三师（太子太师、太子太傅、太子太保）则列于第二级——从一品；而太子三少（太子少师、太子少傅、太子少保）则列于第四级——从二品；然而太子见太子三师和三少却无特别的礼节。

贞观十七年（643）四月，太宗废黜太子承乾，另立新太子李治后几天，向司徒长孙无忌、司空房玄龄说："三师是以德向人传道的官职，如果师体低卑，则太子无所取则。"于是下诏命令有关官员研究太子会见三师的礼仪，最后规定：

三师来，则太子必须出殿门迎接。

太子先拜三师，三师答拜。

太子引三师进入，每到一门，必须礼让三师先入。

三师坐定，太子乃得坐下来。

给三师写信，必须前面署名而加"惶恐"二字；信末也必须署名，而加"惶恐再拜"四字。

当时长孙无忌任太子太师，房玄龄任太子太傅，萧瑀任太子太保，皆为元勋宰相，连东宫总管——太子詹事也由另一元勋宰相李世勣来担任，可见太宗的重视。

（54）贞观八年（634），太宗向侍臣说："上智的人不会受外界渲染，但是中智的人则不一定，要从教育中变化气质。太子的师傅，古来就难选到人才。周成王年幼，周公和召公做他保傅，左右都是贤人，使成王日闻雅训，足以长仁益德，成为圣君。秦二世用赵高做师傅，遂被教以刑法；及至即位，诛功臣、杀亲族，酷暴不已，因此不旋踵而亡。由此可知，人的善恶，真是由于近习啊。"（关于此理论，可参第一一四条）

跟着太宗指示说："朕如今为太子和诸王精选师傅，命令他们模仿效法师傅们的礼度，俾有所裨益。公等可查访正直忠信的人，各举三两个人来。"

（55）贞观十年（636），皇弟、皇子各自受任为都督，并离京上任，只有相州都督、魏王李泰因父宠爱，得以留在京师王府。翌年三月，太宗为李泰选择师傅，决定请王珪以礼部尚书的本官兼任魏王师。

太宗告诉左仆射房玄龄说："古来王子生于深宫，及至长大成人，无不骄逸，所以倾覆相踵，很少能够自我善处。我现在严教子弟，希望他们以后都得安全。王珪跟随我做事已经很久了，我甚知他个性刚直，志存忠孝，因此选为儿子的师傅。卿不妨去告诉泰儿，只要看到王珪则如见我面，应该对他尊敬，不得懈怠。"

自后魏王见到王珪，立刻先行礼拜，王珪也受之不疑，以师道自处。当时议论，对此甚为称善。

王珪在十三年正月去世，魏王即缺乏像王珪一般有声望而为太宗充分信任的人来当老师，后来终于酿成家变。

（56）太宗第九子——晋王李治在贞观十七年（643）四月被立为新太子后三天，太宗即发布东宫重要官员的任命，皆为当时一时之选：

太子三师：长孙无忌、房玄龄、萧瑀。（官职已见前）

太子詹事：兵部尚书、同中书门下三品（即国防部部长兼宰相）李世勣。

太子左庶子（相当于朝廷的门下省侍中）：于志宁、马周。

太子右庶子（相当于朝廷的中书省中书令）：苏勖、高季辅。

太子宾客：褚遂良。

太宗希望这些将相机要之臣能辅导好皇太子，心情之殷切可想而知，所以随即制定了太子见三师的礼仪。李治九岁丧母，个性柔弱，太宗对他颇为怜爱，所以他是皇子之中常年被太宗带在身边长大的人。李治当太子时已经十六岁，犹居住于太宗寝殿之侧面而绝不往东宫。东宫官僚难得见到太子，当然所谓坐而论道、教而诲之，于是成为具文。因此散骑常侍刘洎上书切论此事，大意说：

"臣闻身居高位的人，需要申下交之义，才能消息灵通，广知世事。所谓'不出轩庭而坐知天壤'，就是这种意思。如果生长深宫之中，长于妇人之手，未曾识忧惧，无由晓风雅，虽然再神机不测，天纵生知，然而开物成务的知识，终究是由于向外不断学习而来。历代圣贤，都是经过师资辅友的雕琢，才能成器。所以古人特重教育皇太子，让他早能通政术而知礼教。

窃惟皇太子玉裕挺生，金声凤振，富于春秋，虽然已往也有学习，但是恐怕岁月易往，容易变得堕业晏安。臣幸得参与侍从，思广太子的明德，所以敢切言此事。

伏惟陛下多才多艺，允文允武，国至太平，然而尚且虽休勿休、日慎一日地研读经史，披卷不息，常至夜半。陛下自励如此，而却让太子优游岁月，不习图书，这是臣第一个不明白。

陛下一旦放下机务而稍事休息，就马上练习诗文创作和书法，因此皆卓然有成。陛下自好如此，而太子却悠然静处，不研读练习，这是臣第二个不明白。

陛下备该众妙，独秀寰中，犹且谦逊地向凡夫俗子咨询意见；罢朝之后引见群官，温颜访问以天下古今诸事；因此事无巨细，必能知悉。陛下自行如此，而却让太子长期入侍，不接见正人，这是臣第三个不明白。

陛下若谓无益，则何事而劳神？若谓有成，则应传以子孙。如今忽视而不急，臣以为不可。伏愿俯推睿范，训及储君，授以良书，娱之嘉客；研读访问之余，间中学习书法作文。这样则日闻所未闻，日见所未见，光大明德，才是百姓之福。

古代的太子，为了广敬于君父，所以问安后则退下；为了避免嫌疑，所以异宫而居处。如今太子一侍天闱（指随侍太宗），动移旬月，师傅以下官员也无由接见。臣意如太子供奉的余暇，应命他暂还东宫接见宾客，否则陛下不能亲自教育太子，宫官又无由向太子进言，虽有官属，毕竟无补于事。

伏愿陛下稍抑亲情，弘远大之规，让太子有机会展师友之义！太子温良恭俭、聪明睿哲，臣愿他更进一步，如沧溟之益润、日月之增华啊！"

太宗醒觉，乃命令刘洎与岑文本、马周，轮日往东宫与太子谈论。

三、教诫太子和诸王

（57）贞观七年（633），太子李承乾已经十五岁，喜爱嬉戏。当时太宗的侍从——散骑常侍于志宁和杜正伦分别兼任太子左、右庶子，所以太宗剀切地指示他们说：

"卿等辅导太子，必须常给他解说民间问题。朕十八岁的时候犹在民间，百姓艰难无不了解，但是即位以后，每次商量处理政事，有时也会产生偏差错误，得人谏诤以后才能觉悟；若无忠谏开导，何由行得好事？何况太子生长深宫，百姓艰难均不曾闻见哩！

尚且，人主是安危所系，不可以动辄骄纵，朕只要发出敕令，说明'有敢谏诤者，必斩'，那么天下士庶可想而知无人敢再发直言，因此朕克己励精，容纳谏诤。卿等常须将此意和他谈说，每见有不是之事，即应极言切谏，使他有所裨益才好。"

他们后来果然都能切谏太子。

太宗同年又请求侍中魏徵撰述古来帝王子弟的成败事迹，俾作子弟鉴戒之用。他说："自古侯王能自我保全的人很少，原因都是由于生长富贵，好逸尚骄，不了解亲君子而远小人的道理。朕想要所有子弟了解前言往行，希望以它作为规范。"

魏徵奉命，遂选录自古诸王行事得失的事实，分为善、恶两篇，全名称为《诸王善恶录》，并且写了一序，大意是说："自古以来，帝王大都封建宗亲为王侯，以作为中央的藩屏。但是侯王们的发展，有兴隆的，也有替灭的。大体始封之君多能功成名立，继体之主则多国丧身亡。原因何在？因为始封之君多生长在草创时代，备尝艰苦忧劳，所以能孜孜努力，建立功名；至于继体之主则多生长在隆盛时代，而且生在深宫之中，长于妇人之手，缺乏忧患意识，不懂稼穑艰难，放纵非法，荒淫无度，因而败亡。

皇帝诏命下臣撰写此书，臣辄竭愚诚，认为兴隆必由于积善，亡灭皆在于积恶，祸福无门，吉凶由己，这并不是一种空言。如今撰完此书，欲使见善思齐，足以扬名不朽；闻恶能改，庶得免于大过。这是兴亡的关键，可以不加黾勉吗？"

太宗阅读后，称善不已，命人抄写副本，遍赐给诸王，并指示说："此宜置于座右，作为立身之本。"

（58）贞观十年（636）正月，太宗调整皇弟李元景等子弟十七人的王号。翌月，又拜荆王李元景等十二王为都督，除了相州都督、魏王李泰，其余十一王均要走马上任，离开京城。

"自汉以来，皇弟、皇子被封为王，享受荣华富贵的人甚多，但是算来只有东平王刘苍和河间王刘德最有声名，得保禄位，至于像晋朝楚王玮之徒，则失败灭亡，不一而终，皆因生长富贵、好自骄逸所造成。你们应该引为鉴戒才好！"当年才三十九岁的太宗，训励李元景、李恪等子弟们说：

"朕拣择贤才为你们师友，你们必须接受他们的谏诤，不得自专！我听说以德服人，信非虚言，最近曾经做梦，梦见一人自云是尧、舜，我不觉悚然敬异，岂不是因为感仰其德？如果那天梦见的是桀、纣，我早就拔剑斫他了。桀、纣虽是天子，今天假如有人被人称为桀、纣，必定令人大怒；颜渊、闵子骞、郭林宗、黄叔度虽是布衣，今天假如有人被赞说像此四贤，必定令人大喜，因此可知人之立身，所贵的只在德行，何必要论富贵荣华？！你们位列藩王，家食实封，若能克修德行，岂不是美事！而且君子和小人本无固定的行径，行善则为君子，行恶则为小人，你们当须自我砥砺，使善事日闻；不要纵欲肆情，自陷于刑戮！"

选拔诸王师友，太宗需得宰相房玄龄协助才成，所以他也向玄龄解释：

"朕历观前代拨乱创业之主，生长在民间，都识达人情真伪，罕至于败亡。及至继体守文之君，生而富贵，不知疾苦，动辄造成灭身夷族的大祸。朕少年以来，备尝多难，周知天下之事，至今犹恐有所不逮。至于荆王诸弟，生自深宫，识不及远，哪能念此呢？朕每一食，便念稼穑的艰难；每一衣，则思纺绩的辛苦，诸弟又哪能学朕呢？于今选择良佐以作为他们的辅弼，盼他们能习近善人，得免于罪过罢了。"

（59）贞观十七年（643）四月册立新太子李治后，太宗曾对侍臣说："古时有胎教世子，朕则没有空暇去做，但自从册立太子以来，每遇事物，朕必对他有所诲谕。吃饭时，朕就问道：'你知道饭吗？'太子答说不知，朕就告诉他：'稼穑艰难，皆出于人的劳力，我们不在农忙时候征调他们服劳役，以免妨碍他们工作的时

效，那么就常有这种饭吃了。'

看见他乘马，朕又问他：'你知道马吗？'太子回答说不知，所以朕又教导他说：'马是能代人劳苦的动物，你知它劳逸而不用尽其力，则可以常有马可乘了。'

看见他乘舟，朕又问道：'你知舟吗？'太子又答不知，朕则对他说：'水可以载舟，也可以覆舟；舟就好比人君，水就好比黎民，你将来会当皇帝，可不畏惧吗？'

看见他在曲树下休息歇凉，又问他：'你知道此树吗？'太子答以不知，于是朕又教诲他说：'此树虽然弯曲，得到绳子来衡量它就可以变成方正的木材，做人君的人虽然无道，但能接纳谏诤则为圣人，这是传说所说的话，你可以用作鉴戒。'"

李治当年十六七岁，太宗竟然如此谆谆教诲，可谓用心良苦。李治从小长在深宫妇人之手，对民间苦乐当然尚待加紧学习。不过，太宗最担心他的却不在此，而在他的性格。太宗一直怀疑太子是仁弱之人，常秘密向长孙无忌探询：

"公劝我立雉奴（李治的小字），雉奴懦弱，恐怕不能守住社稷，怎么办？吴王英勇果断很像我，我想立他为太子，公意如何？"

幸得无忌力争，才将太宗的主意打消。这件事情就种下了太宗死后长孙无忌谋杀吴王李恪的原因。

太宗既然打消了废李治而立李恪的主意，所以曾警惕李恪说："父亲慈爱儿子，乃是人之常情，不必等待教训就生而知之。儿子若能忠孝则最好，如果不遵诲诱，忘记礼法，必会自招刑戮，父亲即使爱他，到时又能怎样？！从前汉武帝死后，昭帝继位为帝，燕王刘旦身为兄长，骄纵不服，辅政霍光下一道命令，就把他给杀了。做人的臣子，不得不谨慎啊！"

四、规谏太子的言论

（60）贞观五年（631），太子李承乾十三岁时，颇留心读书，不过在课余时间却常嬉戏过度，令东宫侍臣担忧不已。太子右庶子李百药于是写了一篇《赞道赋》，以作讽喻开导。这是一篇引经据典，文笔优美，教导承乾做人做事道理的长赋。

某次，太宗曾到东宫看太子，事后派一使者去嘉奖李百药，赐给他名马一匹，彩物三百段。使者宣达太宗的话说："朕于皇太子处见卿所写的赋，叙述自古以来储君的事情以警戒太子，文笔甚是典要。朕选卿以辅导太子，正为此事。卿甚胜任朕的委托，但须贯彻始终才好！"

（61）又过了几年，承乾侈纵日甚，数亏礼度，俨然如一个问题少年。于志宁当时担任太子左庶子，为了挽救他，于是撰写了一部二十卷的书献给他读，取名为《谏苑》。至于太子右庶子孔颖达，则每次都犯颜进谏。

"太子已长大成人，怎么可以经常面折？！"承乾乳母遂安夫人埋怨颖达说。

"蒙国厚恩，死无所恨！"颖达回答，以后谏诤得更厉害。

太子命令颖达撰写《孝经义疏》，颖达又因文见意，多方加强规谏之道。

太宗甚为嘉许二人，各赐绢帛五百匹和黄金一斤，以作为太子的示范与激励。

（62）太子承乾二十一岁那年——贞观十三年（639），右庶子张玄素眼看他颇因游乐打猎而废学，于是上书切谏；大意批评他游畋过度，希望他向孔颖达好好学习，学古以弘道（颖达时任国子祭酒兼东宫侍讲）。承乾不接受。

玄素又上书谏净，严加批评。承乾览书后，更加愤怒，责问玄素说："庶子疯狂了吗?！"

翌年，太宗知玄素在东宫频有进谏，晋升了他的阶官，迁任太子左庶子。那时承乾喜欢击鼓作乐，曾经在东宫内击鼓，声闻于外。玄素于是叩阁请见，极言切谏，太子不得已，只好命人将鼓拿出，当着玄素面把它毁坏。不过，太子为此怀恨在心，秘密派遣奴仆等待玄素早朝，以马挝重击他，几至于死。

稍后几年，承乾又爱好建造亭台观舍，穷奢极侈，费用日广。玄素又切谏，大意指责他过分奢侈，未满两个月已用去七万以上，而且苦口婆心地劝他检点一下行为，承乾读了谏书，大怒，派遣刺客将要行刺他。暗杀行动尚未实行，太子即被人告发阴谋兵变，遭到了废黜软禁。玄素也因随例连坐，受到撤职除名的处分。

（63）贞观十七年（643）四月，太子承乾因叛逆被废，告发他的人却是东宫著名的杀手纥干承基。太宗诏令长孙无忌、房玄龄、萧瑀、李世勣等将相大臣，会同大理寺、中书省、门下省举行大审。审讯过程中，透露了于志宁因谏净而被行刺的未遂事件。

贞观十四年（640），于志宁升为太子詹事。他认为太子广造宫室，奢侈过度，而又耽好声乐，于是上书谏诤。承乾览书，不悦。第二年，志宁丁母忧，解官守丧。不久，太宗即敕令他恢复原任官职，上班办事。志宁屡次上表，要求准他完成丧礼。太宗派中书侍郎岑文本至府，宣达口谕说：“自古忠孝不能并存，我儿须人辅弼，卿应节哀顺变，不可徇以私情！”志宁只好复职视事。

当时，李承乾在农忙之时，征召人民服驾士之役，而且不许分番轮休，于是人人抱怨太子；太子又招引突厥人和一些无赖进入东宫游乐。志宁瞧不顺眼，遂上书切谏，对这些恶行一一加以批评。承乾大怒，派遣刺客张师政和纥干承基，潜至于府暗杀志宁。两人潜入于府，准备采取行动，但是一眼看见于志宁仍然寝处苦庐（白茅盖的草庐）以哀思母丧，竟然不忍心下手，使志宁逃过一劫。

太宗得知其事，召见志宁勉劳他说：“知公数有规谏我儿，事无所隐。”所以东宫重要官员张玄素、令狐德棻等人以下，大都随例连坐免职，只有志宁未被严重处分。而且，在李治被册为新的太子之后，他再度被委任为太子左庶子，只降了两阶。

第五章　论美德（上）

一、论仁义

（64）贞观初，太宗有一说："朕看古来帝王，以仁义治国的则国祚延长，以法治人的，则虽能救弊病于一时，但也败亡得很快。看到从前帝王成大事，足以成为朕的大镜子，如今朕想专以仁义诚信来治理国家，希望革新近代的浇薄风气。"

"天下凋丧已久，陛下承其余弊，弘扬大道而移风易俗，真是万代之福。但是，若非贤人则不能致治，只有得人才可以。"黄门侍郎王珪说。

"朕思贤情切，岂止梦寐以求！"

"世必有才，随时可以求用，"给事中杜正伦在旁说，"岂待梦见傅说，遇到吕尚，然后才讲究治理国家呢？"

太宗深纳其言。

（65）太宗实际即位已两年，政治日上轨道。某日，太宗黾勉侍臣们说："朕以为大乱之后，风俗难移，近来看到百姓渐知廉耻，官吏人民都奉公守法，盗贼日益稀少。由此可知，人民本来没有固定的风俗，而是政有治乱罢了；所以，治国之道，必须抚以仁义，示以威信，顺从民心，除去苛刻，不作异端，天下自然就能安静。公等应该和朕共同努力于此啊！"

（66）贞观四年（630），唐朝内臻盛年，外灭东突厥。这年，左仆射房玄龄提出国防军事的报告："如今查阅武库的军事武器和装备，远胜于隋朝的时代。"

太宗说："整军经武以防备寇侵虽然是要事，然而，朕只希望卿等能存心治道，务尽忠贞，使百姓安乐，这就是朕的武装。隋炀帝岂因为武装不足而灭亡，是仁义不修而群下怨叛的缘故啊！卿等宜识朕这用心！"

（67）贞观十三年（639），王珪于正月病逝前，太宗曾经和他见面聊过天。

"林深则鸟栖，水广则鱼游，累积仁义则万物归附。"太宗感慨地说，"人皆知畏避灾害，而不知行仁义则灾害不生。仁义之道，应当思之在心，持续努力，如果有片刻的懈怠，相去就已远了；犹如饮食对身体一般，常常让肚子吃得饱，就可以保全人的性命了。"

"陛下能知此言，天下幸甚！"王珪听了，立即顿首，并勉励太宗说。

二、论忠义

（68）武德九年（626）六月四日，秦王李世民率领勇将尉迟敬德等人，收买了玄武门当值部队指挥官敬君弘等，伏兵于临湖殿附近，将太子李建成和齐王李元吉两个政敌一举给杀了。

东宫及齐王府人员闻兵变，纷作逃亡打算。东宫侍卫队指挥官之一、为太子生前所亲近礼遇的冯立感叹道："岂有生受其恩而死逃其难！"于是率兵进攻玄武门。齐王侍卫队指挥官之一的谢叔方也统兵来会，联军攻门。苦战良久，他们将敬君弘及另一将校吕世衡给杀了。守门部队及秦王府兵变部队眼看形势不妙，尉迟敬德手持建成和元吉二人首级，急驰而至，向进攻部队展示。冯立眼见如此，知奋战已无用，遂宣布："我们杀了叛贼敬君弘，亦足以稍报于太子了！"立即下令部队解散，逃亡于野外。谢叔方见到二主首级，乃下马痛哭，拜辞而遁。

翌日，冯、谢二人皆出来向秦王自首。

"你昨天出兵来战，对我兵大加杀伤，怎可以让你逃死！"秦王怒责道。

"冯立出身事主，希望有所效命，当战之日，无所顾惮！"冯立因而歔欷，悲不自胜。

太宗慰勉他，授他为禁军将校。太宗认为这批人都是义士，所以谢叔方也同时授任将校。事后，冯立向所亲说："我本以为必死，今逢莫大之恩，幸而获免，终当以此奉答他！"

未几，东突厥二十万大军进犯至渭水便桥。冯立率领数百骑，大战虏骑于咸阳，杀获甚众，所向披靡。太宗闻而嘉叹不已。

（69）萧瑀是南朝王室子弟，隋炀帝小舅，文章好，风度好，只是个性耿介。唐高祖与他交情极佳，即位不久就拜他为中书令，内外百务都请他过目及裁决，而且常与他同榻而坐，称他"萧郎"而不呼名。他在武德六年（623）即出任唐朝第二任右仆射。九年（626），"玄武门兵变"以后，太宗晋升他为左仆射。他和房玄龄、杜如晦等新贵不协，曾上书批评房、杜等人，失太宗意，遂在同年十月罢相。但是翌年六月，又再拜为左仆射，情况仍不见改善，所以同年十二月二度罢相。后来又曾以御史大夫参政，不久又罢，即三度拜相又三度罢相。

贞观九年（635）十一月，萧瑀第四度拜相——以高级散官（没有职事的阶官）参预朝政。某次，太宗因事宴集宰相侍臣，席间从容告诉左仆射房玄龄："武德六年以后，太上皇（指高祖）有废立之心，我当时不为兄弟所容，实有功高不赏之惧。他们想拉拢萧瑀。萧瑀不可以用厚利诱惑，不可以用刑戮威胁，真是社稷之臣啊！"跟着赐诗给萧瑀："疾风知劲草，板荡识诚臣。"

太宗之意，一方面暗示玄龄不可再像以前一样和萧瑀发生纠纷；一方面也在表扬萧瑀的忠义，暗示四度拜他为相的动机。所以赐诗后，太宗又当面批评萧瑀的缺点说："卿之守道耿介，古人也难以超过；然而善恶分得太明，因此时有所失。"

萧瑀再三拜谢说："臣特蒙诫训，又蒙以忠谅称赞，虽死之日，荣同犹生之年！"

魏徵在旁称颂说："人臣执法严而逆众，明主体谅他的忠诚而宽恕他；人臣执节独立特行，明主体谅他的贞劲而宽恕他。从前但闻其言，今天亲睹其事，萧瑀要不是遇到明圣之主，早就身蒙大难了！"

太宗对魏徵的称赞甚为高兴，君臣同欢而罢。

（70）名史家姚思廉的父亲姚察也是名史家，父子二人均有学行。隋朝末年，姚思廉担任代王侍读，代王杨侑当时留守京城，而炀帝则远赴江都游乐去了。

太原留守李渊起兵西向，攻克京城，王府官僚大多骇散，独思廉随侍代王，不离左右。攻城部队包围宫禁，并将冲上大殿，思廉厉声喝道："唐公（李渊）举义兵本为匡扶王室，你们不该对代王无礼！"兵众慑服，于是悄悄后退，布列于阶下。一会儿，李渊到达，将士向他报告情况。李渊闻而义之，特许思廉扶代王至顺阳阁下。安顿好，思廉才泣拜而去。旁观者目睹其事，皆感叹道："真是忠烈之士啊！仁者有勇，就是指此而言。"

不久，李渊即位，遂任命思廉为秦王文学，以帮助世民。后来随同秦王东征，因而留在洛阳工作，当时秦王的大本营即在洛阳。直至贞观元年（627），太宗和侍臣从容提到当年之事，乃慨然叹道："姚思廉不惧兵刃，以明大节，求之于古人，也很难找到比他更高洁的啊！"

于是，太宗寄了三百段绢帛赠给他，并赐手条说："想卿忠节之风，故有此赠。"

（71）太宗即位后，似乎感到对大哥建成、四弟元吉二人及其儿子们做得太绝（二人之子均被诛杀，开除属籍），内心有咎，于是下诏追封建成为息王，谥号"隐"；追封元吉为海陵郡王，谥号"剌"，并择日以礼改葬。

尚书右丞魏徵和黄门侍郎王珪，上表请求准予陪送。表疏说："臣等以前承受太上皇（高祖）命令，侍从东宫，出入龙楼，垂将一纪（十年为一纪）。前宫（指故太子建成）结衅宗社，得罪人神，臣等不能够殉身从死，负其罪戾；徒竭有生之年，亦将如何上报？！

陛下德光四海，道冠前王，追怀手足之恩情，申明社稷之大义，卜葬二王，远期有日。臣等永怀畴昔，忝曰旧臣，却未得申抒送往之哀，是故恳望于葬日，特准送至墓所！"

太宗感动于其义，不但批准了二人的请求，而且下令所有前任东宫及齐王府官僚，尽皆在当天送葬。改葬之日，太宗更亲至宜秋门哭送。

（72）贞观五年（631），太宗与侍臣谈话，向他们建议说："忠臣烈士，哪一代没有！公等知隋朝谁是忠贞之士，不妨说说看！"

"臣闻太常丞元善达在京留守，见群贼纵横，于是转骑远诣江都谏炀帝。炀帝不受其言，敕令他返回京师。善达涕泣极谏，炀帝更怒，乃远使诣兵，身死瘴疠之地。"王珪提出一个人，接着又提出另一人，"又有虎贲郎中独孤盛，当年在江都侍卫时，宇文化及起兵叛乱，他只有一身力抗以至于死。两人都可算忠贞之士吧！"

太宗听了，自己又提出一人说：

"屈突通为隋朝大将，与国家（指太原起事部队）战于潼关，及闻京城失陷，于是引兵东撤。义兵（指李渊部队）追及他，朕遣他的家人前往招慰，他立刻杀死来说的奴仆。朕又派他的儿子前往，他竟然骂说：'我蒙隋家驱使，已事两帝，今天是我死节之秋，你从前是我的儿子，今日却是我的仇敌！'因而拔箭射向其子。后来因为所部溃散，屈突通孑然一身，向东南方恸哭尽哀说：'臣负荷国恩，身任将帅，智力竭尽，致此败亡，非臣不竭诚于国啊！'说毕，即为追兵所擒。太上皇极器重他，每次拜他官爵，他都托病固辞。像这种忠节，足可嘉扬推崇。"

太宗综合谈论的结果，下敕命令有关机关，采访隋末以来因直谏而被杀的忠臣子孙，并录以奏闻。

太宗常喜讨论近代名臣，因而录用他们的子孙，这是他激励忠义之风的方式之一。

贞观十五年（641），太宗曾下诏说："朕听朝之暇披观前史，每览前贤佐时，忠臣殉国，何尝不想见其人，废书而钦叹。至于近代以来，岁月不远，他们的子孙当今应该尚有生存的，不宜遭受屈辱。其周隋二代名臣及忠节子孙，若有贞观以来犯罪配流的，官令所司具录奏闻。"

于是很多名臣子孙，都获得了矜宥。

（73）名臣陈叔达原为南朝陈宣帝之子，唐高祖朝已官拜侍中，成为宰相。太宗即位初期，他因为和左仆射萧瑀忿争，所以两人双双罢相。贞观六年（632）十一月，太宗再度委以重任，授他为礼部尚书。任命发布后，太宗对他解释："武德中期，公曾经进直言于太上皇，说明朕有定国大功，不可黜退云云。朕本性刚烈，若有抑制挫折，恐怕会不胜忧愤，以致疾毙之危。如今赏报公的忠謇，所以有此任命。"

叔达似乎不大领情，更正太宗的看法说："臣以隋氏父子自相残杀，以至于灭亡，岂容目睹覆车而不改前辙？臣所以才竭诚进谏罢了。臣是为了社稷，而不是为了陛下而进言。"

太宗听了，跟着说："朕知公不独为朕一人，实为社稷而着想！"

（74）桂州都督李弘节一向以清廉谨慎闻名。贞观八年（634）去世后，其家属出售家传的珍珠。太宗捉到把柄，于是宣扬于朝说："这人生平，宰相都一力说他清廉，今日既然如此，推荐他的人岂得无罪？朕必定要深入追究，绝不中止！"

　　侍中魏徵闻言，待机进言说："陛下一向说此人污浊，却未见受财的证据。如今听说他的家属卖珠，就想连带要让推荐人坐罪，臣认为真的不知所谓。

　　自从圣朝建国以来，为国尽忠、清贞慎守、始终不渝的人，只有屈突通和张道源罢了。屈突通三个儿子来铨选做官，三人竟然只有一匹羸马；张道源的儿子也穷困得不能存立，陛下对此居然未见一言提及。如今弘节为国立功，前后多次大蒙赏赉，身死之后，陛下也没说他贪残，所以妻子卖珠，未算有罪。

　　陛下知道清贞的人却无所存问，怀疑他人贪浊则旁责推荐的人，虽说疾恶不疑，但也是好善不笃！臣私下思度，以为不可以这样子做，否则有识之士必定多生枉议。"

　　"匆猝之间没有想过此事，"太宗承认过错，抚掌赞同魏徵之言，"今日得闻此语，方知谈话也不容易！追究之事不再查问，那屈突通、张道源的儿子，应该各给一官他们做。"

　　（75）贞观七年（633）底，太宗派遣各道黜陟大使分行全国，代天巡狩。各道人选已定，只有畿内道（首都所在之道）人选举棋未定，难于挑选。太宗决定从宰相重臣中亲自圈定，久之犹未决，于是请教左仆射房玄龄说："此道事最重，谁可充任大使？"

　　名将李靖当时任右仆射，在旁建议说："畿内事大，非魏徵不可。"

　　"朕今年想到九成宫也不是小事，何可派遣魏徵出使！"太宗欲三月至九成宫避暑，故作色道，"朕每次出行，都不想和魏徵相离，原因是他最能见朕是非得失。"乃即令李靖充使。翌年正月，诸道大使正式代表太宗出巡。

（76）贞观十一年（637），太宗首次在即位后驾幸东都洛阳，行至汉太尉杨震之墓，伤感他以忠贞而死于非命（杨震为内戚所谗，饮鸩而卒），乃亲自撰文祭祀他。

房玄龄进言说："杨震虽然当年枉死，数百年后方遇圣明，但得到陛下停舆致祭，可谓虽死犹生，没而不朽！伯起（杨震之字）有知，值得欣跃于九泉之下了。伏读天文（指太宗的祭文），且感且慰，凡百君子，焉敢不勖励名节，知为善之有效！"

同年，太宗和侍臣谈起前代忠臣。太宗说："春秋时期，狄人杀卫懿公，尽食其肉而独留其肝。懿公之臣弘演，呼天大哭，自己掏出心肝，而将懿公之肝放于自己的腹中，这种人今天恐怕找不到了。"

特进魏徵回答说："从前大刺客豫让为智伯报仇，欲行刺赵襄子。襄子捕到他，问道：'从前你为范氏和中行氏做事，智伯尽灭之，你却不顾而去，委质于智伯。如今智伯被消灭，你却要为他报仇，是什么道理呀？'豫让说：'臣以前为范氏和中行氏做事，二氏以普通人待我，我就以普通人的方式来报答他们。智伯待我以国士，我就以国士的方式来回报他！'由此可知，陛下所提问题的关键，是在人君是否礼遇臣下而已，怎么可以说无人呢？！"

太宗对古代名臣常这样颂扬，对激励当时士风，具有颇大的影响。

（77）贞观十九年（645），太宗统率诸军亲征高句丽（战争理由参第一五三、一六三条）。各路大军节节胜利，是年六月即推进至辽东安市城（今辽宁辽阳附近），爆发了长达三四个月的安市会战。

安市城有高句丽精兵坚守，进行保卫战。六月中，高句丽耨萨（相当于都督）高延寿和高惠真，统率高句丽、靺鞨（高句丽北邻）联军十五万来救，于是爆发了序战。太宗诱敌来会，伏兵大起而攻击之。联军大败，死亡二万余人，并为唐军包围在山上，不久即全军投降。

联军覆没消息传开，高句丽举国大骇，附近城市皆自拔遁去，数百里无复人烟，唐军遂从容推进至安市城下。太宗向城中招降，城中坚守不动，围城月余而无效。太宗将大本营移至城南，经常巡视前线。城中守军每见大唐天子的统帅旗出现，必乘城鼓噪，令太宗怒甚，因而下令强攻城池。

远征军副统帅、太宗所称当代三大名将之一——江夏王李道宗负责攻城战东南隅指挥，亲承天子之命，采用城下堆筑土石的方法侵逼其城。城下增高，城上也堆土增加高度。道宗指挥所部轮流进攻，每日交战六七回合，冲车炮石所毁的缺口，守城部队随即竖立木栅加以堵住。战况激烈，连道宗也伤了脚，而为太宗所亲自加以针灸治疗。攻防战总共持续了六十日，筑山昼夜不息，用功凡五十万之巨，至山顶高出城墙数丈，仍然争夺缠战不下。

秋天将逝，严冬将至，太宗以辽东早寒，草枯水冻，不利于作战，遂下敕班师。大军回旋之时，安市城屏迹不出，司令官且登城拜辞。太宗嘉奖他的坚守和臣节，赐赠给他三百匹绢帛，以做激励尽忠职守的榜样。当然，太宗仍然慎重而退，命令远征军正、副统帅李世勣和李道宗，亲率四万步兵与骑兵为殿后，以防安市部队乘机追击。

三、论孝友

（78）名相房玄龄是著名的孝子，年轻时代即才华毕露。他协助太宗达成"贞观之治"，前后当了二十三年宰相，其中担任左仆射一职长达十四年。贞观十六年（642）七月，玄龄认为担任宰相太久，女儿为韩王李元嘉（详第八十条）之妃，儿子房遗爱则尚太宗之女高阳公主，显贵已极，因此借口六十四岁高龄，频表辞位。太宗一再慰留，不允许他的请求，但最终拗不过他，于是在此月晋拜他为司空，仍请他综理朝政，原任司空的长孙无忌则迁任司徒。

翌年七月，玄龄丁继母忧。玄龄事奉继母一如生母，伺候颜色，奉养唯谨。当她生病时，玄龄延请医师来治疗，每当医师至门，玄龄必迎拜垂泣；及至继母病逝，玄龄居丧，尤其尽哀，竟至骨瘦如柴。

太宗特命散骑常侍刘洎前往宽慰他，送他寝床、粥食、盐菜，意思是强要他进食。并且，太宗感于玄龄之孝，特在昭陵（太宗生前已进行修建的陵墓名称）墓区赐地一块，让他将继母安葬在内。

（79）虞世南是太宗经常批评的虞世基之弟，兄弟二人年轻时即有名气，时人将他们比于前代的著名文学家陆机和陆云。隋炀帝时，虞世基最得天子信任，权倾一时，世南则仅官起居舍人（为天子做日记之官，详参第一〇九条）。兄弟两人性格不同，但甚友爱，世南虽与兄同居，然而勤俭朴实，一如平素。

炀帝游幸江都，二人均从行。当宇文化及兵变时，虞世基也被逮捕，将加以杀害。世南抱持兄长而号泣恳求，请求以身代死，化及不同意，遂杀世基。世南为兄之死哀痛已极，竟至痛饿得骨瘦如柴。当时的人对他友爱兄长的行为，咸加称重。

世南后来辗转归附唐朝，人品学问极为太宗所器重，曾推崇他是"当代名臣人伦准的"。

（80）唐高祖李渊共有二十二男，隐太子李建成、太宗李世民、卫王李玄霸、巢刺王李元吉四兄弟，都是同由太穆皇后所生，其余十八人则由妃嫔所生。宇文昭仪是隋末权相宇文述之女，江都兵变的主角宇文化及就是宇文述的长子，昭仪的兄弟，他们都是鲜卑人。昭仪在李渊于隋朝做官时，即嫁到了李家，获宠于李渊，所以李渊当了皇帝，便想立她当皇后（太穆皇后已死）。她则固辞不受，所以才当昭仪。

宇文昭仪给高祖生了韩王李元嘉和鲁王李灵夔。韩王在武德元年（618）出生，排行第十一，鲁王则排行第十九。韩王因为母亲的关系，特为高祖所爱，是他当了皇帝后才出生的诸子之中最爱者。武德四年（621），高祖封他为宋王，后来改封徐王。贞观六年（632），太宗授他为潞州（治今山西长治）刺史；十年（636），改封韩王，授潞州都督。

元嘉授任潞州刺史时，年龄才十五岁，在州听到太妃（宇文昭仪为太妃）有疾，便涕泣不食；及至太妃病逝，京师发丧，更加哀毁过礼。太宗嘉其至性，对他屡加慰勉。元嘉是一个读书人，藏书甚多，家门修整，生活朴素得好像是一个寒素士大夫，与其他大多数兄弟不一样。

他的同母弟弟李灵夔，精通音乐和书法，兄弟两人特相友爱。兄弟集会见面时，常如布衣之礼，并不以亲王身份相见。总之，韩王李元嘉修身洁己，内外如一，而且兄友弟恭，行为最为人所称道，当时诸王没有人能比得上他。

（81）高祖第十四子霍王李元轨是张美人所生，为兄弟中声誉仅次于韩王元嘉的亲王。他武艺过人，又勤力读书，言行谨慎而温和，在贞观十年（636）才改封为霍王，以前则为吴王。

贞观七年（633），他以吴王身份授任寿州（治今安徽寿县）刺史。至九年（635）五月，太上皇（李渊）驾崩的消息传至，他哀毁过礼，辞去官职，自此常穿布衣，以示有终身之戚。

太宗曾经问侍臣："朕的子弟谁最贤？"魏徵答道："臣愚暗，不完全知道他们的才能，只有吴王和臣谈过几次话，每次都令臣自我觉得有过失。"太宗又问："那么，卿以为前代谁可以和他相比？"答道："经学文雅嘛，可与汉朝的河间王和东平王相比；至于孝行，则像古代的曾参与闵损！"经这么一赞，太宗由此更加宠爱和礼遇他，甚至亲自做媒，撮合他和魏徵之女结婚。

后来他转任徐州（治今江苏省徐州市铜山区）刺史，与处士徐玄平为布衣之交。有人问玄平："霍王有何长处？"玄平答道："无。"问者怪而再三追问，玄平乃说："人因为有所短，所以就见他有所长，至于霍王，无所不备，我怎样说他才是呢？"可见其为人。

（82）贞观中期，有一个突厥人叫史行昌，他是大内的侍卫。某天，轮到他当值戍守玄武门，那天吃饭，他把肉搁在旁边不吃，却把饭吃完了。人问其故，史行昌答道："我拿回去给母亲吃。"

太宗听到了这件事，大为感动，赞叹地说："仁孝之性，岂因华、夷不同而有所差异！"遂赐给他一匹尚乘马（大内御用马），并诏令供应肉料给他母亲。

四、论公平

（83）太宗即位翌月，论功行赏，列定中书令房玄龄等五人功居第一（参第四十五条）。房玄龄跟着叙列功臣，并启奏道："秦府（太宗即位以前的秦王府）旧人还没有升官的，都埋怨前宫（指故太子建成）和齐府（指元吉的齐王府）的左右反而升官在他们之前，大有埋怨陛下忘旧之意。"

太宗听了，马上解释及指示说："古人所谓至公，是指平恕无私而言，丹朱和商均是尧、舜的儿子，而尧、舜却废之；管叔和蔡叔是周公的兄弟，而周公诛之，故知君临天下的人，以天下为公，无私于物。从前诸葛孔明，只是小国之相罢了，犹说'吾心如秤，不能为人作轻重'，何况我如今统治大国哩！

朕与公等，衣食皆出于百姓，此则人力已奉于上，而上恩未被于下。如今所以选择贤才，主要的目的在为百姓求安，因此用人只应问是否适当，岂能以新旧异情作标准！凡人见过一面尚且相亲，旧人怎么会顿忘呢？才干若不堪用，也怎能因为旧人而优先叙用？如今公不论他们能与不能，而直言他们的嗟怨，岂是至公之道啊！"

这年，太宗为了要雪"渭水之耻"（参第一五八条），亲自在政余训练侍卫部队，群臣多认为不妥当，恐有安全问题。所以在第二年——贞观元年（627），有人封事（用封套封好的奏章）建议应该授予秦府旧日侍卫以武职，追令他们入宫守卫。

太宗不以为然，说："朕以天下为家，不能私于一物，唯有才行兼备者我就任用他，岂以新旧不同而有差异的待遇哩！旧日侍卫之外，难道更无可信的人了吗？！古人说：'兵犹如火，不戢则将自焚。'你的意思，绝非有益于政治的构思。"

（84）贞观元年（627）上半年，发生了两件涉及刑法的事件，情况是这样的：

某天，吏部尚书长孙无忌被召入宫。无忌和太宗原是布衣之交，而且又是姻戚（无忌是大舅子，太宗是妹夫）、第一功臣、首席部长、皇上心腹，唐太宗对他的礼遇素来冠于群臣，所以侍卫部队看他来到，就让他立即直入东上阁门（此地是唐朝皇帝日常议政、会见侍臣之处），没有加以检查。

及至无忌出阁门后，监门校尉才发觉他未解下佩刀，是带刀入见皇帝的。右仆射封德彝寻即建议：监门校尉失职，严重危害皇上安全，罪当死；长孙无忌非法携械入宫，误触法网，判徒刑二年、罚铜二十斤。太宗从之，交付大理寺执行。

大理少卿戴胄驳此案说："校尉不觉和无忌带刀入内，同是误犯，但臣子对至尊不得称有所误，故依据法律'供御汤药、饮食、舟船误不如法者，皆死'的条文，两人均应判重罪。陛下若考虑无忌的功劳，此则不是司法机关的职权；如果要依法律进行，则无忌只判罚铜，未为得理。"

太宗看到案件驳还，了解其驳词后，乃说："法者，非朕一人之法，乃天下之法，何得以无忌国之亲戚，便欲挠法耶？"下令再议此案。封德彝执议如初，太宗将从其议，戴胄又上书驳奏："校尉因无忌以致罪，于法当轻；若论其过误，则两人情况是一样的，然而一判以生、一判以死，这里就有差异，因此胆敢坚持鄙见。"

太宗于是乃免校尉之死。

当时，唐朝用人改变了隋朝在每年十一月会集于首都、在尚书省铨选的制度，更为四时听选随缺拟用，这是应选人数众多，而选期短促的缘故。

太宗鉴于大开选举，可能有人会伪造证件，冒充有官阶资历（隋时资历及战地临时所用之资历，此时均被承认，故甚混乱），于是下令诈伪者必须自首，不自首而被发觉，即罪至于死。不久，有人诈伪而被发觉，送到大理寺审判。戴胄依据法律判人流刑，并上奏此案。

太宗不同意，说："朕当初下达敕令，不自首当死。如今卿的判决依据法律而不依敕令，我的话还有信用吗？"

"陛下当即应依据行政命令立刻杀了他，这就不是臣的职权范围。"戴胄答，"既然陛下不杀，移送到司法机关来，臣不敢亏法。"

"卿自守法，而令朕失信于天下吗？！"太宗有点恼怒。

"法律乃是国家所以布大信于天下的公理，陛下之言虽是命令，却是一时喜怒所颁发的。"戴胄力争道，"陛下发一朝之忿而许杀人，事后既知不可而移送法司，欲置之于法，这是忍小忿而存大信。如果不这样做，臣窃为陛下可惜！"

"朕法有所失，卿能正朕之失，朕还有什么可忧的哩！"太宗嘉赏戴胄，并从其言。

（85）贞观二年（628），太宗某日和房玄龄等谈论布公道的问题。太宗说：

"朕近见隋代遗老，他们都称赞高颎善为宰相，使朕兴趣盎然地研读高颎的传记（颎为隋开国元勋、姻戚，兼执政甚长、名气最大的宰相）。他的确公平正直，尤识治礼，是一身维系国家安危的人；可惜炀帝无道，将他枉杀了。朕何尝不想见此人，而为他废书钦叹！又自从汉、魏以来，诸葛亮为丞相亦甚公平正直。他曾经废黜廖立和李严，将他们外放到南荒。后来廖立闻得诸葛亮死，遂泣道：'我永无回朝的一天，长为蛮荒之人了！'李严闻讯，也因此发病而死。所以，陈寿撰《三国志》，力称诸葛亮的为政是'开诚心，布公道。尽忠益时者虽雠必赏，犯法怠慢者虽亲必罚'，卿等岂可不企慕他们！

朕如今常常仰慕前代的好帝王，卿等也可仰慕前代的好宰相。若能如此，则荣名高位可以长守。"

"臣闻治国的要道在于公平正直，所以《尚书》说：'无偏无党，王道荡荡；无党无偏，王道平平。'孔子也说：'举直错诸枉，则民服。'现在圣上思虑所崇尚的标准，真是足以穷极政教的源泉——极尽至公之要，囊括区宇，化成天下。"玄龄等答道。

太宗听了，豪迈地说："这真是朕的抱负，岂有和卿等说了，却不认真地实行的哩！"

治国必须用人，宰相大臣荐用人才，常会发生一些嫌疑或纠纷，右丞魏徵曾被批评阿党亲戚，太宗派温彦博调查后，警告他要行为检点（参第二十八条），所以有些大臣会有避嫌或难于推荐，甚至不推荐的情况出现。

贞观初期，太宗为鼓励大臣推荐人才，曾对侍臣说："朕如今孜孜求士，目的是要专心政道，听说有好人，则不次提拔。然而，有些人说被提拔的人都是宰相亲故，所以用人不当。不过朕的看法却不同，公等以至公行事，不需为了躲避这类言论的批评，便自我拘束检点；古人内举不避亲，外举不避仇，一心只为了举得真正的人才；但能举用得才，虽是子弟及雠嫌，都应不得不举，这才算公平。"

（86）太宗第五女—— 长乐公主是文德皇后长孙氏所生，夫妇一向爱之逾恒。贞观六年（632）三月，公主将出降（公主出嫁称为出降）她的表哥长孙冲—— 长孙无忌之子，亲上加亲，喜气洋洋。太宗夫妇为了表示宠爱和大喜，特敕有关机关送嫁妆给男方要倍于长公主（皇帝的姊妹称长公主）。

敕旨降下，宰臣魏徵提出反对，说："从前汉明帝欲封其子，却说'朕子岂得和先帝之子礼遇相同，只可比照楚王、淮阳王（二王皆光武帝子，明帝的兄弟）的一半就好了'，这件事遂成为历史上的美谈。天子的姊妹为长公主，天子之女则为公主，既加'长'字，实因尊于公主！情虽有殊，义无等别，如果让公主的婚礼超过长公主，于理恐怕行不通，实愿陛下思之。"

太宗称善，入内将魏徵的话转告给皇后。皇后非但不怒，反而赞叹道："常听说陛下敬重魏徵，殊未知其故，如今就此谏言，乃能以义理抑制人主的情感，真社稷之臣啊！妾与陛下结发为夫妻，曲蒙礼敬，情义我深重，但是每次有话相告，必先察言观色，尚不敢轻犯威严；何况身为臣下，情疏礼隔，竟能如此抗言哩！所以韩非谓之说难，东方朔声言不易，实有原因啊。忠言逆耳而利于行，是有国有家者应该奉为要急之事，接受这种言论则世治，拒绝则政乱，愿陛下详思之，则天下幸甚！"

说完，皇后又因此而请求派遣使臣前去魏府，赠送给魏徵绢帛五百匹。

（87）张亮出身农夫，偶傥有大节，但心机甚深。他是太宗的得力助手，"玄武门兵变"事件中即扮演重要的角色，因而在太宗即位后，他长期担任方面大员。太宗亲征高句丽之役，他更是远征军海军的统帅。张亮自贞观中期以后，即以刑部尚书参与朝政而成为宰相。以他的人事背景看，只要不出差错，即能更上一层楼——前途如锦如绣。

他出身寒微而骤至宰相，似乎在学识上追不上仕途提升的速度，尤其他和他的继室夫人李氏都信旁门左道，自以为具有异相天命，而又收养义子多达五百人，令人瞩目。贞观二十年（646），有人告发他收养五百人，又与术士谈论天命，有造反的阴谋。

太宗特令宰相马周审理此案，张亮不认罪。太宗说："他收养五百个义子干什么？正是想造反罢了！"因此再命令百官讨论此案。大家多言张亮有罪当诛，只有李道裕声明张亮反形未具，不应有罪。

太宗在盛怒之下，对道裕之言未加深思，竟派长孙无忌和房玄龄就狱与张亮诀别，转告他说："法律是维持天下公平的标准，朕与公在此标准之前一视同仁，皆需遵守。公自己不谨慎，与凶人（指术士）往还，致使陷于法网，如今奈何？！公好好去吧！"于是斩于西市。

一年多后，刑部侍郎出缺，诏令宰相选用适当人选来担任。宰臣们多次提名，均遭太宗否决。最后太宗说："朕已经找得适当人选了。以前李道裕声明张亮反形未具，可谓公平的啊，当时朕虽不用其言，至今则追悔不已。"于是就任用了李道裕。

（88）贞观十一年（637）时，由于经常用宦官充任使节，承命外出公干，他们回宫后亦妄有奏论是非。事情爆发，太宗为之震怒，魏徵鉴于前代有过宦官之祸，因此适时进言说："阉竖（指宦官）虽然地位低微，但是每天狎近天子，时常说话，令人轻而易信，浸润之谮，为患特深。当今主上圣明，不必多所忧虑，但是为了教导子孙，却不可不杜绝问题的根源。"

太宗领悟，说："要不是卿，朕怎能听到这种话呢？自今以后，停止派令宦官充任使臣。"

事后，魏徵回府想了又想，决定上疏对这些问题详加讨论，让太宗真正而充分地了解接受。他这道长疏大意是这样的：

"臣闻为人君者，在乎善善而恶恶，近君子而远小人。善善明则君子进用，恶恶著则小人退避。亲近君子则朝无秕政，疏远小人则视听不会邪私。小人不是没有小善，君子也不是没有小过；君子的小过犹如白玉的微瑕，小人的小善犹如铅刀的一割。铅刀一割不为良工所重视，因为小善不足以掩众恶；白玉微瑕不为善贾所放弃，因为小疵不足以妨大美。如果善小人的小善可以谓之善善，恶君子的小过可以谓之恶恶，此则无异蒿草和兰花同嗅、美玉和石头不分，足以令人沮丧泣血。如果既识玉、石的差异，又能分辨蒿、兰的不同，然而却善善而不能进，恶恶而不能去，这也是足以令人欷歔遗恨的啊！

陛下聪明神武，天姿英睿，志存泛爱，引纳多途，但好善而不甚择人，疾恶而未能远佞，又出言无隐，疾恶太深，闻知人的善处未必全信，听到人家的恶劣则以为必然，虽有独见之明，犹恐理或未尽。……"

太宗览疏后，亲手撰写诏书作答说："前后读卿多篇讽谏开喻的奏章，都感到无比的切至之意，这当然是朕所以厚望于卿的做法啊！朕出身权贵门第，但是小时候缺乏师傅的教诲，极少听到先达之言。后来遭遇隋末大乱，朕即以二九之年，立志执干戈救万民，自后东征西讨，日不暇给，居无宁岁。幸赖上天降福，祖宗庇佑，义旗所指，无不平定，即是外国也俯首称臣。及至恭承宝位，推行无为息民的政策，于今已十有余年，世道清平宁静，皆是群臣协德同心的效果啊！朕自以为寡道薄德，却能厚享这种福赐，因而常感忧深责重，恐怕旷废万机、杜塞聪明，所以时常战战兢兢，坐以待旦，向公卿以至于隶皂询求意见，推以赤心，希望如此而能使德业永传于史籍，鸿名常列于前茅！

朕以虚薄，多惭于往代。如果不任舟楫，则岂能渡过大海；不用佐料，又怎样能调和五味哩！"

遂又赐绢三百匹给他。

五、论诚信

（89）贞观初，有人上书，建议赶走佞臣。太宗召见此人，问道："朕所任用的人，依朕所知都是贤人，卿知道谁是佞人吗？"

"臣居草泽之中，不能确知谁是佞人。"上书人回答，并且跟着建议说，"请陛下假装发怒以试群臣，如果有人不畏雷霆之怒，仍敢直言进谏，则此人便是正人；如果有人顺情阿旨，屈服于天威，则此人便是佞人。"

太宗回顾在旁的封德彝说："流水是清是浊在于它的源头，人君是政之源，人民就是水流，人君自为诈欺而要臣下直道而行，简直就如源浊而望水清一样，欲求致治，实遥不可得。朕常常认为魏武帝（曹操）多诡诈，深鄙其为人，如果朕也这样做，则岂可示范庶民而管理天下！"

接着，他回复上书人说："朕想要让大信普行于天下，不得以诈道训俗，卿言虽善，朕所不取。"

（90）贞观中，洛水流域水灾。天灾地荒向被解释为天意示警，君主需采访群言，改正过失的。所以魏徵上疏说：

"臣闻治国之基必资于德和礼，人君所保则惟在诚与信。诚信立则下无二心，德礼形则远人来服，然则德礼诚信，乃是国之大纲，君臣父子所不可暂时离弃的；所以孔子说：'君使臣以礼，臣事君以忠。'又说：'自古皆有死，民无信不立。'不信之言和无诚之令，可以使君上败德，而臣下身危。

十余年来，威加海外，仓廪日积，然而道德未加厚，仁义未加博，原因何在？在于待下之情未尽诚信，虽有善始之勤，而未睹克终之美的缘故。以往在贞观之初，陛下闻善则惊叹；八九年间，犹能悦以从谏；自此以后，则渐渐厌恶直言，虽或勉强接受，已不如往时的豁如，使謇谔之辈不敢犯颜，便佞之徒肆其巧辩，正臣不得尽其言，大臣莫能与之争。荧惑视听，妨政损德，原因就在此吧！

　　如今陛下将求致治，事权委托于君子，得失则访之于小人；待君子敬而疏，待小人却轻而狎。待他们狎近的，他们则无所不说；待他们疏远的，则他们情意不能上通于人君；这样就会造成毁誉在于小人、刑罚加于君子的情势，实为国家兴亡所在，可以不慎重吗？诚如荀子所说：'使智者策划，而让愚者来评论；使高洁之士来实行，却让污鄙之人来怀疑。'这样做而想得到成功，可以吗？中智之士岂无小惠，然而才干却不一定能经国谋远。这种人虽竭力尽诚，也不一定能免于失败，何况内怀奸利、承颜顺旨的人？用这种奸谀之徒做事，祸患也就深了！立直木而疑影之不直，虽竭尽精神，劳动思虑，终无所得，道理是明显而易晓的。君礼臣忠的基础在内外无私和上下相信，信之为道可大了。

　　如要使君子和小人的是非不杂，就必须怀之以德，待之以信，厉之以义，节之以礼，然后善善而恶恶，审罚而明赏，这样则小人绝其私佞，君子自强不息，无为之治，何远之有？否则，善善而不能用，恶恶而不能去，赏罚失当，则危亡可待，哪还谈得上永葆国祚！"

　　太宗览疏，嗟叹地说："若不遇公，何由得闻此语啊！"

　　（91）魏徵是力主以德、礼、诚、信四德治天下的大臣，也就是走"以德服人"的路子，不走"以力服人"的路线。基本上，唐太宗政权之所以建立，是以武力兵变作为基础的。因此，魏徵的意见，无异是要太宗扬弃以往的做法，作一个政策上的大转变。

　　贞观年间，太宗曾与长孙无忌提到这次转变的关键。他对无忌等回想当年，说："朕即位之初，有很多人上书提出意见，有些主张人君必须独裁，不得委任臣下；有些主张把全国的注意力引向边地；只有魏徵主张偃武兴文、布德施惠，待国家安定后，四夷自然顺服。朕当时采用魏徵的主张，作为政策，终于达至天下大宁、四夷来朝的盛局。这些都是魏徵之力啊！朕任用人才岂不是如愿以偿吗？"

"陛下天纵圣德，又留心政术，"魏徵在旁谦虚拜谢，"臣实庸碌凡才，承受陛下的领导还来不及，怎会有益于圣明哩！"

（92）贞观十七年（643），太宗又在讨论之中，向侍臣们说："古书说'去食存信'（宁愿不要食物也要信用），孔子也说：'人无信不立。'可见信之重要。从前项羽进入咸阳，已控制了天下，那时他若能力行仁信，谁能夺得了他的政权？"

房玄龄在旁答道："仁、义、礼、智、信谓之五常，废弃其中之一都是不可能的事，若能勤而行之，则甚有裨益。从前殷纣王狎侮五常，江山就被周武王夺走；项羽因为无信，遂为汉高祖所夺；他们的失败，确如圣旨之意。"

太宗一生重大特色之一就是有信用，也能相信别人。这种优点使"贞观之治"有两大特色：一是人才济济，而且各尽其才，发挥尽致；一是因为守信而引申为守法，使政府具有法治的趋向。

第六章　论美德（下）

一、论俭约

（93）贞观元年（627）某日，太宗与侍臣谈论，从营建宫室开始，谈到了社会风气，认为社会风气太过讲究排场和豪华，因而决定加以整顿。太宗的看法是这样的，他说：

"自古帝王凡是有所兴造，都必须以顺应民意为贵。从前大禹治水，动用了全国人力而人民没有埋怨，原因在大禹的计划是大家都希望做的，而他的工程伟构则是为大家所共同享有的。然而秦始皇营建宫室，则招致了很多人的批评反对，其原因在于始皇的工程不是公共的，也不是为公众利益而做；他的动机是满足个人的私欲，事情的成果也不是由人民所共享。

朕最近本来想建造一座宫殿，材木器具已经准备好，但是远想秦始皇之事，因此就不再建造了。古人有云：'不作无益害有益。''不见可欲，使民心不乱。'可知显露欲望则心必乱。至如雕镂器物、珠玉服玩等奢侈品，若让人们恣意地、骄奢地花用下去，则危亡之期可立待了。从今以后，自王公以下百官，他们的府第、车服、婚嫁、丧葬各依官阶而加以规定；身份不合，不应服用的，理应一切禁止。"

太宗因为这次谈话而作了这种决定，并且贯彻执行，由是贞观时代二十多年之间，风俗淳朴，衣无锦绣，财帛富饶，人民无饥寒之弊。

（94）关于建造宫室之事，太宗在贞观中期以后也不是不做的。不过他的兴建，主要动机不外是：第一，因长期患气疾病而要避暑，如建翠微宫于终南山；第二，兼为行幸巡视之用，如东都的飞山宫；第三，为太上皇休憩之用，如大明宫。而且，他所兴造的行宫规模不大，数目也少，所以即使有侍臣劝谏，终究不构成财经及人民的负担，这和秦始皇与隋炀帝是不同的。下面几段谈话，即可表明太宗对营建宫室的态度：

贞观二年（628）夏秋之间，公卿大臣奏请说："依照《礼记》的说法，季夏之月可以居住台榭，如今夏暑未退，秋霖方始，宫中低下潮湿，请建造一阁以作居住之用。"

"朕有气疾之病，岂适合居住于下湿之地？"太宗表明态度说，"但是如果批准你们的请求案，则实感靡费良多。从前汉文帝要建露台，得知建筑费用相当于十家的财产，因而疼惜地打消了原意。朕之德比不上文帝，但是所花费用却超过了他起露台，那岂是为民父母之道啊！"

公卿固请再三，太宗就是不肯，后来没有人再提这个建议。

贞观四年（630）某日，太宗与侍臣又谈起建造宫室的事情，魏徵给了他很深刻的印象。

太宗说："帝王的欲望之一在崇饰宫宇，游赏池台，这是帝王所欲而百姓所不欲的。帝王喜欢放纵逸乐，百姓则不希望劳碌疲弊。孔子说：'有一言，可以终身行之者，其恕乎。己所不欲，勿施于人。'劳碌疲敝的事情，诚不可加于百姓身上。朕为帝王，富有四海，每事由己，所以最好能够自我控制；如果百姓不欲，朕必须要能顺从他们的民意。"

"陛下本来就怜爱百姓，常常节己以顺民。"魏徵说，"臣闻'以欲从人者昌，以人乐己者亡'，隋炀帝的欲望永不满足，惟好奢侈，所司每有供奉或营造，小不如意，则加以严刑峻罚。上之所好，下必有甚焉，骄奢永无休止限制，就会导致灭亡；这不但是书本所写的东西，也是陛下所亲眼看见过的。正由于隋朝无道，所以上天才命令陛下取代他。陛下如果认为满足了，今日就不啻满足了；如果认为不满足，则万倍过此，也会感到不足。"

太宗听了这番伟论，不禁说："说得好极了，要不是公，朕怎能听到这种言论哩！"

贞观十五、十六年（641、642），太宗在大内颇有营作，帝相房玄龄和高士廉也不大知道建造些什么，曾以此询问过主管之一的窦德素。太宗认为大内事情不关宰相事，导致了魏徵的谏诤，令太宗深自惭愧。

某天，太宗向侍臣谈到了要兴建一座宫殿之事，但是不久即取消了原意。他向侍臣解释原因说：

"朕近读《刘聪传》，刘聪要为刘皇后建造皇仪殿，廷尉陈元达切谏反对。刘聪大怒，命斩之。刘皇后亲笔写了一封信，辞却刘聪的雅意，情甚恳切，令刘聪怒意消解，而且感到甚为惭愧。人之读书，目的是要增广闻见、修养自己罢了，朕读到这段历史事实，觉得可以作为自己深诫警惕之用。近来本想建造一座殿阁，且在蓝田县的采木工程已经完成，但远想刘聪之事，就决定将它停止了。"

（95）太宗三十八岁那年——贞观九年（635）——大唐太上皇李渊驾崩。太宗为人颇称孝顺，而且"玄武门兵变"事件多少使他内心有咎，所以下诏依照汉高祖的陵寝制度，极隆重地为父皇举行丧礼。幸得虞世南等人劝谏，才决定略为减省，不要太过奢华。

又过了两年，太宗行年已届四十岁，自忖人生已过其半，而且古代帝王惯例皆在生前预先建造陵寝，以免临事张皇；加上太宗也怕子孙在他死后，比照世俗的奢靡风气来为他铺张举丧，所以就有了预建山陵的念头。这年二月，他颁发了自己的"终制"（指示葬礼的诏令），大意是这样的：

"天地以生为大德，寿命以百为极限，所有人都是如此，不可以作分外企求。末世以来，人们多对生死拘忌畏惧，希求遐年永生，真是愚蔽极了！隋末海内分崩，豺狼肆暴，朕奋袂举义，又得股肱宣力，遂得以拯救生民于涂炭，使天下大定。朕的宿志，至此已经完成。但是，朕犹恐身死之日，子子孙孙习于流俗，劳民伤财地建筑陵寝，因此今天预先颁发此制。

朕决意由今天开始，慢慢修建朕的陵寝，不让政府和人民一下子负担沉重；而且一切建造，务从俭约，于九嵕山上凿一足可容棺的墓穴就够了。佐命功臣和懿亲密戚，与朕情深义重，何日可忘，他们如有薨亡，应在陵区内赐茔地一所，陪葬于陵墓附近。所司依此原则营建准备，以符合朕的意思。"

九嵕山在陕西省咸阳市礼泉县东北，因山有九峰非常峻耸而命名，太宗看中它孤耸回绕，遂产生终焉之思，选择它作为身后埋葬之地，他的陵寝称为"昭陵"。

太宗把他俭约的心意宣示了以后，不久即下诏批评世俗厚葬之风，颇有以身作则之意。这道诏令是这样说的：

　　"朕闻死的意思就是终，要人物返回大自然；葬的意思就是藏，要别人不得而见。上古葬礼淳朴，后世日益僭奢。批评僭奢风气的人不喜爱厚费而葬，推崇俭朴薄葬的人其实觉得无为才是最可贵，所以唐尧、秦穆公、孔子等圣君、明王、孝子等，都怀有无穷之虑，俭朴简单地举行葬礼。吴王阖闾、秦始皇帝等，皆以珠玉金银等陪葬，也就因为多藏珍宝而莫不被挖掘，速祸而招辱。发墓而焚，暴骸于野，朕想起以前经常发生的这种事情，岂不悲哉！由此观之，奢侈者可以为戒，节俭者可以为师了。

　　"朕居四海之尊，承百代之弊，未明思化，中夜战栗警惕。虽然送终大典国家具有明文规定，失礼之禁也在刑书上列有科条，但是功勋、亲戚之家，多习染世俗的风尚，侈靡而伤害风化，以厚葬作为奉终，以高坟作为孝行，遂使衣衾棺椁，极尽雕刻之华，灵车冥器，穷致金玉之饰，富者以僭越法度为尚，贫者则倾家荡产而犹感未佳。这些行为徒然有损于教义，而无益于泉壤里的死人。为害既深，应该痛惩而革新。

　　"从今以后，王公以下，至于庶民百姓，送葬有不依照法令规定而行事者，各级地方长官须明加检察，按照他们的情状科以罪罚；京官五品以上与及功勋、国戚之家若有违犯，亦得记录他们的情状，呈上奏闻。"

　　太宗之意，固在革新社会风气；但是古人很重视死后入土为安，而太宗希望坟墓简朴而没有珍宝，自己得以避免暴骸之祸外，还希望天下人民也得以避免此祸，可谓仁者之心了。

　　（96）本书尚记载了贞观一朝几则宰相大臣节约的事例：

　　岑文本文才姿仪俱美，唐初李靖经略江南时得之，后来又得李靖推荐，乃继颜师古出任为中书侍郎，专门处理机密要务。

岑文本自以出身书生，故待人谦虚，住宅也很简陋卑小，室无茵褥帷帐之饰。太宗认为他弘厚忠谨，亲而信之。贞观十八年（644），文本五十岁，太宗晋拜他为中书令正宰相。岑文本接受拜命后回家，贺客盈庭，但他却面有忧色。

他的母亲怪而问之。文本回答说：“我不是国家的功勋大臣，也不是圣上的故旧，滥荷宠荣，责重位高，所以忧惧！”

有人劝他在得令当道之时，经营一些私人产业。这种风气在王公贵戚之家是颇流行的。文本叹道：“我本南方一布衣（岑文本籍贯南阳），当年徒步入关，不过只是希望当得秘书郎或县令一小官罢了；如今毫无汗马之劳，徒以文墨致位宰相，这也到达顶点了！荷俸禄之重，戒慎已多，何得更谈产业呢？”建议者闻言，叹息而退。

拜相翌年，太宗委托他筹划亲征高句丽的大事。岑文本努力以赴，竟在东征中途因劳病逝。

戴胄贞正而有干局，行政能力极强，由大理少卿，历尚书右丞、左丞，进迁民部尚书。贞观四年（630），以本官参预朝政，成为宰相。七年（633）六月，戴胄逝世，太宗为之举哀，废朝三日。

太宗在他死后，知悉戴胄生前俭约，居宅又破又陋，竟然连祭祖的地方也没有，不禁大为感动，特令有关机关为他建造一所庙宇。

温彦博一门俊杰，位居显要。彦博曾以参谋长身份出征突厥，兵败被俘，坚不向突厥吐露国家机密，因而被囚于阴山苦寒之地。太宗即位，因两国修好，才为太宗征召回国，突厥只得放人。贞观十年（636），迁拜尚书右仆射，翌年六月却以六十四岁的高龄逝世了。

彦博做官谨慎努力，很少和宾客交往，太宗得悉死讯，顾谓侍臣说："彦博因为忧虑国政以致劳精竭神，我见他精力不行已经两年了，恨不得早点让他闲逸休息！"又得悉彦博竟然死后萧条，贫得连正寝也没有，逝世之日亦只殡于旁室，于是命令有关机关立刻为他建造正堂，并厚加赙赠。

（97）太宗即位后，在贞观十一年（637）首次驾临洛阳。该年夏天七月，洛阳水灾，太宗下诏请百官各上密封，极言他的过失。于是百官纷纷上疏，其中侍御史马周之疏，议论纵横，批评直切，他说：

"臣历观前代，自夏、殷、周，以至于汉，传祚多者八百余年，少者也有四五百年，主因都是积德累业，恩结于民心。他们之中岂无坏的帝王，只因赖以前的哲王而避免了亡国之祸罢了。自从魏、晋以还，降及（北）周、隋，年祚多者不过五六十年，少者才二三十年就亡了。良由创业之君不务推广恩化，当时仅能自守，以后无遗泽可思，故继任之主政教稍衰，一夫出而大呼，天下即刻土崩瓦解了。如今陛下虽以大功平定天下，然而积德日浅，故当崇扬禹、汤、文、武之道，广施教化，使恩有余泽，为子孙尊定万世之基。岂能耽于但令政教无失、以保持当年水平而已！

"自古以来，明王圣主虽因人设教，宽猛随时而改，然而大要以'节俭于身'和'恩加于人'二者为原则，努力以赴。因此之故，臣民爱之如父母，仰之如日月，敬之如神明，畏之如雷霆。这就是国祚遐长而祸乱不作的原因了。

"如今百姓承丧乱之后，人口比隋朝盛时仅得十分之一，但是官方徭役道路相继。陛下虽每有恩诏命令减省，但是有关机关的工作计划不废除，就自然必需那么多人来义务工作，变得徒行文书，而役使如故。臣多次访问百姓，最近四五年来，人民颇有嗟怨，以为陛下不存养他们。从前唐尧住在茅茨土阶之屋，夏禹则恶衣菲食，这种事情臣知不再可行于今日。不过，汉文帝惜百金而罢露台的修建，将书囊集在一起缝作殿帷，连最爱的夫人也是穿着衣不曳地的衣服；至于景帝，更以锦绣妨害女工，特诏废除这种制作。连续两任皇帝皆是如此节俭，所以百姓得到了安乐。到了武帝，虽然穷奢极侈，然而承受了义、景二帝的遗德，因此人心也不动摇。若使汉高祖之后就有汉武帝，天下必不能保全。这是近代的事实，事迹尚可知道。

"现今京师和益州各处都制造供奉器物，及诸王、王妃、公主的服饰，舆论都不以为是节俭。陛下少处民间，知道百姓辛苦，前朝成败也目所亲见，犹且如此，至于皇太子生长深宫，不更外事，千秋万岁之后，即为圣虑当忧之时。臣研究古代成败之事，但有人民怨叛、聚为盗贼的事发生，其国无不立即灭亡，到时人主虽想悔改，未有能够重获安全的。凡修政教，当修于可修之时，否则事变一起，虽后悔也无益处了。所以，人主每见前代之亡，则知前代丧乱的原因，而不知自身已有过失；因此殷纣王笑夏桀之亡，而周幽王、周厉王也笑殷纣王之亡，隋炀帝又笑（北）周、（北）齐的失国。然而如今之视隋炀帝，亦犹炀帝之视周、齐啊！所以京房（汉代大学者）告诉汉元帝说：'臣恐后之视今，亦犹今之视古。'此言不可不戒啊！

"以往贞观初年，全国艰苦，一匹绢才换得一斗粟，然而天下却怡然安宁，这是因为百姓知道陛下非常忧怜他们，因此人人自安，曾无谤怨。自今五六年来，频年丰稔，一匹绢可得十余石粟，然而百姓都以为陛下不再忧怜他们，所以咸有怨言。

"又当今所经营的颇为不急之务。自古以来，国之兴亡，关键不在财经发展得怎样，唯在百姓生活的苦乐。例如隋朝建洛口仓（在今河南省郑州市巩义河洛镇七里铺村以东的黄土岭，周回二十余里，共有三千个窖，每窖可储存八千石米），大量储存粮食，结果李密因之而起事。东京（洛阳）储积了大量的布帛，王世充据之以作为夺权叛乱的本钱。西京（长安）国库里亦储有大量物资，结果成为国家（指唐朝）开国征战的经费，到现在还未用完。这样看来，财经的成就正是隋朝灭亡的原因，因为向使洛口、东京都无物资，则李密、世充就未必能聚集大众而起事。财政储积固为国家的常事，但要在人民有余力的前提之下才可为之；如果人民劳苦所得而政府强加征敛，最后不过用以资寇罢了，毫无利益可言。

"贞观之初，陛下已做到俭以息人，所以当今再度推行也不该有所困难。只要陛下一日为之，则天下普知而载歌载舞了。倘若人民已经辛劳，而陛下犹且征用不息，一旦国家蒙受水、旱之灾，边疆有风尘之警，狂狡之徒乘机起事，则国家将有不可预测的危机，非仅害到圣上旰食晏寝而已！以陛下的圣明，若真要励精图治，其实不必远求上古的方法，只要恢复贞观之初的形态，则天下幸甚！"

太宗览疏，大为感叹，说："近来命令制造一些细小的随身器物，不料百姓遂有嗟怨，这就是朕的过失啊！"因而勒令停止制造。

二、论谦让

（98）太宗个性本来刚烈，常得理不饶人，自从当了皇帝，决心励精图治，要当一名圣君。志气既在于此，首先他就必须修养自己的个性，必须谦虚为怀。贞观二年（628）二月某天，他向侍臣们说：

"人家说，做天子就可以树立权威，自我尊崇，而无所畏惧；朕则以为作为天子，正该自守谦恭，常怀畏惧。从前大舜教训大禹说：'只要你不矜不伐，则天下莫能与你争能争功。'《易经》也说：'人道恶盈而好谦。'凡为天子的人，如果惟自尊崇、不守谦恭，则自身倘有不是，谁肯犯颜谏诤？

朕每思出一言、行一事，必定上畏皇天，下惧群臣。皇天虽高高在上，但是天听自我民听；下民的意旨可以上达于天，何得不畏？群公卿士皆见瞻仰，一言一行他们都知道，何得不惧？以此思之，但知常谦、常惧，犹恐不能称合天心和民意啊！"

"古人有云：'靡不有初，鲜克有终。'"魏徵顺着太宗的意思勉励说，"愿陛下守着这常谦常惧之道，日慎一日，则宗庙和社稷可以永固，而无倾覆败亡的危险了。尧、舜所以太平，实在是因为运用了这种方法。"

（99）贞观三年（629）十二月，太宗有一个问题请教于大经学家孔颖达，颖达当时在门下省任给事中。太宗问："《论语》说：'以能问于不能，以多问于寡；有若无，实若虚。'这是什么意思？"

孔颖达回答："圣人设教，欲人谦光，虽有才能也不要自我矜大，仍然要就教于没有才能的人，以求访能事；自己才艺虽多，犹嫌以为少，仍然就教于才艺寡少的人，以更求有益的东西；自己虽有其状却如没有一样，自己虽然充实却如空虚一般，这种态度不但是普通人该如此，即使是帝王也该当如此。

标准的帝王，应该内蕴神明，而外表则必须玄默，使人深不可知，因此《易经》说：'以蒙养正，以明夷莅众。'（蒙是微昧暗弱的意思；明夷则是暗主在上，明臣不敢显其明智的卦象。）如果人君位居尊极，而又炫耀聪明，以才凌人，饰非拒谏，这样则上下之情有阻隔，乖违了君臣之道。自古灭亡，莫不由此。"

太宗听了，接着说："《易经》说'劳谦君子有终吉'，诚如卿的说法！"诏令赐颖达二百匹绢帛。

（100）太宗的陇西李氏宗族里面，有两个文才武功都很出色的堂兄弟——李孝恭和李道宗。

李孝恭是太宗的堂兄，大太宗七岁。他在开国初期，即奉命经略长江流域以南的半壁江山，得名将李靖之助，经略事业一帆风顺，累封为赵郡王，拜任东南道行台尚书左仆射，先后讨平了长江中、下游及五岭南北各武装集团，统摄战胜区内军政大权，威名甚著。太宗即位以后，任命他为礼部尚书，后来一度授他世袭刺史。

孝恭个性虽然奢豪，但也是宽恕退让，毫无骄矜自伐之色的人。太宗待他极为亲重，宗族中无人能比。

道宗是太宗的堂弟，十七岁即追随太宗麾下从军作战，极为英勇，中年以后被太宗许为当世三大名将之一。道宗以将略驰名，晚年兼且好学，敬慕贤士，动修礼让，不以地位权势欺凌他人。太宗待他也和孝恭一般。

三、仁恻之心

（101）唐初因袭隋朝旧制度，内宫除皇后一人之外，另有妃嫔百余人，各有品秩等级，称为内职；此外尚有一群数目庞大、员额不定的服务女性，称为宫人或宫女。

唐高祖即位后，曾放出了许多宫女。李世民发动玄武门兵变即位后九天，下诏说："王者的内职原有一定的法度，隋末奢淫，搜求无度，朕顾省宫廷，人数实多。她们深闭宫中，久离亲族，实可怜悯！今宜减省人数，让她们出宫各从婚聘。"于是放出了一批宫女。

两年之后——贞观二年（628）的春天，关中很少下雨，形成旱灾。三月，中书舍人李百药上封事说："陛下即位以来力行善政，但是阴气郁积，亦恐是旱灾的咎征。往年虽然放出一批宫人，但未为尽善，听说宫中无用宫人，动有数万；她们固然花用了许多经费，而且幽闭之冤，亦足以感动和气。最近亢阳为害，或许也由于此因。"

到了七月三日，唐太宗才对此有所反应，指示侍臣说："妇人幽闭深宫，情实可悯。隋末求采不已，至于离宫别馆，连皇帝也不去的地方，都收聚了不少宫人。这些都是竭人财力之举，朕不会效法遵行。如今计划放出宫人，任由她们在外求取伉俪，不单为了节省费用和平息她们的幽怨，也是为了让她们各自追求幸福，各得遂其情性。"于是命令左丞戴胄、给事中杜正伦等人，在掖庭宫西门简选宫人放出回家。前后两次简放，人数多达三千余人。

（102）贞观二年（628）春天这次旱灾，造成了大饥荒，有人卖子以接济生活。太宗了解情况以后，告诉侍臣说："水、旱失调，皆为人君失礼所招致。朕不修德，上天该当责备朕躬，百姓何罪而多遭困穷？！听说有人沦至贩卖儿女，朕内心非常怜悯。"于是命令宰臣杜淹巡视灾区，并且拿出御府的金宝，为贩卖者赎回儿女，让他们重回父母怀抱，重享天伦之乐。

第二天，太宗颁发"罪己诏"（皇帝自我怪罪的诏书），大意说天灾降祸应只对他一人才是，若使年谷丰稔，天下乂安，即使移灾朕身也在所心甘情愿，绝不吝惜己身云云。诏书颁发未久，即所在有雨，人民大悦。

（103）张公谨是玄武门兵变最得力助手之一，后来又与李靖平定了东突厥，因而升迁至襄州（治今湖北襄阳）都督，封为邹国公。贞观六年（632）四月辛卯日，竟以三十九岁英年病逝于任所。太宗闻奏，嗟悼不已。

第二天即为壬辰日，太宗为他举哀。有关官员奏说："依照阴阳之书所说，日在辰则不可哭，这是流俗所忌讳的事情。"当时社会确实有此迷信，连父母重哀，至辰日（十二支的第五序日）也不哭，他们认为这是重丧。有些达识的官员，也曾为此上表批评过这种迷信。

太宗闻奏，乃说："君臣之义与父子相同，情发于中，怎

能避开辰日！"于是不理忌讳，为公谨哭丧，并追赠他的官职。（太宗改革此风俗又参第一三六条）

（104）亲征高句丽之役计划了一段不算短的时间，贞观十八年（644）十月十四日，太宗大驾从京师出发，翌月抵达洛阳。在洛阳过了年，十九年（645）二月十二日，大驾又启程去定州（治今河北定州），三月即进抵定州，驻扎了半个月。这期间，有些兵士陆续来到结集，太宗曾亲至州城北门楼巡视抚慰。其中有一名士兵因病不能行，太宗将他召到床前，慰问他的疾苦，仍命令地方医疗机构尽心治疗他。将士闻讯，莫不感动，欣然甘愿从征。有些原本就不在出征名单内、自愿私装从军的义勇军，更是尽力争取机会。

同年秋天，由于安市之役牵制了唐军主力的推展，基于战略的构想，太宗只得下令班师（安市之战可参第七十七条）。十月十一日，大驾回抵营州，太宗下诏汇集辽东阵亡将士骸骨于柳城东南，设太牢致祭，祭文是亲自所作，并驾临祭祀场所哭之尽哀，在场军人亦莫不洒泪。士兵们后来解散回家，将此情形告诉父老，阵亡将士的父母都说："吾儿之丧有天子临哭，死无所恨！"

李思摩原为东突厥王族，后来太宗让东突厥复国，即任命他为复国的元首，称为"乙弥泥孰俟利苾可汗"。贞观十八年（644）因不善于领导统御，导致众叛亲离，而又受到漠北的薛延陀攻击之威胁，于是再度入唐请求收留庇护。在这一战役中，他也以右卫大将军身份从征。

十九年（645）五月，思摩所部随太宗进军至白岩城（在今辽阳城东），在战斗间身中弩矢。太宗见状，亲自为他吮血，将士莫不感动愤发，争先奋击，大败高句丽援军。翌月，白岩城上即竖起大唐旗帜，请求投降。

征高句丽之役，交战双方都有不少可歌可泣之事发生，这几段记载仅是其中小部分罢了。

四、论慎所好

（105）太宗资兼文武，是一个理想和现实并重的人，对于文弱清谈的风气有点瞧不起。他认为上之所好，下必有甚焉，所以多次谈到人之所好必须慎重此一问题。贞观二年（628）六月，他就与侍臣以南朝的梁朝为例，作为批评的对象，他说：

"古人说：'君犹器也，人犹水也。'形状是方是圆在于器皿本身，而不在于水。器是方，则水倒进去也是方形；器是圆，则水也呈圆形。所以，尧、舜率天下以仁，则人民也追随他们以仁；桀、纣率天下以暴，而人民也追随以暴。在下位的行为，皆追随模仿在上位者的爱好。

至如梁武帝父子，志尚浮华，唯好佛教和道教。武帝晚年频幸同泰寺亲讲佛经，百官皆大冠高履，乘车扈从，君臣终日谈论苦啊空啊的，未尝以军国典章为意。及至侯景举兵叛变，百官大多连骑马逃命也不会，竟至狼狈步行，死者相继于道路，武帝和他的继承人简文帝，终也为侯景幽禁逼害而死。孝元帝（武帝第七子，简文帝之弟，起兵讨侯景而即位）移都江陵（今湖北江陵），为北魏南侵大军所包围，竟然犹讲《老子》不辍，百官皆穿上军服来听演讲；不久城陷，君臣俱成阶下囚。大文豪庾信也对这种反常现象大

加嗟叹，后来作《哀江南赋》，即严加批评说：'宰衡以干戈为儿戏，缙绅以清谈为庙略！'

像这类事情，即足以作为我们的鉴戒。朕如今所好者，唯在尧、舜之道和周、孔之教，就像如鸟有翼、如鱼依水一般，认为失之必死，不可暂无。"

（106）同年，他又和侍臣谈及神仙之事，说：

"神仙的事情本是虚妄，空有其名。秦始皇过分爱好，被方士所诈，派遣童男、童女数千人，随着他入海求神仙。方士逃避秦朝的苛政，因而留在海中不再归航，可笑始皇还在海边踟蹰以待，最后才失望而回，还至沙丘而死。

汉武帝也好此道，为了求神仙，居然将女儿嫁给了方士（指方士栾大），及至事情不成功，便将他诛杀了。

根据这两件历史事实，即可知神仙是不烦妄求的了。"

秦皇、汉武喜爱神仙方术，民间风起云从，终于造出了劳民伤财的大笑话。太宗引二人为例，目的在表明在上位者应该慎其所好。

（107）贞观四年（630），太宗和侍臣谈起隋炀帝，就以他的好猜疑和防范别人的事作为话题。

太宗问萧璟："卿在隋世常能看到皇后吗？"萧璟是萧后的兄弟，宰相萧瑀之兄，故太宗有此一问。

"他自家儿女且不得见到皇后，臣是何人，有幸能见到皇后！"璟答道。

"臣听说炀帝不信他的儿子齐王，常派中使去侦查他。"魏徵在旁也说，"炀帝听说齐王宴饮，就会问'他做了什么好事而值得这样子宴乐'；听说他忧愁，则会说'他有别的念头才会这样子担忧'。父子之间犹且如此，何况他人哩！"

太宗听他们各自提出见闻，接着自己也说：

"隋炀帝性好猜防，专信邪道，这是他最大的缺点。他大忌胡人，乃至把胡床说成交床，胡瓜说成黄瓜，重建长城以防避胡人，结果到头来却被胡人宇文化及命令令狐行达将他杀了。

他又迷信方士之言，以为'当有李氏为天子'，于是把将军李浑给杀了，而且波及朝廷姓氏为李的臣僚，姓李的几乎都被杀光，到头来又有何益？

朕意是君临天下的人，唯须正身修德罢了，此外虚事，都不足以介怀。"

（108）贞观七年（633），工部尚书段纶奏请征召一个技术优异的工匠杨思齐。思齐应召而至，太宗命令立刻试验他的巧技。段纶指示思齐先制造一些傀儡戏具给皇帝看，思齐遵命完成。

儒家的教训是重农而轻工的，尤其反对奇技淫巧的新奇设计。太宗看了，责备段纶说："征召巧匠原是为了给国家工作，卿命令他先制造这种东西，岂符百工相戒不要制造奇巧东西的信条呢？"因而下令削段纶官阶以为惩罚，并禁止再表演此戏。

五、论语言须慎重

（109）传说古代史官制度分为左史和右史。左史记载人君的言论，右史记载人君的行为，所以君主不敢随便戏言。贞观二年

（628），太宗向侍臣说："朕每日坐朝，想说出一言，立即就想到这一句话对百姓是否有利益，所以不敢多言。"

当时杜正伦任给事中兼知起居事。古代皇帝的日记称为起居注，唐制"知起居事"就是史官，为皇帝日记的主笔人，与古代的左史、右史性质相同。（又参第一一六、一三三条）因此杜正伦进言说：

"古代人君的行动必定被记载下来，他们的言论记录则存于左史那里，臣的官职兼修撰起居注，所以不敢不尽愚直奉告于陛下—— 如果陛下有一言违背道理，则千载以下还会成为圣德的负累，不仅损害百姓于当今而已。愿陛下慎重！"

太宗大悦，赐彩绢百匹给他。

（110）贞观八年（634）某天，太宗又和魏徵谈起戏言的问题。

"言语这种东西，是君子表达意思的枢纽，谈何容易！"太宗感慨道，"普通人众，如果一言不善，则会被别人记住了，成为他终生的耻累，何况万乘之主，更加不可出言有所乖离错失，否则亏损德行至大，岂与匹夫相同！我常以此为戒，不敢忽怠。记得隋炀帝初到甘泉宫（在陕西淳化西北甘泉山上）时，对宫中的溪泉奇石都很满意，然而却怪没有萤火，遂随口说：'捉取一些到宫中照夜也蛮好的啊！'负责官员马上遵照指示，派出数千人各处去捕捉萤火虫，送了五百车到宫侧来。小事尚且如此，何况大事哩！"

魏徵应声说："人君位居至尊，若有亏失，古人比喻为日月之蚀，人人都可看得见，所以陛下应该要戒慎啊！"

（111）太宗即位早期，努力克制自己，虚心纳谏。中年以后，自制力已不如前，往往与发言者往返辩驳，诘难再三，为此曾被一些敢言的臣子当面批评过。贞观十六年（642）四月，散骑常侍刘洎看太宗与公卿论道，也常是反复诘难，忍不住上书谏道：

"帝王之与凡庶、圣哲之与庸愚，上下悬绝，不能比拟，故知以至愚而对至圣、以极卑而对极尊，徒思自强也是不可得的。陛下降恩旨，假慈颜，静亿以听其言，虚襟以纳其说，犹恐臣下未敢回答或发言，何况动神机，纵天辩，饰辞以折其理，援古以排其议，陛下将要他们怎样应答？！

臣闻皇天以无言为贵，圣人以不言为德，老子称大辩若讷，庄生称至道无文，这些都是教人不要劳烦。而且记得多则损害心，说得多则损害气，心气内损而形神外劳，以后必定成为负累。陛下须为国家自爱，怎能为了个性所好而自我斫伤哩！

窃以为今日升平，皆是陛下力行所完成，若要保持长久，却不是博辩所可做到的；但当忘记爱憎，谨慎取舍，每事须秉持敦朴和至公的原则才能完成，心态如能像贞观之初那样则可以了。至于秦始皇强辩，就是因为他的自矜而失掉民心；魏文帝宏才，也因为他喜欢虚说而有损众望。像这些帝王都因为有才辩而造成负累，是皎然可知的。伏愿陛下省略雄辩，养浩然之气，以读书为乐而调怡性情，则天下幸甚，皇恩斯毕！"

太宗阅完谏书，亲作手诏解释说："非虑无以临下，非言无以述虑；近有谈论，遂至烦多，轻物骄人，恐由此道；形神心气，非此为劳。今闻谠言，虚怀以改！"这道手诏，太宗是用他最擅长的飞白书写成的。

六、论杜绝谗邪

（112）贞观初年，太宗某次与侍臣谈到研究历史的心得，说："朕观前代史迹，知道谗邪之徒，皆为国之蟊贼。他们或者巧言令色，或者朋党比周，那些暗主庸君莫不因之迷惑，而忠臣孝子则莫不因此泣血衔冤。所以，丛兰欲茂而被秋风吹坏，王者欲明而为谗人蒙蔽，这类事实写在史籍之上，多得不可一一列举。"

"就拿（北）齐、隋之间，朕亲眼所见、亲耳所闻的谗谮事例来说，略和公等谈谈吧！"太宗要举出事实来，作为推论：

"斛律明月是齐朝的良将，威震敌国，（北）周朝怕他怕得每年都要砍破汾河之冰，以防备他率兵西渡。及至明月被祖孝征谗构伏诛，周人才开始有吞齐的意图。

"高颎有经国大才，帮助隋文帝完成霸业，主国政二十多年，天下赖以安宁。文帝竟然唯妇言是听，因独孤皇后的说话而摈斥了他；后来他被炀帝所杀，隋朝刑政就由此衰败了。

"又如隋朝太子杨勇，抚军监国凡二十年，名分早已固定好了。杨素欺君罔上，贼害良善，使文帝与太子互相猜疑，父子之道一朝而灭。逆乱之源，从此开了。隋文帝既然混淆嫡庶，不料竟然祸及其身，社稷寻亦覆败。

"古人有云：'世乱则谗胜。'诚非妄言！朕常防微杜渐，杜绝谗构之端，然而犹恐心力有所不至，或者不能觉悟。以前的史书说：'猛虎处于山林，则藜藿（lí huò）因此无人敢来采摘；直臣立于朝廷，则奸邪的阴谋就会平息。'这实在是朕所望于群公的境界啊！"

"《礼》云：'戒慎乎其所不睹，恐惧乎其所不闻。'《诗》云：'恺悌（乐易之貌）君子，无信谗言；谗言罔极，交乱四国。'孔子也说：'恶利口之覆邦家。'这些话就是为此而发的啊！"魏徵勉励太宗说，"臣曾观察自古以来有国有家的人，如果曲受谗谮，妄害忠良，则必然导致败亡。愿陛下深慎之！"

（113）贞观十二年（638），太宗由洛阳西还，途中行幸蒲州，刺史赵无楷征集当地父老，穿着黄纱单衣，迎谒于道左。为了恭迎天子降临，元楷曾经预先大事整修装饰，又暗中养羊百余只、鱼数千条，准备让随驾贵戚们大享一顿。

太宗知道了这种情况，召见元楷，责备他说："朕巡视河、洛一带，经历了几个州，凡有所需要，都由官府供给。卿私下饲羊养鱼，雕饰院宇，这是亡隋的弊俗，当今不可再有这种现象！卿该体会朕的心意，切实将旧日心态改过来才好！"

太宗原来为了赵元楷在隋朝时有邪佞的行为，所以才发言警戒他。不料元楷又惭又惧，几天也吃不下饭，因而死去了。

（114）太宗曾经举周成王和秦二世为例，表明上智之人自无所染，但中智之人则因教育和环境的差异，接受了不同的熏染和陶冶，所以决意要为太子、诸王精选师傅。（参第五十四条）

贞观十年（636），太宗三十九岁，某日他又举了相同的事例，提出相同的意见。但是这次他不区分什么上智或者中智，在说完成王和二世的事情后，却下结论和另提疑义道："……以此而言，人之善恶诚由近习。奇怪的是，朕弱冠交游的好友只有柴绍、窦诞等人，以他们的为人算起来也不是三种益友（指友直、友谅、友多闻）；但是及至朕居此宝位，经理天下，虽然比不上尧、舜之明，然而再怎样讲也不会像孙皓（吴末主）、高纬（北齐后主）那么昏暴呀！以此而言，人的善恶似乎又非由后天的熏染来决定的了，这究竟该怎样解释呢？"

魏徵答道："中智之人可与为善，也可与为恶；不过，上智之人自然是不受熏染的。陛下受命自天，平定寇乱，救万民之命，治致升平，岂是那些纨绔子弟和放诞之徒所能拖累熏染的？！但是《论语》说：'放郑声（指淫靡之音），远佞人。'陛下对近习之间，特别应该加深戒慎才好。"

"好！"太宗赞同地说。

（115）贞观初期，太宗对房玄龄、杜如晦说："朕听说自古上合天心，以致太平的帝王，皆得助于股肱之力。朕近来所以开直言之路，是为了希望因而知道冤屈之事和听到谏诤之言，但是所有呈上密封给我的人，多是告讦百官之事，琐细而无从采访证实。

"朕曾经评鉴前代的帝王，但有君怀疑于臣的事情发生，则下情不能上达，如此而欲求臣下尽忠极虑，何可得哉！然而无识之人务行谗毁，离间君臣，殊非有益于国。自今以后，有上书告讦别人小恶者，当以'谗人之罪'罪之。"

这期间，右仆射杜如晦曾上奏说："监察御史陈师合奏上《拔士论》，主张才学兼人之人的思虑也有所限，一人不可身兼数职。他的用意其实在批评臣等。"如晦曾以兵部尚书、检校侍中、摄吏部尚书、总监东宫兵马事的官职升迁为右仆射，但仍然掌理全国铨叙的政务，所以说陈师合影射他们。

戴胄当时为尚书左丞兼谏议大夫，太宗对他说："朕以至公治天下，如今任用玄龄和如晦，绝非因为他们是我的功臣或旧人，而是因为他们有才干和德行的缘故啊！这人妄事诽谤，只想离间我君臣关系。从前蜀后主昏弱，（北）齐文宣帝狂悖，然而国家却称治安，原因在他们任用了诸葛亮和杨遵彦而不加以猜忌之故。朕如今任用如晦等人，不过是采用同一种方法罢了。"于是下诏流放陈师合于岭南。

大约与陈师合事件略同时，有人告新任秘书监魏徵谋反。

太宗自信地说："魏徵从前是我的仇敌，只因他忠于所事，所以拔而用之，何乃妄生逸构？！"

竟然连魏徵也不查问一下，太宗立刻下诏斩了告发者。

（116）贞观十六年（642），太宗问于谏议大夫褚遂良，他当时兼知起居注："卿负责起居注，最近记了我哪些善事，哪些恶事？"

"史官设立的目的，是人君凡有言行举动必定要记载下来，所以善既必书，过亦无隐。"遂良答。

"朕如今努力实行三件事情，希望史官也不要写我的过恶。"太宗主动提出，"第一件是利用前代成败之事作为借鉴。第二件是进用善人，共同完成良好的政治。第三件是斥弃小人，不听他们的谗言。这三件事我能把持得住，怎样也不会改变的！"（起居注可参第一〇九、一三三条）

七、悔过之言

（117）贞观二年（628），太宗才三十一岁，不知为了何事，向房玄龄忏悔说：

"做人大须学问！朕以往为了平定群凶，东征西讨，躬亲主持军事，没有空暇读书。近来四海安静，身处殿堂之上，虽然不能自执书卷阅览，却也使人读而听之。君臣、父子、政教的道理，全都包含在书内了，古人说'不学墙面，莅事惟烦'，不是徒言的。回忆少年时代的行事，大觉其非！"

（118）贞观十六年（642），由于太子李承乾多为不法，而魏王李泰则为兄弟中最以才能称著，故为太宗所特别重视，特诏他移居于武德殿。

魏徵闻讯，上疏谏道："魏王虽是陛下爱子，但必须使他知道名分已定。陛下若想长保他的安全，则每事应该抑制他的骄奢，不让他处于嫌疑之地。现在命令他移居武德殿，使他住在东宫的西边，那是海陵王（指李元吉，当年与太子建成同时被兵变所杀的太宗四弟）从前居住的地方。海陵王当年迁入居住时，人们就以为不可以，现今虽已时移事异，但是犹难保别人不多所闲言闲语，到时候连魏王本人的心情恐怕也不会宁静平息。与其届时让魏王以承宠为惧，伏愿陛下不如现在就成人之美。"

太宗览疏，为之惊悟说："我几乎没想到，真是很大的错误！"遂命令李泰回归魏王府居住。

当时太子和魏王竞争继承权，几乎接近了白热化，太宗惊悟即在于此。同年六月，太宗颁诏恢复他大哥和四弟的身份——追复建成为皇太子，追封元吉为巢王——也是对此事有所觉悟和反省的缘故。

（119）贞观十七年（643）的某天，太宗读到汉末名人徐干所著的《中论》。徐干在书中主张恢复三年之丧。帝王不实行为父母守丧三年，始于西汉文帝，至唐太宗时已经八百年，惯例是以日代月，仅守丧三十六天；太宗守太上皇之丧也是如此。

第二天，太宗咎悔自责地向侍臣们说："人情之至痛莫过于丧亲，所以孔子说：'三年之丧，天下之通丧，自天子达于庶民也。'又说：'何必高宗（指殷高宗武丁），古之人皆然。'近代帝王遂行丧礼不及三年，其实汉文帝的以日易月制度甚违背礼典。朕昨天读徐干《中论》，他主张复行三年之丧，义理甚深，恨不早见此书！对照之下，自己往年所为太过疏忽简略，现在除了但知自咎自责之外，又追悔何可及呢！"说着说着，太宗因而悲泣起来。

八、论贪鄙

（120）贞观初，太宗与侍臣谈及"杀头之事有人做"的贪污问题。他说："人有明珠，莫不贵之重之，假如拿来当弹丸以弹雀，岂非很可惜吗？何况人之性命，远较明珠为贵重，如果看见金钱财物就连刑网也不恐惧，立即收受，这简直是不惜性命的行为。明珠是身外之物，犹且爱惜而不用它做弹丸，何况性命之贵重，居然不加珍惜而用它来赌博财物吗？！

"群臣若能备尽忠直，益国利民，则官爵立刻可以得到。若不能顺着此途径以追求荣华，便妄受他人财物，一旦赃贿既露，其身亦殒，实为可笑。帝王也是如此。恣情放逸，劳役无度，信任群小，疏远忠良，四者只要有其一，则国家岂能不灭亡？隋炀帝奢侈而自以为是，到头来身死匹夫之手，这也是可笑的事。"

（121）有些人不了解真正的爱财应该是怎么样的，贞观二年（628）某天，太宗开解侍臣们说：

"贪赃的官员最不懂爱财。例如五品以上官员待遇优厚，一年所得累积起来自然就多；如果受人财贿，数目不过数万，一旦泄露，则待遇非削即夺，前途也没有了。这岂是懂得如何爱财的人呢，只看到小得而丧失了大利！

"从前，鲁相公仪休嗜好吃鱼，而不接受别人送给他的鱼，结果则长期有鱼吃。身为人主而贪，则必丧其国；身为人臣而贪，则必亡其身。《诗》云：'大风有隧，贪人败类。'此言实非谬言啊。以前秦惠公想要伐蜀，却不知道进军的路线该如何走，于是命人刻石牛五头，各在其后面置放金块。蜀人以为这是拉金粪的牛，蜀王赶紧派五丁力士拖牛入川。秦军随着拖牛的蜀道推进，蜀国因而灭亡了。又如汉朝的大司农田延年，因为收贿三千万的事情东窗事发，只得自刎而死。如此之流，何可胜记！朕今以蜀王作为镜鉴，卿等亦须以延年当作覆辙才好！"

（122）贞观四年（630），太宗某日和侍臣由贪赃而谈到犯罪心理的反应，觉得很划不来。太宗这样说：

"朕终日孜孜不倦，不但为了忧怜百姓，其实也为了要使卿等长守富贵。天非不高，地非不厚，朕常兢兢业业以畏天地；卿等若能小心奉法，常像朕畏天地一样，则非但百姓安宁，自己也常得欢乐。

"古人说：'贤者多财损其志，愚者多财生其过。'这话说得极好，可以作为深诫。如果徇私贪浊，不仅败坏了公法，也损害了百姓。纵然事情尚未败露，但是此期间的心情，岂不常常陷于恐惧？恐惧既多，精神压力则愈大，也有人承受不了因而致死的。大丈夫岂得苟贪财物，以害及自己的身心性命，而且又使子孙每怀愧耻呢！卿等应该深思此言。"

（123）贞观六年（632）三月，太宗一行到九成宫避暑，直至十月才还京师。某天，右卫将军陈万福从九成宫赴京公干，中途住在驿站休息，并违法取去驿家麦麸数石。事为太宗所悉，乃诏令赐麦麸给陈万福，而且命令他亲自背负回去，以此来羞辱他。

（124）权万纪自从被魏徵在太宗面前批评了一顿，因而调官后（参第二十九条），过了一段时间，太宗仍然以为他忠直，将他调回治书侍御史原官。

贞观十年（636），万纪上书说："宣、饶二州（宣州治今安徽宣城，饶州治今江西鄱阳）各山大量发现银矿，开采极有利益，每年可增加收入数百万贯（每贯一千文）。"

太宗看了他的建议，召见他说："朕贵为天子，不缺少这种东西，只需采纳嘉言，推行善事，做有益于百姓的事情。而且，国家得数百万贯钱，何如得到一位有才干德行之人！朕不见卿推贤进善，又不见卿按举不法、震肃权豪，惟道税鬻银坑以为利益。从前尧、舜抵璧于山林，投珠于渊谷，因而获得崇名美号，见称于千载。后汉桓、灵二帝好利贱义，为近代庸暗之主，卿难道想将我比作桓、灵不成？！"即日敕令将他黜放还家。

（125）贞观十六年（642），太宗提示侍臣注意，说："古人说：'鸟栖于树林，犹恐树木不高，所以结巢于树的最高端。鱼藏于水中，犹恐河水不深，所以在河床窟下穴居。'然而它们都被人类捉到，原因皆在贪吃饵食。

"如今人臣受任为官，居高位，食厚禄，就该当行为忠正，遵守公清的原则，这样则无灾无害、长保富贵了。占人说：'祸福无门，惟人所召。'然则陷身法网者，都是为了贪财二字罢了，这和鱼、鸟有何差异呢？卿等宜思此语，以当作鉴戒。"

第七章　崇扬学术

一、崇扬儒学

（126）武德九年（626）九月，太宗即位才一个月，为了大阐文教，于正殿——太极殿之左，门下省东面，设置了一个机关，称为弘文馆，里面藏书二十余万卷，又精选天下文儒之士虞世南等人，各以本官兼学士，供给五品官吃用的伙食，轮日入内值班。太宗听朝之余，则引导他们进入内殿，或讨论书籍文义，或商量政事，有时至夜分才散。后来又诏选担任三品官以上的功臣、贤能大臣子孙为弘文馆学生，进入馆内学习，以培养人才。

唐初以来，国子监原本各立周公、孔子庙一所，四时致祭。贞观二年（628）十二月，宰臣房玄龄、国子博士朱子奢建议说："武德中诏释奠于太学，是以周公为先圣，而孔子配享。臣以为周公、孔子俱被称为圣人，而学校置奠原本是为了孔夫子而来，故晋、宋、梁、陈及隋炀帝时代，皆以孔子为先圣、颜回为先师。这是历代所行的惯例，伏请停祭周公，升夫子为先圣，以颜回配享。"

太宗同意，下诏停止周公先圣的地位，国学里单存孔子庙堂，并研习古代释奠礼仪以祀孔。从此以后，政府就只祀孔子而不祀周公，成为定制。

同一年，太宗邀集全国儒士来京师，赐赠以绢帛，由官方用车迎他们前来。太宗对这些人不次拔擢，任以官职，连学生通一经

以上都得署任为史，于是来学的人日益增加。相对的，太宗为了兴
学及容纳求学的人数，国学增筑学舍四百余间，国子学、太学、四
门学等（唐朝此三学是儒学教育，律、书、算三学为专门人才教
育，合称六学，均隶属于国子监）亦扩充学生名额，书、算之学亦
正式设立，各置博士和学生。

稍后，太宗又多次亲自驾临国学，令国子祭酒、司业、博士
演讲学术；演讲完毕，各赐以束帛。由于太宗如此提倡，所以四
方儒生负书而至者甚众，六学学生人数达三千多员。后来连吐蕃
（西藏）、高昌（吐鲁番）、高句丽、新罗等各国政要，亦鼓励他
们的子弟来唐留学，使国学人数扩充至万人。儒学之兴盛，学校教
育的发展，实空前所未见。

（127）汉末以来，玄学大盛而儒学渐衰，经书因辗转手抄而
有谬误，名儒解经亦各执一说，意见纷歧。贞观中期，太宗为了颁
定最标准的版本，以整齐百家杂说，于是命令免职不久的前中书侍
郎颜师古主持考定五经的工作。

工作在秘书省进行，及至完成，太宗及令左仆射房玄龄召集诸
儒重加详议，以示慎重。当时，诸儒传习师说已久，遂各持所学批
评之，异端蜂起，颜师古面对非难，辄引晋、宋以来古、今版本以
解答，由于引证详细明确，诸儒莫不叹服，太宗也称赞了多次。

讨论完毕后，特赐绢帛五百匹给师古，并加授官职，颁他所
校定的书于天下，命令采用学习。

版本校定的工作已完成，跟着就必须进行义理的统一工作。
太宗又诏令颜师古，会同名儒孔颖达等人推动此工作。诸儒详征博
引、考论疏通，最后完成了《五经正义》一百八十卷。太宗诏令交

付国子监颁行采用。

这项工作尚有一段尾声，即是有人驳论颖达等所完成的书。太宗为了表示慎重，命令再度详议。这次讨论的工作为时颇长，驳论者太学博士马嘉运在贞观十九年（645）逝世，三年后孔颖达亦逝世，犹未有所决定。直至唐高宗即位两年——永徽二年（651）——再次召集中书省、门下省、国子三馆（即国子学、太学、四门学）博士、弘文馆学士等联合进行考正工作，最后对原书增删，才正式颁下采用。由于此书实际上在贞观中完成，由孔颖达以国子祭酒身份主持工作，故《五经正义》迄今仍挂孔颖达之衔。

（128）太宗做了上述提倡儒学的各种重要工作之外，又曾公开褒扬前代学者，提倡尊儒重道之风。

例于贞观十四年（640）二月，太宗躬临国子监观释奠大典（唐朝孔庙释奠一年两次，分在仲春、仲秋进行，由祭酒、司业、博士行三献礼），礼毕，即命祭酒孔颖达演讲《孝经》。演讲完毕，太宗遂赐祭酒以下学官及优良学生绢帛各若干。十九天后，太宗下诏说：

"梁朝皇侃、褚仲都，（北）周朝熊安生、沈重，陈朝沈文阿、周弘正、张讥，隋朝何妥、刘炫等，皆为前代名儒，经术可纪，加以所在学徒多采用他们的讲义，所以应加优赏，以劝后生。可访其子孙现存者，录姓名奏闻。"

显示太宗褒扬这些学者，并推恩赏及他们的子孙，仅是励学的措施之一，目的则在崇扬儒术。

又如贞观二十一年（647）二月十五日，太宗下诏褒扬历代名儒二十一人，说：

"左丘明、卜子夏、公羊高、谷梁赤、伏胜、高堂生、戴圣、毛苌、孔安国、刘向、郑众、杜子春、马融、卢植、郑玄、服虔、何休、王肃、王弼、杜预、范宁等二十一人，历世采用他们的著作，学说垂之于国胄；既奉行他们的道理，于理则合该褒崇。自今以后，若在太学举行典礼等事宜，他们可一并配享于孔子的庙堂。"

贞观十五年（641），唐太宗亲至灵州（治今宁夏灵武西南）督师讨伐漠北的薛延陀，贞观二十年（646）底，回来后即因疲顿而抱恙在身，由太子监国。然而太宗为了表示崇学尊儒，仍然颁下了这道诏令，约在同月二十日，命令太子李治至国子监释奠于孔庙。

（129）贞观二年（628），太宗对侍臣说："为政之要在于得人，如果用非其才，则必难致治。当今所要任用的人，必须要以德行和学识为本。"

"人臣若无学业，不能识前言往行，岂堪承当大任！"王珪在旁说，并且举了一件历史例证，继续说，"汉昭帝曾经表示：公卿大臣当用经术之士。这就表明经术之士，固非刀笔俗吏所可比拟。"

"确实如卿所说一样！"太宗赞许地说。

不久，太宗又将此意对代理吏部尚书杜如晦提及，说："近见吏部选拔人才，只就言辞刀笔范围挑选，一点儿也不了解其人的德行；几年之后，其中有人恶迹昭彰了，然后才加以惩罚。要知即使那时将他杀了，而百姓也已经蒙受其害，于事无补了。你说说看，如何可以得到人才？"吏部主持全国人事行政，所以太宗才如此向如晦说话。

如晦回答："汉代选拔人才，其人都是德行著称于乡间，而得地方政府推荐，然后才入京任用。这些人的德行学识都不致太差，所以历史上号称当时多士。如今实行科举考试，方式与汉代不同，每年入京考试的人，多至数千人，考试官对他们一点儿也不认识。他们是否伪装成道貌岸然，或者是否粉饰其词，考官也不能一下子就知道，只好依照成绩配以等第，依等第次序任用罢了。铨叙简拔的方式，确实有所未尽善，所以不能得到真正的人才。"

太宗有意因此复行汉朝的办法，寻因他事而停止，以后即不再提及此问题。

（130）太宗晚年仍是那样重视论学取才，而且对为学与做人的关系更为了解。某天，他和中书令岑文本讨论起来。他说："人性虽有一定，但是必须博学才能成道，犹如蜃的性含水，待月光升起而吐气成楼阁；木的性怀火，待燧一动则光焰爆发；人的性含有灵气，必待学成而后为美。所以，苏秦为读书而刺股，董仲舒为求学而垂帷不窥园三年，不勤于道艺，则其名不能建立。"

文本不大同意太宗的说法，提出性、情不同来作补充。他说："人性确实相近，但是人情则各有不同，变化不居，必须靠着求学才能整饬它，并由此才能成性。《礼经》说：'玉不琢，不成器；人不学，不知道。'所以古人勤于学问，称之为懿德。"

二、论史学的意义与功用

（131）太宗是重视实际的人，所以不喜欢标榜浮夸的纯文学。贞观三年（629），拜房玄龄为左仆射，并令他监修国史。唐朝制度上，国史的修撰权由原来的秘书省著作局独立出来，直隶于宰相机关的门下省，并例由宰相监督修撰。

有一天，太宗和房玄龄谈起文、史之别及历史的功用，由于太宗有重史轻文（纯文学）的观念和政治史观，所以他说："近来读书，读到了《汉书》和《后汉书》，发现二书收录了不少著名文学家的赋，例如《扬雄传》选录了他的《甘泉赋》和《羽猎赋》，《司马相如传》收录了他的《子虚赋》和《上林赋》，《班固传》收录了他的《两都赋》等。这些大文章虽美，但文体浮华，无益于劝诫，何必写在史书上面？朕意史书不是不可以录用大文章，而是要录用有益于教化的文章。如果当今有人上书论事，只要辞理切直，有裨益于政治的，不论朕听从采纳与否，皆必须完备地记载下来。"

（132）魏晋南北朝文学发达，文士济济辈出，他们不是自我将文章收集成文集，就是死后由故友门生为他们结集成文集，将之视为一生的成就所在，传之于后世。这是时代的风气，连很多皇帝也不免染上此风。

贞观十一年（637）三月，著作佐郎（秘书省著作局的官员，唐制著作局职掌修撰碑志、祝文、祭文等官方文章）邓世隆上表，请求编次太宗的文章以为文集。编次文集本为盛事，太宗照理应该高兴地批准才对，不料太宗竟然否决说：

"朕处理事情和颁发命令如果有益于民，国史上必然会记载下来，足为不朽。如果事不师古，乱政害物，则虽有辞藻，终将贻笑于后代。这件事情并不是必须要做的事啊！例如梁武帝父子（武帝萧衍及其儿子——昭明太子萧统，皆为南朝著名的文人）、陈后主（陈叔宝）与及隋炀帝，不也大有文集行世？然而所作所为大多不法，使宗庙、社稷顷刻覆灭。大凡人君首务之要，惟在德行，何必要汲汲于计较文章哩！"

（133）唐初制度，为天子撰写日记的史官称为起居郎，隶于门下省；所撰的起居注，是有关天子言行法度的广泛史料所在，故每一季的终了，就必须移送史馆，当作修撰国史的重要凭借。褚遂良在贞观十年（636），从秘书郎（秘书省属官，掌四库图书）迁调为起居郎。十五年（641），又升迁为谏议大夫，仍兼知起居注事。

太宗某天问遂良道："卿近日署理起居事，记述何等事情？大抵上可以让人君观览吗？朕想阅读这些注记，是要回顾以往行为的得失，以作为今后自我警戒罢了。"

"当今的起居官员就是古代的左、右史，职掌记载人君的言行。由于善恶必书，使人主受到警戒，这样或许能使人主不敢为非作歹。"遂良肯定地回答，"所以没有听说过帝王亲自阅读所写有关他的历史。"

"这么说来，朕如有不善，卿必然记载下来了？"

"臣闻守道不如守官，"遂良再答，"臣的职责在撰写陛下的历史，为什么不记载下来呢？"

黄门侍郎刘洎也在旁插嘴说："人君如有过失，就像日月之蚀一样，人人都见得到的。假如遂良不记载下来，天下之人也都会加以记载的。"

"是，"太宗说，"确实如此。"

关于历史对帝王有警戒约束的功能，从太宗和房玄龄之间的另一次谈话，就更能明白表示出来。

贞观十四年（640）的某天，太宗问监修国史的房玄龄："朕常观前代的史书，大多表扬善事而批评过恶，足以成为未来的规诫。然而不知从古至今，当代的国史因何不让帝王亲见？"

"国史既然善恶必书，或许因而能使人主不敢为非作歹。只怕帝王看后，认为史官的记载对他有所冒犯，令史官因此产生畏惧而不敢直书，所以帝王不能亲读记载他自己言行的史书。"玄龄加以解释。

"朕的意思和古人殊不相同，"太宗申辩说，"现在朕想自看国史的原因，有善事固然不须论，如有不善，也想知道一下，以作为鉴戒，使得自己能自我修正改善罢了！卿可撰录呈上来看看。"

玄龄无可奈何，只得删削国史，写成《高祖实录》和《太宗实录》（由太宗降生至贞观十五年）各二十卷，呈上给太宗。太宗看到武德九年（626）六月四日"玄武门兵变"的记载，文字多有微意，遂指示玄龄说：

"从前周公诛管、蔡（管叔、蔡叔皆周公兄弟）而使周室安定，季友鸩叔牙（叔牙为季友之兄）而使鲁国安宁，朕当年杀太子和齐王，意义与此相同，是为了安社稷、利万民罢了。史官执笔撰述，何必有所隐讳？应该马上将浮词改掉，忠实地记载其事。"

玄武门兵变杀兄弟、逼父亲，不见得是光彩的行为，如果他不是亲索史书自览，史官或会在史书上直书其事的。如今太宗要自览，史臣畏惧祸患，只得隐约其词，不敢明确直述。这就是帝王不能看记述他自己的历史之原因。反过来说，人君位极至尊，权威无限，言行也无所忌惮，唯有怕国史将他的坏事记载下来而已。史臣畏惧冒犯惹祸的原因固然在此，帝王有所忌惮而受到约束的原因也在此，中国古代常用政治力量干预历史的修撰，原因实也在于此。（参第一〇九、一一六条）

三、批评礼、乐和社会风气

（134）中国有一种讳名的惯例，即臣子不得称呼君父之名，写字时写到君父之名的字亦须避开。例如太宗名世民，依当时惯例，臣子均不得提"世"及"民"两字，写也不成；本书《贞观政要》内，凡有"世"字处多改为"代"字，凡有"民"字处多改为"人"字，连正式官名如"民部尚书"也改写成"户部尚书"等等。

太宗即位之初，曾经批评这种惯例说："依照礼的规定，人之名在死去后才要避讳。事实上前古帝王在生前也不生讳其名，所以周文王名昌，《周诗》却云'克昌厥后'；鲁庄公名同，《春秋经》在十六年却书'齐侯、宋公同盟于幽'。只有近代诸帝妄立规矩，特令臣子生前就避其名讳，不通道之极，应有改革才对。"

由于这个观念，因而太宗下诏说："依据礼的规定，名有两个字的义不偏讳，近世以来曲为规矩，两字兼避，废缺已多，率意而行，有违经典。今应依据礼典，务从简约，仰效先哲，以垂法将来——凡官号、人名及公私文籍里有'世'及'民'两字不连续的，并不须避讳。"

至于前面所述避开"世民"之任一单字，乃是太宗死后的情况，太宗生前的确不讳名之单字的。不过，太宗若能将讳名的惯例完全取消，应是更好的决定吧。

（135）太宗十四个儿子中，最疼的就是第四子李泰和次子李恪，这两人都在贞观十年（636）正月同时徙封，李泰由越王徙封为魏王，李恪由蜀王徙封为吴王。就在这年，有人说三品大臣轻视魏王，引起太宗大怒，召集大臣加以责备，幸得魏徵直谏，才使太宗感到深愧（参第三十三条）。恪、泰兄弟两人既然最得父皇喜爱，他们的叔父尊长及三品以上大臣，平常都对之优礼有加。

贞观十一年（637），中书舍人高季辅上疏，批评恪、泰两兄弟与他们的叔父们抗礼，说："窃见密王元晓（密王乃唐高祖第二十一子，年龄大约与恪、泰两兄弟相当，甚至可能还年轻一点）等，都是陛下的懿亲。陛下兄弟友爱之怀，义高古昔，分给他们车服，委任他们为藩镇，一切依照礼仪，以副全国瞻望。最近看到皇子向诸叔礼拜，诸叔亦即答拜。皇子和皇弟均为亲王，爵位虽同，但家人之礼则有别，岂可如此颠倒昭穆！伏愿陛下垂训他们，警戒他们要永循规矩。"

太宗于是诏令皇弟元晓等，不得答李恪和李泰兄弟俩之拜。

翌年正月十五日，礼部尚书王珪奏言："依据法令：三品以上大臣遇亲王于路，不合下马。今大臣下马致敬，皆违犯法令，有乖朝廷制度，理应改正。"

"卿等想自我尊荣，而卑视我儿子吗？！"太宗不满道。

"汉朝以来，亲王的班位皆次于三公之下。"魏徵争辩说，

"如今的三品大臣，并为天子的六部尚书和九卿，为亲王而下马致敬，亲王也实在不宜当此礼。此举在惯例上无可凭据，若行之则违背国法，于理实为不可。"

太宗闻言，立即辩论道："国家建立太子，就是为了做人君的副储。人的寿命有长短，不一定老的比幼的先死，假设太子不在了，则他的同母弟弟将依次序继立。以此而言，安得轻我儿子呀！"

"殷人崇尚实质，所以有兄终弟及之义。自从周朝以降，继承法规定立嫡必长，因此能够杜绝了庶孽的窥觎，堵住了祸乱的根源。统治国家的人，应该对此深自慎重！"魏徵反驳道。

太宗无辞可驳，亦觉有理，遂批准王珪的奏请。

王珪为人体道履正，交不苟合，任礼部尚书时，幼子王敬直选尚太宗之女——南平公主。公主出降，来至王府，身为新翁的王珪说："依据礼的规定，妇人娶归家，有拜见舅姑（即公婆）之仪。自从近代风俗浇薄，公主出降至邸，此礼不再施行。当今主上钦明，动遵法制，我接受公主的谒见，岂是为了本身的虚荣，只是为了成全国家之美罢了！"

说完，毅然与妻子就位而坐，命令公主亲自执巾拜见，行盥（guàn）馈之礼，礼成而后退下。太宗闻知，大为称善。从此以后，公主下降至有舅姑的夫家，虽贵为天子之女，皇帝也吩咐实行此礼，以端正人伦家规。

（136）太宗曾经命令改革几种社会不当的礼俗。

第一件在贞观四年（630），太宗指示宰相侍臣说："京城士庶居父母之丧的人，竟有迷信巫书之言，每逢辰日则不哀哭，以此作为推辞吊问的借口。这些人拘于流俗所忌而不举哀，伤风败俗，极乖人理。应命令州县地方政府加以教导，齐之以礼。"

后来功臣张公谨卒，太宗即不避辰日，举哀哭悼他（参第一〇三条），率先以身作则。

翌年正月，太宗有感于僧道漠视人伦，遂断然命令改革，指示侍臣说："佛、道设教，本来是为了行善事，岂是要和尚、尼姑、道士之流妄自尊崇，坐受父母之拜的？！这种行为损害风俗，悖乱礼经，应即禁断，仍令他们致拜于父母。"

同年，太宗指示左仆射房玄龄："山东（指华山以东地区）的崔、卢、李、郑四姓，从前虽曾显赫一时，近代则已累世陵迟。然而他们的子孙犹且恃仗着旧日的门第，好自矜大，自称为士大夫，每有嫁女给别人，必定广索聘金，以多为贵，竟至论数定约，如同做买卖一样。这种风气甚损风俗，有紊礼经，而且轻重失宜，理须改革。"

于是太宗诏令吏部尚书高士廉、御史大夫韦挺、中书侍郎岑文本、礼部侍郎令狐德棻等有学识的官员，进行刊正姓氏的工作。自从汉晋以来，社会重视门第家风，大都修有族谱、家谱等谱籍，有些门第低下的人，甚至伪造谱籍，以攀附高门。因此，这全国性的厘正家族和评定门第的工作，是吃力而不讨好的。参与工作的官员全国性普遍征求谱籍作为依据，兼采史书的记载，剪去浮华，评定真伪，褒扬提升忠贤的人，贬低降黜悖逆的人，撰成了一百卷的《氏族志》，于贞观十二年（638）正月十五日献给太宗。

《氏族志》所评定的氏族等第，以崔民干列为第一等。太宗不满，责备说："我与山东四大家族以前没有仇嫌，只因他们世代衰微，全无官宦，而犹自夸为士大夫，婚姻之际则多索财物；他们或又才识庸下而自视甚高，贩鬻松槚（jiǎ）而依托富贵。我不了解民间为何重视他们？

而且，士大夫有能立功建业，爵位崇高，善事君父，忠孝可称，或者道义清素，学艺通博，这也就足以自成门户，可以称为天下士大夫了。如今崔、卢之属，唯有将远祖的衣冠功名拿出来自夸自傲，哪能和本朝的贵族相比？公卿以下官员，何遑多送钱财给他们以求婚，这样不但灭自家威风，兼且助长他们的气势；贪慕这种虚荣，我不知道究竟为了什么缘故？

我现在评定氏族的原因，是要确立本朝冠冕的地位，因何崔民干仍列为第一等？难道卿等不以为我朝的官爵可贵吗？！不要再论数代以前的旧账，只以今日的官品和人才当作评定等级的标准吧。如果一经评定以后，就该作为永久的标准。"

高士廉等既获责备和指示，便将《氏族志》再加修改，而列崔民干为第三等。太宗遂将成书颁示于天下，并又下诏申明厌恶这种风俗的原因。声明此风既紊人伦，又亏名教，以往弊俗多已惩革，只有此风未能尽变，自今以后，民间务必要嫁娶有序，合于礼典的规范。

（137）太宗有两件推己及人、为他人着想、对社会观瞻有所影响的事情，被史官记载了下来。

唐期制度，各都督、刺史每年年初必须亲自或派遣高级僚佐，赍带贡物进京朝贺元旦，兼且向中央提出施政报告。入京官佐拥有专用名称——朝集使或考使。

贞观十五年（641）正月，太宗对侍臣说："古代诸侯入朝有汤沐之邑，刍禾百车，待以客礼；白天坐正殿，晚上燃廷烛，思与相见，询问他们的劳苦。汉朝的制度也为刺史、郡守创立邸舍于京师，让他们在京居住休息。顷闻考使至京，皆租赁客房，与商人杂居，房间小得仅能容身而已。对他们礼遇不周，必是人多怨叹，岂肯再竭情共同努力治理天下呢？"

到了十七年（643）十月一日，太宗下诏命令在京城内空闲的坊里（唐朝长安城划分为百余坊，或称为里，相当于现在都市里的区），为各州考使建造邸第三百余所，以作他们安顿休息之用。建筑物落成之时，太宗尚且亲临参观。

太宗在开皇十八年（598）十二月出生。四十六岁诞辰那天（贞观十七年），太宗感触地向侍臣们说：

"今日是朕生日，民间以生日那天举行宴乐，在朕的心情则翻成感伤追思。朕现在君临天下，富有四海，想追求侍奉承欢于父母的膝下，实已永不可得！子路有负米之恨（子路贫时常食藜藿，而为双亲负米于外以作奉养；后来子路发达，愿再负米养亲而不可复得，引以为恨），原因也在此啊！何况《诗经》云：'哀哀父母，生我劬劳！'奈何以劬劳的这一天，便为宴乐的事情！这种行为甚是乖违礼度。"

说着，太宗竟然泪泣数行，左右受到熏染，也陪同悲伤。

（138）唐太宗资兼文武，崇尚实际，但是对文化艺术、歌舞音乐也颇内行。他的诗文书法自有成就不必说，对音乐歌舞的表现，史官也有记载。例如贞观四年（630）消灭东突厥王朝后，太上皇高兴得邀请贵臣、诸王、妃嫔和公主，置酒于凌烟阁庆祝雪耻胜利。酒酣，太上皇亲自弹奏琵琶，由太宗起舞助兴，欢饮至夜分才散。

这里有一段太宗论音乐的记载：

祖孝孙是著名的天文、数学及音律学家，官拜太常少卿，建议高祖改创乐府，修订雅乐。经过长期的研究，考以古音，终于创作了大唐雅乐，在贞观二年（628）六月十日奏上呈献给太宗。

太宗说："礼乐的创作，是圣人因情以设教，作为节制人情的工具罢了，政治的善恶岂由于此？"

宰臣杜淹反驳说："前代兴亡实由于音乐。陈朝将亡，就有《玉树后庭花》的艳曲；南齐将亡，也有《伴侣曲》的流行。路人听到这些音乐，莫不悲泣伤感，所谓'亡国之音哀以思'。以此观之，政治的兴亡实由于音乐啊！"

"不然。"太宗申辩说，"音乐岂能感人。只是听的人如果心情欢乐，则觉得此音快乐；心情哀伤，则觉得此音悲凉罢了，快乐和悲凉在于人心，并非由于音乐啊。将亡之政，人心必愁苦，苦心相感，所以闻乐而生悲罢了，难道说是乐声哀怨，就能使快乐的人产生悲凉吗？现在这两曲仍然存在，朕能为公演奏一番，公难道会悲哀吗？"

右丞魏徵在旁静听两人辩论，这时插嘴进言："古人说'礼云礼云，玉帛云乎哉！乐云乐云，钟鼓云乎哉！'乐的确在于人和，而不在于音调。"

太宗同意他的说法。

（139）贞观元年（627）正月初三，太宗大宴群臣，演奏《秦王破阵乐》。太宗告诉群臣说："朕从前为秦王时东征西讨，世间遂有此曲，怎料今天竟然成为在朝堂演奏的雅乐哩！这舞曲表演起来觉得有发扬蹈厉的气势，虽与文德之雍容不同，但是朕的功业实由于有此气概以至于有今日，所以被于乐章，表示不忘本罢了。”

右仆射封德彝颂扬说：“陛下以圣武戡难，立极安民，此舞曲盛烈壮观，岂是文德足可与之比较的！”

封氏曾劝太宗威权独任，张兵挞伐四夷，是主张权威统治的宰相，所以太宗答复他说：“朕虽以武功定天下，但是终当以文德绥海内。文武之道，理应各因时宜而定，公谓文德不如武功，这是过分了！”

德彝听了，顿首谢罪。

到了七年（633）的正月初七，太宗亲自绘制《破阵乐舞图》，由吕才依照图示，教导乐工一百二十人被甲执戟做练习。这个庞大的舞集共有三次变化，每次变化则有四阵，交错屈伸，首尾回互，有来往、疾冲、慢步、击刺等各种动作，以象战阵之形，以应和歌唱音乐的节拍。数日之后，练习完成，再令魏徵、虞世南、褚亮（遂良之父）、李百药改制歌词，更名为《七德之舞》。

同月十五日，大宴三品以上大臣、各州刺史及蛮夷君长于玄武门，太宗命令舞团表演此舞。观者见其抑扬蹈厉，莫不扼腕踊跃，凛然震悚。群臣列将全向太宗敬酒，说：“此舞皆是陛下百战百胜的形容！”于是高呼万岁。

太常卿萧瑀奏说：“如今《七德之舞》已为全国所共同传习，不过陛下的圣功，此舞还未能形容尽致。前后所破刘武周、薛举、窦建德、王世充等集团，臣愿绘其形状，以写战胜攻取之容。”

太宗答道："朕当四方未定，为了拯救天下遗黎，所以才不得已从事战争，因而民间遂有此舞，国家也因此进一步确定为雅乐。然而雅乐之容只得陈其梗概，如果详细写实，则其状易识。朕因为现在的将相，大多曾经是那些人的部属，有过君臣的关系，如今若重见旧主被擒获之状，内心必当有所不忍，因此才不这样做啊！"

"此事不是愚臣所能想及！"萧瑀佩服地说道。

第八章 论治国的实际问题

一、谈务农

（140）贞观二年（628），太宗告诉侍臣说："凡事都必须务本：国以民为本，民以衣食为本，经营衣食以不失时为本，而不失时嘛，则需人君简朴安静才可达致。如果兵戈屡动，土木不息，而想不剥夺农民耕作的时间，可以做得到吗？"

王珪在旁补充说："从前秦皇、汉武外则穷极兵戈，内则崇侈宫室，民力既然竭尽了，祸难遂跟着兴起。他们岂是不愿安民吗？不是的，他们只是迷失了安民的途径罢了。亡隋的覆辙殷鉴不远，陛下亲承其弊，完全知道当年如何轻易地取代了杨家的天下。然而在初则容易，终了却实在很难，伏愿陛下慎终就如同慎始一样，才能克尽其美！"

太宗答复道："公言是也。安民宁国唯在于君，人君无为则人民康乐，人君多欲则人民痛苦，朕所以要抑制情欲、克己自励才是！"

这段对话，显然已勾画出贞观时代的农业政策——尽量不在不适当时间征用民力，以防农耕受到妨碍。最明显的例子就是太子承乾行冠礼的事情。

贞观三年（629）——上述谈话的次年正月，由于太子年满十一岁而进入十二岁，依礼必须举行冠礼（常人二十而冠），有关官员于是上书奏请道："皇太子将行冠礼，宜用二月为吉，请追征府兵入京备作仪仗部队。"

太宗说："如今春耕方开始，恐怕会妨碍农作（府兵自给自足，分田而耕的），宜改用十月为吉。"

太子少傅萧瑀奏道："依据阴阳家的说法，用二月比较好。"

"阴阳家过于拘忌，朕所不行。"太宗不从，坚持说，"若一动一静皆必须依照阴阳家的预测来做，不顾礼义，这样子来求福佑可以吗？如果所行皆遵守正道，自然就能常常与吉利际会；况且吉凶在人，岂能假借阴阳来拘泥禁忌？农时至为重要，不可以因此受到妨碍而有错失。"

（141）贞观二年（628）夏天，京师地区突然旱、蝗交起，玄武门北面的禁苑也有蝗虫。太宗在六月十六日入苑视察禾稼（古代皇帝每年举行亲耕之礼，皇后则行亲蚕之礼，故禁苑有禾稼），见到蝗虫，遂捉得数只，并祷告说："人民以禾谷为活命之物而你们把它吃掉，这就有害于百姓了。百姓有过，都在我一人的身上，你们有灵的话，但当害蚀我心，不要伤害百姓！"祷罢即欲将蝗虫吞入腹中。

"陛下不可！"左右失色，急来阻止说，"吃了恐怕会生病。"

"朕所希望的，就是能将灾害转移到身上来，如何会因疾病就逃避了！"说罢即吞食入口。奇怪的是，太宗不但没有因此而生病，反而蝗虫却迅速消失，不再为害了。

（142）太宗即位初年，由于饥荒、旱灾、蝗祸、水灾相继而起，米价高涨，一斗米值一匹绢。贞观四年（630）时，天下大稔，米价剧降，一斗米只值三四文钱而已。这种盛况自此一直持续下去，成为"贞观之治"的基础。

贞观十六年（642）十一月，太宗以天下米价每斗计算只值五钱，尤贱处且降至三钱，因而向侍臣说："国以民本，民以食为命，如果五谷不登，则人民非复为国家所有。如今既然如此丰足，朕忝为亿兆人民的父母，只有更加节俭省约，必不动辄做出奢侈的事情。朕常想赐天下人民人人富贵，如今减省徭役，不剥夺他们的时间，使比屋之人得以恣其耕稼，这就是赐富给他们了；至于敦行礼让，使乡间之间，少年尊敬长辈，妻子敬爱丈夫，这就是赐贵给他们了。但愿天下人人如是，既富且贵！朕虽然不听管弦，不去畋猎，却也乐在其中了。"

二、论刑法的原则

（143）贞观初，大理寺每月汇报，呈上囚犯登记册。太宗问道："这些人中或许有情有可原者，何容一一依据法律来作判决？"

"原情宥过，不是臣下所敢做的事。"大理少卿胡演解释。

"死者不可再生，用法务需宽简。"太宗指示判案原则，而又征求意见说，"古人说：'贩卖棺材者希望岁有疾疫，原因并不是对人痛恶，只是基于销售棺材的利益着想罢了。'当今的法官审理一案，必求深刻苛严，希望自己的考绩优良。现在有什么法子可使审检平允？"

王珪建议道："应该选择为人公直良善而又断狱允当的模范法官，升迁他的官秩，赏赐以金钱，加以公开表扬，这样则奸伪自息。"

太宗采用了王珪的建议，然而更想建立一种公平慎刑的制度。他又说："传说古代断狱时，必定先讯问于三槐、九棘之官，当今的三公九卿就是那样的官职。自今以后，大辟罪（死刑）必须经过中书省和门下省四品以上官员，与六部尚书和九卿合议过后，才能定谳。如此庶几可以避免冤枉滥判的事情发生。"

于是三省九寺重要官员合议的制度建立了，从这时降至贞观四年（630），由于冤滥案件减少，判决死刑定谳的囚犯，全国仅有二十九人而已，刑法几乎置而无用。

（144）刑罚必须慎重，这是太宗一个很重要的观念。这个观念也是促成太宗建立大臣合议死刑案件制度的因素之一。这个制度创立不久，太宗又因另一死刑案，进一步创立了死刑覆奏制度。

张蕴古文辞颇佳，曾在太宗即位之初献上一篇名为《大宝箴》的韵文，大意说今来古往，为君实难；人君受命统治国家，应该顺应民心，至公无私，是以一人治天下，而非以天下奉一人；跟着叙述人君要注意的事情和必须警惕的行为云云。太宗嘉奖其文，赐帛三百匹，任用他为大理寺丞。

到了贞观五年（631）八月，蕴古奉诏令审讯相州（治今河南安阳）人李好德的言论案。好德素有精神问题，所以言论常常涉及妖妄。张蕴古侦讯后，提出报告建议说："李好德患有癫疯病，并有确实的证据，依照法律规定不当坐罪。"

太宗原要批准他的建议，但是御史权万纪却弹劾他，说："张蕴古籍贯在相州，李好德之兄李厚德是该州刺史，所以蕴古情有阿纵，侦讯不实。"（权万纪以告讦为直，此年即被魏徵批评而调任，后又被黜放，参第二十九、一二四条）太宗大怒，命令斩蕴古于东市。

不久，太宗就感到后悔，责怪房玄龄说："公等食人之禄就必须忧人之事，事无巨细都应加以留意，如今朕不问则不说话，看见事情不对都不谏诤，拿什么来做辅弼？例如张蕴古之事，即使欺君罔上的罪名成立，若依据一般法律，罪虽重也不至于极刑。朕当时在盛怒之余，立即命令斩决，公等竟然没说一句话，所司又不申覆奏请，就马上执行极刑，这岂是道理！"

因而在八月二十一日下达一道诏令："凡有死刑，虽命令立即斩决，所司仍必须三次覆奏请示后才能执行，在京师者必须要五次覆奏。唯有犯下恶逆罪（十恶大罪之四，依次为谋反、谋大逆、谋叛、恶逆，此皆不赦之罪）者，得一覆奏后立即执行。本诏令列入法令之中，共同遵行。"

同年十二月，太宗鉴于覆奏的速度太快，尚未思之详熟即已覆奏完毕，因而又下诏命令门下省参与覆视，凡依据法令合该处死，而情有可矜者，皆应录状奏闻。同诏又规定在京机关奏决死囚，必须于斩决之日前一天及两天各覆奏一次，斩决之日覆奏三次，才可执行。

（145）李靖在贞观八年（634）出任西征军最高统帅，统率五个兵团征伐青海一带的吐谷浑；每个兵团的统帅皆为一时之选，甚至由宰相充任，如兵部尚书、参预朝政侯君集，即为第一路兵团的司令官。从十二月至翌年五月，号称难以征服的吐谷浑就完全被征服了。

大军班师回朝后，第五路军司令官——盐泽道行军总管高甑生，自恃为秦府旧臣（太宗未即位前任秦王），曾经违犯了李靖的指挥，误失军期，被李靖所按，所以怀恨在心，诬告李靖谋反（十恶的首罪），引起诉讼。侦讯结果，发现高甑生诬告的真相，遂判决他减死一等，下放边疆。这时，有人向太宗求情说："甑生是秦府旧人兼功臣，请宽恕其罪！"

太宗说："他虽是朕的旧臣，有过功勋，朕诚不可忘记。然而治国守法，事须一致，现在若赦免了他，则人人犯法，开启了侥幸之门。而且我朝兴于太原，功臣甚众，如果甑生获免，谁不生心？朕之所以必不赦免，正是为了这个原因。"

（146）贞观十四年（640），戴州刺史贾崇因为管区内有人犯"十恶"大罪（前条所述四恶之外，再加上不道、大不敬、不孝、不睦、不义、内乱六罪名），遂为刺史所弹劾。

太宗不同意此弹劾案，指示侍臣说："以前大圣如帝尧，却有一个甚不肖的儿子丹朱；大贤如柳下惠，也有一个恶名昭彰的弟弟盗跖。以圣贤的训育，父子兄弟的亲情，尚不能使子弟陶冶向善，如今要求刺史化被下民，使他们咸归于善，这事怎么可能？如果就此连带坐罪，将他贬降，恐怕全国的地方长官会因此疑惧，从此递相掩蔽，连罪人都消失了。自今以后，各州有犯十恶罪者，刺史不须连坐；但令明加纠访科罪，或许可以肃清奸恶。"

（147）贞观初，太宗曾指示大理寺审判务须宽简，不必太苛严。到了贞观十六年（642），太宗和当时的大理卿孙伏伽交换意见，再度指示他说：

"制作盔甲的人都希望将他的产品打造得很坚实，因为恐怕穿着的人受到伤害；制作弓箭的人都希望他的产品锐利，因为恐怕不能杀伤人。为什么这样呢？这是由于各有本分，利于称职的缘故啊。朕常询问法官有关刑罚轻重的问题，他们都说法网宽于往代，但仍怕主狱的官员利在杀人——因为危人自达是一种手段，可以提高自己的声望和身价。如今朕之所忧正在于此，此风极应禁止，务必以宽平作为原则！"

三、论特赦和法令的统一

（148）太宗对刑法的观念，是务在宽平、简约、慎重。但是，量刑宽慎，并不意味着纵容赦免。贞观二年（628），太宗即对侍臣申明刑法的意义和不应特赦的原因，他说：

"天下愚人多而智人少，智者不肯为恶，愚人却好犯刑章。大凡特赦的恩惠，只有那些不轨之徒才能享受得到。古语说：'小人之幸，君子之不幸。'又说：'一岁再赦，善人喑哑。'要知养稂莠者伤禾稼，赦奸宄者害良民。从前周文王创立刑罚，即明文声言'刑兹无赦'。蜀先主也曾对诸葛亮说：'我研读陈元方、郑康成的学问，每见他们启示治乱之道甚为完备，但从不提特赦。'所以后来诸葛亮治蜀十年，实行不赦政策，而蜀国大化。梁武帝每年特赦多次，结果竟至于倾败。须知谋求小仁的人，乃是大仁之贼，所以我有天下以来，绝不特赦。如今四海安宁，礼义盛行，像这种非常之恩的特赦更不可行，否则愚人常盼侥幸，唯想犯法而不能改过。"

太宗不愿数行特赦的原因，连长孙皇后也曾体会得到，他们伉俪经常在一起讨论古今，交换意见。她三十六岁那年——贞观十年（636）夏天，气疾的病况转变得沉重起来。太子李承乾当时十八岁，向他母后建议说："医药治疗已经尽力，如今尊体不能痊愈，请奏特赦囚徒和度人入道（指入佛教或道教），希望得蒙上天福佑！"

皇后回答说："死生有命，不是人力所能支配，如果修福可以延年益寿的话，我确是素非为恶的人；如果行善无效的话，又有何福佑可求？特赦是国家的大事，至于佛、道之教，皇上只是为了宗教自由和容忍而让它们存在罢了，他也常怕它们成为政治上的负累，你岂能因我一妇人而乱天下之法？我不能依你！"

太子因而不敢向太宗奏请，私下告诉了房玄龄。玄龄向太宗报告此事。太宗正为皇后之病焦虑，也颇嘉勉太子的孝心，遂想颁发特赦令，因皇后固争不可而止。不久，皇后终于延至六月而驾崩。

（149）唐高祖初入关时，除隋苛法，唯约法十二条。稍后不断下诏修订法令，直至武德七年（624）始正式颁行大唐的新律令，这部律令大略以隋文帝的《开皇律令》为准。

太宗对《武德律令》并不满意，也曾下诏修订研究。贞观十年（636），新的律令已进行整理，太宗指示侍臣说："国家的法令必须要简约，不可一罪作得几种判决、几条科文。因为法令繁多了，官吏则不能尽记，而且更生奸诈。如要使犯人脱罪，即能援引轻条来判决；如要入人以罪，亦能援引重条来量刑。经常变法实在无益于道理，卿等应该审慎细心，不要使科条有互文。"

十一年（637）正月初四，太宗终于颁发了新的律令——《贞观律令》。跟着他又勉励侍臣说："法令如果不常定，则人心多疑惑，奸诈的事情就会更多。《周易》说：'涣汗其大号。'意思是指发号施令，就如汗出身体，一发而不复回。《书经》说：'慎乃出令。令出惟行，弗以反。'也是这个意思。况且汉高祖忙碌得日不暇给，萧何则出身刀笔小吏，两人制法之后，犹被歌颂为法令划一。我们的情况远胜于他们，今后更应详思此义，不可轻易地发出诏令；必须每诏审定，用以作为行之久远的条文。"

四、有关朝贡的谈话

（150）唐朝制度，大朝会以元旦最为隆重。那天，群臣——包括各州朝集使和各国朝贡使——均齐会于正殿，由皇太子率先献寿，揭开朝贺的序幕；而朝集使及朝贡使，依礼皆须贡上代表州或代表国的名贵土产。

贞观二年（628），太宗要求朝集使说："根据前典记载，贡品以各州土产为主，近来听说都督、刺史们为了邀取视听的注意，本土出产或嫌不够好，遂一意外求更名贵的贡品，大家更相仿效，成为风气，极为劳烦骚扰。卿等应该改正此弊，不得再度如此。"

（151）林邑国曾先后多次进贡唐朝。贞观五年（631）冬天又派遣朝贡团入唐，这次贡献给太宗一只白鹦鹉。这只鹦鹉极为聪明，尤善于应对。太宗逗它聊天，它多次诉苦，说这里天气寒冷云云，使太宗怜悯不已。

恰巧新罗朝贡团接踵而至，贡献了美女两人。魏徵以为不应接受。太宗说："林邑的鹦鹉犹能自诉苦寒，想回祖国，何况二女别乡离井哩！"于是连同鹦鹉一并交还给各该朝贡使带还其国，嘱咐回去后将鹦鹉放回森林，还它自由。

（152）疏勒国和朱俱波国均在葱岭之西，甘棠国则远在南海，同在贞观十二年（638）派朝贡团入唐，向太宗贡献该国土产。

太宗因此黾勉群臣说："假使中国向来不安，这些遥远国家的朝贡使怎么会到来，朕又有何德以承受他们的朝贡？看到他们，反而令我心怀危惧。近代统一天下、拓定边方者，首推秦皇、汉武。但是始皇暴虐，至二世而亡；汉武骄奢，国祚也几乎断绝。朕提三尺剑以定四海，远夷率服，亿兆乂安，自谓功业不比这两个皇帝差。然而这两主皆晚节不保，使我常自危惧，内心不敢懈怠，唯有希望公等直言正谏，以相匡弼。如果只有扬美隐恶、共进谀言，则国家的危亡可立而待了！"

（153）贞观十六年（642）十一月，唐朝接到东北边防报告，说高句丽国发生兵变，国王高武被盖苏文所杀，王侄高藏已被立为新王，盖苏文自称"莫离支"（职能超越宰相的自设官职），实行专制国政。

贞观十八年（644），太宗将伐高句丽。九月，鸿胪寺奏称："高句丽莫离支来贡白金。"

新任宰臣褚遂良谏阻太宗接受，说："莫离支虐杀其主，九夷所不容。陛下为此准备兴师问罪，为高句丽人民报弑主之仇，古代讨弑君之贼则不受其赂。从前宋国华父兵变弑君，鲁国兴师讨伐，但鲁君接受华父贿赠的郜鼎，而且置之于太庙。大夫臧哀伯谏

诤，谓将来有官员受贿，又将如何处置？武王克平商朝，将九鼎迁
到洛邑，义上犹且非之，何况公然将贿物安置于太庙。陛下须知
《春秋》这部书，乃是百王取则的宝典，如果接受不臣或弑逆者的
贿礼，就等于不承认他有罪愆。不以为有罪愆，则讨伐如何能师出
有名？臣认为莫离支的贡献不合接受。"

太宗采纳其议，并且责备贡使说："你们都曾臣事于高
武，不能为他报仇，如今更为他来作游说，以欺蒙大国，罪孰大
焉！"遂下诏将朝贡团全部人员押交大理寺治罪。

贞观十九年（645）太宗亲征高句丽之役，尽管在战场上颇有
斩获，但在战略上唐朝不能算是成功。太宗在翌年三月还至京师，
尚在休养状态，高句丽即于五月主动派使至京谢罪，并贡献美女
二人。

太宗告诉来使说："朕可怜这些女孩离开父母兄弟和祖国，如
果爱她们的美色而伤她们的心，我就不会要她们！"遂将二女却还。

五、论国家兴亡之机运

（154）右仆射封德彝薨于贞观元年（627）六月一日，当时
左、右两仆射都出缺。太宗左思右想，再度拜命前任左仆射萧瑀
为左仆射。十六天以后，太宗和萧瑀等宰相侍臣从容聊天，提及
周、秦兴亡的问题。太宗说："周武平纣之乱而拥有天下，秦皇因
周之衰遂吞灭六国，得天下的结果两者并无不同，为什么祚运的长
短却如此的悬殊呢？"

萧瑀进答："纣王无道，天下苦之，所以八百诸侯不期而会武王于盟津。周室衰微，六国无罪，秦国专任智力而蚕食诸侯。两者平定天下虽然相同，不过人情却不同。"

"公知其一，未知其二。"太宗不满意他的看法，说，"周朝灭殷以后，务在弘扬仁义；秦朝既得志后，却专行诈力。两者不但取天下的方式有异，抑且守天下的方式也不相同，祚运的长短，关键就在这里吧！"

仔细推敲，太宗的识见确在萧瑀之上，所以萧瑀逊谢不已。

（155）贞观二年（628）正月，太宗与黄门侍郎王珪讨论隋朝的灭亡，并提到了一个治国的重要观念——藏富于民。太宗是这样说的：

"隋文帝开皇十四年（594）的大旱灾，人民大多饥饿困乏。当时仓库盈溢，朝廷竟然不许开仓赈济，反而命令人民逐粮而食。文帝不怜百姓而爱惜仓库，到了末年，总计全国储积的粮食物质，足以供应五六十年。炀帝恃仗富饶，所以奢华无道，遂致灭亡，国家覆亡也由于此。

大凡治理国家的人，都应该知道一个道理——财富务积于民而不在使国库充盈。古人说：'百姓不足，君孰与足？'但使仓库能够准备充足凶年时候的紧急需要，此外何烦储蓄？后世子孙若贤，他们自能保得住天下；如果不贤，则多积仓库徒然使他们更加奢侈，成为危亡的根源罢了。"

（156）贞观初年，长城以北大雪，人民饥困，羊马冻死，许多民众入山做贼，人情骚动。归朝人将情况报告朝廷，太宗顾谓侍臣说："朕观古代人君行仁义、任贤良则治，行暴乱、任小人则败，突厥所任用的人才，朕和公等都看得清楚，可说略无忠正可取的人；而且颉利（突厥元首颉利可汗）也不再为国家忧虑，百姓则所为放恣。朕以人事的角度来作观察，颉利政权也不会长久了。"

自从"渭水之耻"后，颉利确实志骄意满，不再忧虑，所以魏徵就这点作补充说："从前魏文侯问李克：'诸侯谁先会灭亡？'当时吴国最强大，李克回答说：'吴国先亡。'文侯又问：'何故？'李克分析说：'屡战屡胜的缘故。因为胜利多了则君主会骄傲，战争多了则人民会疲累，不亡何待？'颉利遭逢隋末中原丧乱，遂恃众入侵，至今仍未停止，这是必亡之道。"

太宗深以为然。

贞观四年（630），李靖果然灭了东突厥，生擒颉利可汗。翌年，太宗和侍臣谈起突厥以怨报德，合该灭亡，说："天道降福于善而降祸于淫，就像如影附形、音响随声一般。从前启民可汗（颉利的父汗）亡国，来投靠隋文帝。文帝不惜财力、物力，给予保护安置，启民乃得存立。既而富强以后，子孙不念报德，反而起兵突袭，包围炀帝于雁门（今山西省代县一带）；及至隋朝大乱，又恃强深入，遂使以前安立其国家的人，连同自己及子孙，并为突厥所破亡（突厥除了入侵外，当时尚支持反隋各集团），岂非忘恩负义所造成的吗？"

群臣都说："诚如圣旨！"

太宗鉴于东突厥的以怨报德、忘恩负义，所以处理东突厥的善后政策，不再扶立其国内的亲唐政权，而是彻底清除其力量及分化其子民。一念之间，国家兴亡就如此决定了。

（157）贞观九年（635）某天，太宗和魏徵讨论读史心得。太宗说："顷读（北）《周史》和（北）《齐史》，末代亡国之主，为恶的情况大多相同：齐后主深好奢侈，所有府库的储蓄几乎用尽了，所以在关市上想办法，全面增加税敛。朕常说这种情况犹如饥人自食其肉，肉尽必死——人君赋敛不已，百姓既然蒙受其弊，人君也会灭亡，齐后主即是例子。然而，天元皇帝（北周宣帝的称号）如果与齐后主比，究竟是谁优谁劣呢？"

"二主亡国虽同，但是行径则有别。"魏徵表示意见，"齐主懦弱，政出多门，国家已无纲纪可言，所以至于灭亡。天元则不同；天元个性凶狠而刚强，威福在己，专断独行，所以亡国之事，皆是由于他自己闯出来的大祸。就此而论，天元为优，齐主为劣。"

魏徵的意见，无异是以君主的个性和个人能力作为衡量比较的基础；事实上君主政治的兴亡关键确亦在此。

第九章 论战争与国防

一、论战争与国防

（158）太宗才即位半个月，突厥元首颉利可汗及其东面可汗突利（颉利之侄），率领二十万骑，突然推进至京城之北渭水的便桥，这是一次突如其来的大部队突袭。

颉利顿兵便桥之北，派心腹执失思力入见，虚张声势地说："我国两位可汗总兵百万，现在已来到渭水北岸。"

执失思力以前曾多次入唐，太宗与他认识，故闻言即勃然大怒，指责他说："我和你的可汗曾经亲自面对面和亲，如今你的可汗背盟负约，引兵深入，自夸强盛。我无所愧，先把你斩了再说！"思力惧而求饶。萧瑀和封德彝两位仆射也上前求情，建议礼而遣之。太宗拒绝放人，说："今天我若放他走，他们必定以为我畏惧！"下令将他囚禁起来。

太宗寻即给宰相们分析形势，说："颉利闻知我国新近有内难，又知我初即位不久，所以率兵直至于此，以为我不敢迎战。朕如果闭门拒守，无异是示之以弱，胡人必纵兵大掠，气势更盛。双方强弱之势，决于在今一策：朕将单骑独出，表示轻视他们；然后你们跟在我身后布设战阵，耀以军容，表示不惜一战。这样则出其不意，破坏了他们本来的构想，制伏突厥在此一举。"遂单马进至便桥，隔津和颉利对话。

太宗的心理作战甚为成功，颉利见他单骑前来，莫测高深，内心狐疑之间，唐军突然继至，在太宗身后不远处结阵，而且军容壮盛；既而又知悉执失思力已被囚禁，由此而知，太宗可能不惜一战，内心不无恐惧。于是在两日后，颉利与太宗斩白马，盟于便桥之上，并引兵退出国境。当然，颉利的结盟而退是由于获得太宗给予相当利益的保证的，而太宗被逼作此城下之盟也是基于国内情势的考虑，所以在唐朝而言，这次"便桥之盟"就无异是"渭水之耻"了。

（159）岭南高州（治今广东茂名东北）高氏，屡世任刺史、太守，甚得附近少数民族拥戴，势力极大。高祖时，李靖奉诏经略岭南，高盎统率所属二十州、数千里地来归顺，高祖授他为高州总管，封越国公。

贞观初，岭南各州纷纷奏报，说高盎与另一酋帅谈殿互相攻战，阻兵反叛。太宗决定任命将军蔺謩暮征召长江、岭南数十州府兵讨伐他。魏徵适时谏止说："国家初定，疮痍未复，岭南是瘴疠之地，山川阻深，战线遥远而补给困难，一旦遭遇疾疫，战事即不能如意，到时悔不可及。而且高盎若反，即应在内乱未宁时进行，并且会有交结远人、分兵断险、破掠州县、署置百官等行动出现，何以诸州告变纷纷已数年之久，高盎兵不出境，更未攻城掠池呢？这是反形未成的证明啊，陛下无须劳师动众。"

接着又建议说："陛下既获高氏反叛的报告，然而从未派遣特使前往观察实情，只一味听信一面之词；这种情况之下，即使高盎入京朝谒自辩，恐怕也不见得朝廷能够真正明了。如今若遣使前去，向他晓论分明，则可不必劳动师旅，他就会自动入京。"

太宗从之，高盎果然表态，命令儿子高智戴跟随特使入朝，留京担任太宗的侍从，不发一卒而岭南悉定。侍臣与太宗谈起这种成就。太宗欣慰地说："当初岭南各州盛言高盎造反，朕也决意讨伐他，魏徵频频谏止，以为只要怀之以德，高盎必不讨而自来。朕采纳他的意见，遂得岭表无事，不劳而定，胜于十万之师，不可不赏！"乃赐魏徵绢五百匹。

（160）贞观四年（630），南方的林邑国呈献火珠给太宗。当时正好平定了东突厥，唐人都有意气风发之感，有些官员认为林邑国的呈献表语气不够恭顺，请求太宗发兵问罪。太宗没有让胜利冲昏了头脑，否决说：

"兵者凶器，不得已才用它，所以汉光武说：'我每一发兵，不觉头发为白！'自古以来，穷兵黩武未有不亡的。例如苻坚自恃兵强，欲吞晋朝，兴兵百万，一举而自己灭亡。再如隋主亦必欲征服高句丽，频年劳役，使人人不胜怨恨，遂身死于匹夫之手。又如颉利可汗，往年数来侵略我国，使部落疲于征役，遂导致灭亡。朕了解这些事实，怎会动辄发兵？而且远征林邑，必须经历山险、瘴疠之地，若我士兵因此染上疾疫，则虽克平此国，又有何补益呢？言语之间，何足介意！"

（161）贞观四年（630）太宗一举消灭东突厥，令世界震惊。年底，西域最亲唐的高昌国王曲文泰入朝，西域诸国也想通过文泰而遣使入贡。翌年，连遥远的康国也请求归附了。

康国是西域重要的国家之一，太宗审慎地考虑了这个问题，最后决定不接受他的请求。他向侍臣解释说："前代帝王大有务广土地以求身后虚名的人，如果开拓疆土而无益于本身，则其人必定甚困；假令有益于身，但有损于百姓，朕也绝不会做，何况求虚名而损百姓哩！

康国既来归朝，但是道路相隔遥远，其国一旦有紧急危难，我国则不得不加以救援。兵行万里，补给线长，岂能避免劳动人民？如果劳累人民以求虚名，此事绝非朕之所欲！他们归附的请求，不必考虑接受了。"

随着唐朝日益强盛，西域很多国家都纷纷来朝贡了。然而，高昌王与唐的关系却反而日渐恶化，他仗着得到西突厥的支持，一方面对唐藩臣无礼，一方面则阻绝西域各国入唐的道路，甚至联合西突厥攻击唐朝在西域的属国。贞观十三年（639）底，太宗命令宰相侯君集统兵西讨。

曲文泰闻唐朝出师，竟夸口说："大唐距离我国七千里，其中有两千里是沙漠，地无水草，寒风如刀，热风如火，怎能行得大军？往年我入朝，见秦陇一带城邑萧条，今来攻我，兵多则补给不继，兵少则没有大用，若兵力在三万以下，我的力量即足以制伏他们。我们的战略应该以逸待劳，等唐军顿兵城下，不过二十日，粮食用尽则必然撤退，届时可纵兵追擒，何足忧也！"

贞观十四年（640）夏五月，侯君集西征军拥兵进至柳谷（约在吐鲁番北）。侦骑来报，说曲文泰闻唐兵入境，惊忧而死，如今其国民已立文泰之子智盛为国王，并克日为文泰举行葬礼；乘其国人会葬故王之时，只要两千骑兵进行袭击，即可一网成擒。将领们也都同意此策。侯君集否决说："天子因高昌骄慢，命我恭行天诛，如今在坟墓间袭人之丧，我军固不足以称武，也不足以代表堂

堂问罪之师！"遂按兵不动，待其葬礼完毕，然后才进军平定其国。（善后可参第一六六条）

（162）自从东突厥平定后，漠南无复强国，各部落散弱而受唐朝保护，然而也同时受到来自漠北的强权——薛延陀的威胁。薛延陀外表对唐称臣恭顺，内心却一直想当北亚霸主，吞并漠南。

贞观十五年（641），薛延陀元首真珠可汗听闻太宗将东至泰山封禅，遂统兵二十万南渡沙漠，想乘机吞并，造成事实。太宗闻报，分命名将李世勣等统兵北援，大破薛延陀军。薛延陀损失惨重，撤回漠北。

武力战的胜利并不表示问题已经解决，太宗本人是名将兼政治家，当然了解这道理。到了贞观十六年（642）冬天，形势稍缓，太宗与宰相侍臣商量对策；自己先提两策，以征求意见。他说：

"北狄世为寇乱，突厥平定后，薛延陀又继起强大，我们必须预早安排对策。朕熟思之，对付他们唯有两策：第一是征兵十万北征，彻底征服他们，这样可换得一百年无大患。第二是答应他们的请求，与他们和亲。朕为苍生父母，苟有利于苍生，岂惜嫁一女给他！北狄风俗多由内政，宗女嫁出生子，即我外孙，由女制孙，将来不侵中原断可料知；以此而言，边疆亦可得三十年无事。这两个计策，何者优先？"

"和亲为上。"司空房玄龄回答，"隋末大乱，户口至今大半未复。兵凶战危，圣人所慎。采用和亲之策，实天下幸甚！"

太宗原本要将新兴公主嫁给真珠可汗，后因政策改变，借口真珠聘礼不备而停止。第二策既不能行，所以后来采取第一策。

（163）唐太宗一生征伐，最不能算成功的，乃是晚年对付高句丽。这里保留了有关高句丽问题的五段谈话及奏章的记录：

贞观十六年（642）十一月，太宗第一次得到高句丽政变的报告（参第一五三条），当时却没有很明快的反应，也无意讨伐它。翌年九月，新罗使节入朝告急，说百济联合高句丽攻取其国四十余城，复又断绝了新罗入朝之路，请求唐朝出兵救援。至此，太宗才命大使至高句丽等，命令两国实时停战，否则明年出兵攻击它们。这时候，太宗首次考虑到武力干预的问题，征求侍臣意见说：

"今日以国家的兵力取之不难，但朕不能立即动员军队，且令契丹、靺鞨（均为东北属国，一为高句丽西邻，一为北邻）出兵骚扰它，如何？"

房玄龄反对说："古自各国无不强凌弱、众暴寡，弱肉强食。如今陛下抚养苍生，将士勇锐，力量有余而不攻取它们，真得'止戈为武'的精神啊！从前汉武帝屡伐匈奴，隋炀帝三征高句丽，因而造成了民贫国败之局，希望陛下详察。"

太宗同意，说："好！"

今日检讨看来，这次讨论的结果，无疑是以后失败的根源了。房玄龄是一位温和派的名相，是对外彻底主张非战的主和派领袖。但他忽视了一个问题：唐朝皇帝是天可汗，唐朝是宗主国，有责任和义务以实力来维持周边秩序。前年薛延陀大举南侵漠南，李世勣等立刻奉命大举救援，即已十足表明了这种意义。

太宗既要维持世界秩序，保持现有的世界权力均势，即应及早对高句丽的政变采取行动，让政变者不能有机会稳定国内情势，并向外发展。就这一点看，太宗已丧失先机。及至高句丽和百济联军攻新罗，唐朝站在宗主国立场，理应立即有效反应才是，否则无异鼓励周边属国的侵略战争，而且唐朝也无以在属国面前再维持威望和信用。派遣特使提出调停和警告，未尝不是办法。然而纵使唐朝此时不便以武力干预，不过太宗的"以夷制夷"代替战争构想应该是适当的，尤其配合外交的调停和警告，作用力将会更大。太宗一再坐失良机，采纳了玄龄的承认现实——承认国际政治弱肉强食的残酷现实——观念，希望本国在残酷的斗争中独善其身，这无异是"袖手看邻火灾起"的态度，足以自招危机。先机一再丧失，待对手的力量稳定了、壮大了，才不得已讨伐，不败已属万幸，还有何言？

贞观十八年（644）二月，至平壤特使回朝，报告莫离支盖苏文不服调停，并建议为了维护周边属国秩序，不可以不讨伐。太宗才认真地思考出兵的问题，并且想亲自出征。此时朝臣分为主战派和主和派，主和派声势较大，谏议大夫褚遂良属于此派。他进谏说：

"陛下兵机神算人莫能知，从前克平隋末寇乱，讨平失礼西蕃（指高昌），大破侵边北狄（指薛延陀），当时陛下要命将出师，而群臣莫不苦谏。唯陛下明略独断，卒奏成功。今闻陛下将伐高句丽，群臣意旨大惑，然而陛下神武英声，不比周、隋之主，兵若渡过辽水，事则必须克捷；万一不胜，声威则受损伤，届时陛下必更发怒，再动干戈，频频不已，事势到此可就安危难测了。"

今日检讨看来，遂良的意见甚是。有些人不能失败，一失败则想挽回，以至于身死而后停止，隋炀帝是这种人，太宗也不免有此性格，遂伏下大唐与高句丽以后频年交战的原因。谏阻太宗亲征而改为命将出师，确为上策。然而遂良歌颂太宗神武在先，则不免先助长他的骄气，然后才劝他收敛，是为不懂心战的言论，难怪太宗最后仍坚持亲征了。

十八年（644）秋天，太宗开始部署从战人事与物资装备。十月十四日，大驾启程先到东都，留房玄龄为京师留守，李大亮副之。翌年二月十二日，太宗又从洛阳出发，命令萧瑀为洛阳宫留守。同月十七日，下诏说离开定州后，留皇太子在定州监国。退休名将尉迟敬德乘机建议说：

"皇上亲往辽东，太子又在定州监国，然而东、西二京才是府库所在之地，虽有留守，终是空虚。辽东路远，恐怕会有杨玄感之变发生（玄感为隋名相杨素之子，身为大臣，乘炀帝亲征高句丽，而在国内举兵起事）。而且高句丽不过只是边隅小国，不足以亲劳万乘之尊前往。如果能胜，固不足以称武；万一不胜，反为世人所笑。伏请委任良将，自可应时摧灭。"

太宗虽不采纳他的意见，但识者都同意他的看法。

唐军分海、陆两路征伐高句丽，海军由张亮任总司令——平壤道行军大总管，陆军由李世勣任总司令——辽东道行军大总管，礼部尚书、江夏王李道宗副之。世勣、道宗皆为当代名将，指挥的兵力约六万多人（包括部分外族兵团），海军兵力亦有四万余、战舰五百艘。由于考虑到天子亲征，非同小可，所以陆军正、副总司令不放心由别人当先锋，两人亲自负责相关事宜，太宗的意思也是如此。

贞观十九年（645）三月底，先锋部队约数千人正式出发，由世勣、道宗亲自率领，急速抢渡辽河，攻击辽东各城市。四月十五日，二将合攻盖牟城，激战至二十六日而攻拔之，俘虏两万余人，粮食十余万石。这时，太宗御驾才到北平，寻即亲统大军出发。

五月，高句丽步骑四万驰援辽东，唐先锋军兵力较弱，军中议筑深沟以保险，等待太宗的主力到来，然后才慢慢推进会战。李道宗反对说："不可，贼军又急又远地奔来驰援，将士实已疲顿。他们现在恃众轻我，我军一战即可摧毁他们。从前耿弇（东汉名将）不以贼留给君父，我们既为先锋军，应当清道以接待圣驾才是。"世勣甚表同意，遂决志合战。

道宗率领骁勇的骑兵数百人直冲敌阵，在阵中左右出入；世勣见敌阵已动摇，遂挥军合击，大破援军。稍后太宗已至，深加劳赏。后来安市之战（参第七十七条），道宗在阵伤足，太宗亲为他针灸，并赐以御膳。

太宗在贞观二十年（646）三月班师回抵京城，高句丽在东北亚更加无所顾忌。九月，下诏不再接受高句丽朝贡，另议下一次征讨事宜。翌年年初，朝议认为攻取高句丽受自然环境的限制，不易奏功，建议以后每逢耕作季节则遣兵更迭骚扰，采用中级兵力的游击战和骚扰战，几年持续下来，则鸭绿江以北社会经济必然崩溃萧条，届时可不战而下。太宗采纳了。自此以后，东北的营州，山东的莱州，遂成为专对高句丽采取行动的军事基地，中央特遣部队配合营州都督府部队以陆战为主，莱州基地的部队皆为特遣，是海陆两栖作战的部队。战略改变后如此连连骚扰，果然奏效，至高宗即位不久，终于征服了朝鲜半岛。

不过，在贞观二十二年（648）的夏天，太宗眼看高句丽受困，遂与长孙无忌决意于次年征发三十万兵力再度大举征伐，并立即下令大造战舰，后勤总动员。这时，太宗在新造的玉华宫（在今陕西铜川）避暑，房玄龄留守京师。七月，玄龄病危，太宗征赴玉华宫相见，并留宫休养。玄龄告诉诸子说："当今天下清平，庶事各得其宜，只有东讨之事最为国家之害，群臣莫有谏止。我知而不言，死有余责，可谓衔恨入地啊！"遂呈上他一生中最后的谏表，说：

"臣闻'兵恶不戢，武贵止戈'。当今圣化所及，无远不届，上古所不能臣服的，陛下皆能臣服之；所不能控制的，亦皆能控制之。详观古今，为国家祸患的莫过于突厥，而陛下也能坐运神策，不下殿堂，使大小可汗相次束手入侍；其后薛延陀鸱张，不久即遭夷灭，使沙漠以北，万里无尘；至于高昌叛乱于流沙，吐谷浑首鼠于积石（指青海省积石山），仅派偏师薄伐，二国即俱从平荡。高句丽逃过历代之诛，莫能讨击。陛下责其逆乱，杀主虐民，故亲征问罪。不过旬日，即拔辽东，前后俘获数十万计，分配各州，无处不满（亲征之役攻拔高句丽三州十城，将其中部分户口七万迁移至内地各州居住）。往代的宿耻已经洗雪，校功则已超出前王，此圣主所自知，微臣安敢备说！

"且陛下仁风孝德被及天下，神算用人他人莫及，资兼文武，才情焕发，臣心识昏愦，岂足以论圣功的深远、天德之高大呢？陛下身兼众美，臣深为陛下惜之重之、爱之宝之！《周易》说：'知进而不知退，知存而不知亡，知得而不知丧。'又说：'知进退存亡而不失其正者，其唯圣人乎！'由此言之，进有退之义，存有亡之机，得有失之理。老臣所以为陛下惜者，就是指此而言啊!《老子》说:'知足不辱,知耻不殆。'臣以为陛下的威名功德亦可以满足了,拓地开疆也可以停止了,高句丽本是边荒小夷,不知仁义道理,自古即宽容以待之,必欲灭绝他们,恐会作困兽之斗。

"陛下圣慈,每决死囚皆必命令三覆五奏、吃素食、停音乐,以示人命之重,况今将士无一有罪,驱使他们作战,肝脑涂地,魂魄无归,忍看老父孤儿、慈母寡妻摧心哀痛,此实天下之冤痛啊!且武力只能不得已而用之,向使高句丽违失臣节,则陛下诛之可也;侵扰百姓,则灭之可也;能长期为患中国,则除之可也。有一于此,虽日杀万夫不足为愧。今高句丽无此三条,陛下却坐烦中国,内为旧主雪怨,外为新罗执雠,岂非所存者小,所失者大?愿陛下遵皇祖老子(老子姓李,唐高祖时即有老子为唐室祖先之说,高宗以后即尊为太上元元皇帝)'止足'之诫,以保万代巍巍之名;并发恩诏,允许高句丽以自新,停罢动员的准备。自然华夷庆赖,远近肃安。

"臣老病三公(当时任司空),朝夕入地,谨罄残魂余息,预申结草报恩之诚;倘蒙录此哀鸣,即使臣死,骨且不朽了!"

太宗览表,感动地对玄龄的媳妇高阳公主(高阳乃太宗所娇爱之女,嫁房遗爱)说:"这人病危如此,尚能忧我国家,朕虽不采纳,但是这种意见终究也是善策啊!"遂亲自临视,和玄龄握手诀别,悲不自胜。玄龄不久即逝世。

(164)贞观二十二年(648),太宗晚年多病,似乎自知大限将至,遂撰《帝范》一书赠给太子,教他如何做皇帝,至说:"一旦朕有不讳,更无所言了!"

《帝范》共有十二篇，其中有一篇命名为"阅武"，内容谈到战争在人类社会中的地位和作用，说："武力乃是国家的凶器：土地虽广，好战则人民凋敝；邦国虽安，忘战则国家危殆。人民凋敝不是保全国民的技术，国家危殆不是拟度寇敌的方法。因此，武力之事，不可以全除，也不可以常用。在农闲时候讲武，是为了练习军队的威力和阵容，三年大治兵一次，是为了辨别军人的等级，所以勾践修德治兵而卒成霸业，徐偃王弃武修文却终以丧邦。何以有如此的差异呢？这是由于越国练习威武，而徐国则忘却守备啊。孔子曰：'以不教民战，是谓弃之。'不教人民作战就等于遗弃他的国家人民，因此可知，武力之威是为了天下之利而产生的。用兵的职志，就是要发挥这种利天下的威力。"

这也可以视为太宗晚年对战争与国防认识的总结。

二、安边问题的争论

（165）贞观四年（630），李靖平定东突厥，俘虏了颉利可汗，漠南各部落多来归降，人数多达十万人。太宗为此下诏廷议安边的问题。会议在激辩中进行，大体分为包容派和驱逐派，前者以宰相温彦博持之最力，后者以宰相魏徵争辩最坚。

温彦博的建议是：依照汉武帝的处置降人政策——把匈奴安置于河南（指河套以南），整个部落仍得聚居在一起，以作为大唐的屏藩，又保存他们的文化。这样一来既可以充实无人居住的地方，另一方面则表示大唐对他们没有猜疑之心，符合含育之道。

魏徵则说："匈奴（泛指北方民族）自古至今，未有如此的破败过，这是上天要剿绝他们、我宗庙显示神武的缘故。而且他们世代寇侵中原，为万姓的冤仇，陛下如果因为他们归降，不能诛灭，即应将之遣送回河北（指河套以北）旧地。匈奴人面兽心，非我族类，强则必然寇盗，弱则卑伏不出，天性就是不顾恩义，所以秦汉大感祸患，时发猛将以击之，吞并他们的河南地区以为领土。如今陛下以内地让他们居住，他们人数多达十万，几年之后滋息过倍，届时居我肘腋，接近首都，心腹之疾，将为后患，所以尤其不可以让他们居于河南。"

"天子对于万物如同天覆地载，有归我者必养之。"温彦博反对魏徵，"如今突厥破亡，残余部落来归附，陛下如果不加怜悯而容纳他们，这绝不是天地含育之道，而且也阻塞四夷来附之意。臣愚，以为魏徵之策甚不可接纳；应该安置他们于河南，所谓'死而生之、亡而存之'；他们怀我厚恩，终无叛逆之忧。"

"晋朝初年，胡人部落分居中原，江统提出'驱戎论'，晋武帝不听，数年之后，伊洛遂倾败。前代失败的教训不远，陛下一定要采用彦博之言，无异是'养虎为患'啊！"魏徵说。

"臣闻圣人之道无所不通，突厥余魂以命归我，我将他们收居内地，教以中国礼法，挑选他们的尊长入京侍卫，他们必定畏威怀德，何患之有？而且光武帝建都在洛阳，却把匈奴安置于内郡，以作为汉朝的屏藩，他们终汉一代也没有叛逆。"彦博反驳魏徵的论调，又说：

"隋文帝劳兵伤财地协助启民可汗即位复国，他们却寡恩失信，后来反将炀帝围困在雁门。陛下仁厚，如今想顺其希望，任由他们居住于河南、河北一带，让他们各自追随自己的酋长，而部落之间却互相没有统属的关系，使他们力量分散、势力割裂。这种情况又安能为害？"

杜如晦之弟——给事中杜楚客，支持魏徵的意见，说："北狄人面兽心，难以以德让他们感怀，却易于以威力慑服。如今命令其部落散处河南，逼近中华，日子久了必为祸患。至如雁门之围，虽是突厥背恩，其实也导因于隋主无道，中国大乱，是咎由自取，岂得说协助复国以招此祸？'夷不乱华'是前哲的明训，'存亡继绝'乃列圣的通规，臣恐怕事不师古，难以长久。"

当时，太宗正要实行怀柔政策，所以不采用魏徵等一派的意见，卒用温彦博之策，于长城沿边设立四个都督府以安置他们，迁入长安居住的酋长几乎达到一万家，皆拜为将校，布列朝廷；官职在五品以上的就有百余人，几与朝臣的总数相等。

降至贞观十三年（639）四月，发生"九成宫兵变未遂案"，太宗对突厥的政策乃有改变。

当月太宗来到九成宫避暑，突厥突利可汗之弟——中郎将结社率，秘密联络旧部，并拥突利之子贺罗鹘，夜袭行宫。袭击失败而逃，不久皆被捕获，结社率被处斩。自此以后，太宗即不再让突厥人侍卫当值，后悔安置他们在中原。同年七月，下诏送突厥人回归故土，仍建都于河北定襄城，立其王族李思摩（突厥国姓为阿史那氏，思摩赐姓李，当时受封为右武候大将军、化州都督、怀化郡王，他太过唐化，为后来国人不拥戴的原因）为"乙弥泥孰俟利苾可汗"（当时颉利、突利二可汗已死），重新建国，是为东突厥第二帝国。太宗并令薛延陀真珠可汗统治漠北，俟利苾可汗统治漠南，不许互相侵犯。

稍后，太宗感叹地说："我朝百姓实为天下的根本，四夷之人如同枝叶罢了。劳扰根本以厚枝叶，而又希望求安，是从未有过的事啊！当初不用魏徵之言，遂觉劳费日甚，几失久安之道。"

关于太宗感叹之语，其实李大亮早就在贞观四年（630）七月——灭亡东突厥后五个月提出了。他当时任凉州都督（他谏求鹰的事参第二十三条），奉诏招慰逃散在伊吾国（今新疆伊吾一带）的东突厥部落。在接到命令后，他上疏谏诤道：

"臣闻绥远者必先安近，我朝百姓，是天下根本；四夷之人，犹如枝叶。劳扰根本以厚枝叶，是从未有过的事。自古明王以'信'化国家，以'权'驭夷狄，所以《春秋》说：'戎狄豺狼，不可厌也；诸夏亲昵，不可弃也。'自从陛下励精图治，民富兵强，四夷自服。如今招致突厥入侵，臣愚蠢，稍觉此事只有劳费，未悟有何利益？然而河西人民居住于前线，本来就州县萧条，户口稀少，加上隋末大乱的减耗，户口尤其不多。突厥未平之前，他们尚不安业；突厥衰弱以来，才开始安心务农。现在即要劳役他们以招抚突厥，恐有妨碍损失。臣愚惑，敬请停止招慰。

"而且，远荒蛮夷，古来即臣而不纳，拒绝与他们来往，所以周室爱民攘夷，竟延八百之祚；秦始皇轻易开战，故四十年而亡。汉文帝养兵静守而天下安丰，汉武帝扬威远略而海内虚耗，虽有'轮台之悔'（武帝晚年后悔用兵，乃颁轮台之诏与民休息），追已不及。至于隋室，早得伊吾，兼统鄯善（今新疆鄯善一带），既得之后，劳费日甚，使国内空虚，最后有损无益。远寻秦汉，近观隋室，动静安危，昭然若揭。

"如今伊吾虽已称臣内附（凉州都督兼统伊吾），但远在沙漠，地多沙卤。他们内附称藩，犹请采取羁縻政策（即维持主从名分而不过问内政的政策），使居塞外；他们必怀威畏德，永为藩臣。如此则行虚惠而收实福了。近日突厥倾国入朝，既不能安置于江淮以同化他们，反而安置于离京不远的地区，虽有宽仁之义，却也不是久安之计啊！

"每见有一人投降，陛下则赐绢五匹，袍一领，酋长则悉拜大官。禄厚位尊，靡费即多。以中原的租赋供给积凶的凶虏，他们来附的人也就益多，绝非大唐之利啊！"

太宗不接受他的建议，同年九月即正式批准伊吾内属，改置为西伊州。

（166）东突厥是世界强权，领土广大，善后事宜当然是极头痛的事。东突厥亡后，另一世界强权就是西突厥（东、西约以阿尔金山为界），它是雄霸中亚和西亚的霸主。唐朝若与西突厥一旦冲突，则西域（今新疆）将是两国必争的战略要地。西域之中，则以高昌国较强，依违于大唐与西突厥之间，尤为战略焦点。

贞观十四年（640），侯君集平定高昌（参第一六一条）之后，太宗即欲将其地建置为州县。魏徵反对说："陛下即位之初，高昌王曲文泰率先入朝谒见，后来数有胡商抱怨他遏绝入唐贡献之路，加之对我朝不礼，才有诛伐之诏。这样看来，罪止于文泰就足够了，不如因抚其民而立其子继任为王，这才符合吊民伐罪的意义，而使威德被于外国，实为治国的善策。如今若收之为我朝，则经常需派千余部队驻扎镇守。几年轮调一次，来往交替，死者十有三四，并且还须遣办衣资，离别亲戚。十年之后，陇右空虚，陛下终不得高昌撮谷尺布以助我朝，所谓散有用之财而事无用，就是指此而言。臣认为不可。"

太宗不从，把高昌改置为西州，并设立安西都护府于此，以作为监护西域各国的大本营，每年调发千余人前往防守。

后来褚遂良为此上疏说："臣闻古代哲后明王，必先华夏而后夷狄，推广德化而不事远荒。陛下诛灭高昌以为州县，军队第一年调发时，河西人民供役沉重，十室九空，数郡萧条，五年不能恢复元气。以后每年调发，军人离乡别井，自办军备。中途若有死亡，又需派罪人增防补充；驻军若有逃亡，官府捕捉，为国生事。高昌乃沙卤之地，对我朝无益，设令张掖或酒泉万一有警，陛下岂能得高昌一人一粟以为助呢，还不是要靠陇右各州星驰支援吗？由此而言，河西实为腹心，而高昌不过是手足罢了，岂得靡费中华以事无用？

"陛下当年平定突厥和吐谷浑，都为他们的残余部众更立元首，因此恢复高昌王国，并非没有前例可援。这就是所谓的'有罪而诛之，既服而存之'的道理了。臣的意思是应该选立新的高昌王，让他复国统治，如此则他必负载洪恩，长为屏藩了。我朝不再劳扰，既富且宁，可以传之子孙，以贻后代。"

至贞观十六年（642），西突厥遣兵攻西州，幸得当时的凉州都督、安西都护、西州刺史郭孝恪是名将，又得军民拥戴，才告无事。不过，太宗还是很后悔地对侍臣说："朕闻西州有警急，虽不足为害，然而岂能无忧呢？！以前魏徵、褚遂良劝朕立文泰子弟，让他依旧治国，朕竟不用其计，今日才自我后悔责备。从前汉高祖遭匈奴包围于平城，事后即奖励娄敬预先主张不可前往的忠言；袁绍败于官渡之战，事后却将预料必败的田丰杀死。朕常以这两事为戒，岂能忘记向之所言哩！"

第十章　有关日常生活的言论

一、关于旅游

（167）唐太宗不是内向型的人物，少年时即已活泼好动、积极主动，而且也会享受生活。只是隋朝灭亡的例子太亲近、太明显了，所以他努力克制，以隋朝为镜子自我纠正。

贞观初年，他即曾向侍臣批评隋炀帝的缺点，说："炀帝为了肆意旅行游乐而广造宫室，从西京到东都，离宫别馆相望于道次，甚至在并州（今山西一带）、涿郡（今河北一带）也莫不如此；所修建的驰道（高速公路），每条皆宽数百步，道旁种树以增美观。于是民力不堪负担，相聚为贼，及至末年，尺土一民，非复自己所有。由此言之，多建宫室和频频旅游，毕竟有何益处？这些事情都是朕耳所亲闻、眼所亲见的，朕深以为自诫，故不敢轻用民力；只有孜孜努力，使百姓安静，没有怨恨和叛乱罢了。"

（168）贞观十一年（637）二月，太宗即位后首次驾幸洛阳宫，在西苑宴罢，泛舟于积翠池上，抒情写意之间，顾谓侍臣说："此宫观台池皆是炀帝所作，所谓驱役生民，穷此雕丽。复又不能守此一都，以万民为虑，反而喜爱旅游而不停息，使人民不能忍受，从前有诗人说：'何草不黄，何日不行！'又说：'大东小东，杼柚其空。'正是指此而言。因此，遂使天下怨叛，身死国灭，如今宫苑尽为我所有。

“隋朝的败亡，岂仅其君无道而已，亦由股肱无良所以造成。例如宇文述、虞世基、裴蕴等人，居高官，食厚禄，受人委任，却唯行谄佞、蔽塞聪明，想使国家没有危机，如何可以达到！”（又参第五条）

司空长孙无忌答口说：“隋朝的灭亡，由于其君杜塞忠说之言，而其臣则苟欲自全。左右有过而不纠举，寇盗滋蔓也不实说，据此即知不但上天降罪，其实也是因为君臣不相匡弼所致。”

太宗同意说：“朕与卿等承其余弊，只有弘道移风，才能使万世永赖啊！”

（169）大驾一行往洛阳宫，中途抵达寿安县（今河南宜阳）的显仁宫，此宫为隋炀帝大业元年（605）所建。由于官府供备不足，官员多被太宗责罚。

侍中魏徵认为不当，进言说：“陛下今幸洛阳，这是陛下从前征行所止的大本营所在地（太宗即位前，曾长期担任陕东道大行台尚书令，统治潼关以东，大本营即在洛阳）。陛下庶几希望这里的人民生活安定，所以要加恩于故老居民，现在居民未蒙德惠，官方却已先后遭到罪罚，原因不外乎供应之物不精，而又不向御驾献食招待罢了。如此实则表示了陛下不思满足、志在奢靡的心意，乖违了行幸洛阳的本心，何以副百姓所望？

以前炀帝行幸，先命地方官吏多作献食招待，献食不多则有威刑。上之所好，下必有甚，上下索求应酬没有限制，遂导致灭亡之祸发生。这不是从书本所读到的，而是陛下亲眼所见。正是因为隋朝如此无道，所以上天才命陛下取而代之。陛下应当战战栗栗，凡事省约，上追先王，下则用以昭训子孙才是，奈何今日想做等而下之的帝王？陛下如果以为足，今日则不啻足了；若以为不足，万倍于此也不足啊！"

"要不是公，朕不会听到此言，自今以后，希望再无这类事情发生！"太宗大惊道，并又顾谓长孙无忌说："朕从前经过此地，也不过买饭而食、租舍而宿罢了，现在官府供顿（官方招待皇帝诸设备的正式称呼）如此，岂得嫌不足哩！"

二、关于畋猎

（170）秘书监虞世南因太宗爱好打猎，遂上疏谏道："臣闻'秋狝（xiǎn）冬狩'（秋天打猎称为狝，冬天则称为狩），乃是古代的常典。伏惟陛下公余而顺着秋冬肃杀的天道，然后才再加以围猎，将欲摧班碎掌，亲自驾驶猎车，翦除凶猛的禽兽，以维护人民的安全，并收其羽革以作军器。然而陛下以黄屋之尊，八方仰德，万国系心，怎能冒此危险，不为社稷着想呢？且天弧星网，所殪（yì）已多，伏愿时息猎车，且韬长戟，不要拒绝庶民的细小请求，将袓褐追搏的责任委之群下，是则可贻范百王、永光万世了。"太宗深嘉其言。

当时又有谏议大夫谷那律，曾跟随太宗出猎，中途遇到下雨。太宗问他："雨衣要怎样做才得不漏？"

古代的雨衣皆以油纸做成，可以防小雨而不大可以防大雨。

谷那律回答说："最好能用瓦来做，就不会漏了。"

太宗听出弦外之音，很欣赏这小幽默，遂赐给他绢帛五十四和一条金带。

（171）贞观十一年（637），太宗一行来到洛阳宫，前后在此住了一年，平常则经常出猎。有一次，太宗猎于洛阳苑，有一群野猪忽然从林中钻出。太宗引弓连射四发，射杀了其中四只，然而有一只却突然冲上来，撞向太宗的马镫。民部尚书唐俭眼见危险，飞身扑下马来与猪搏斗，太宗亦随即拔出佩剑，将野猪斩杀了，然后望着唐俭直笑道："天策长史没见过天策上将击贼吗？何惧之甚！"（太宗即位前曾任天策上将，唐俭任长史。）

"汉高祖以马上得天下，却不以马上王治天下！"唐俭接着说，"陛下以神武定四方，岂可再逞雄心于一只野兽！"

太宗大悦，为之罢猎。

这年七月，洛阳大雨成灾，太宗下诏将明德宫及飞山宫的玄圃院拆毁，以作灾民重建家园的材料（参第五条），并又下诏百官各上封事，以极言他的过失。很多人上封事都批评太宗游猎太频繁。

太宗对此也颇有抱怨，向侍臣说："朕前些日子去怀州（治今河南沁阳），有人上封事批评我，说'为什么常派山东壮丁在苑内整天营造，徭役似乎不下于隋朝的时代，怀洛以东残破，人不堪命，而犹常常畋猎，真是骄逸之主啊！今日又再来怀州打猎，可见谏诤也没用，不要再上封事去洛阳了'云云。其实四时狩猎是帝王的常礼，今日来怀州秋毫也没干犯百姓，上书谏正应有常规，臣下以言之有物为贵，君主以知过能改为贵，像这样的诋毁，简直有如诅咒一样！"

特进魏徵闻言，遂启奏说："国家开直言之路，所以上封事的人特别多。陛下亲自披阅，希望臣言有所可取，因此侥幸之士得以肆其丑言。臣谏其君，的确要婉转折中，从容讽谏。以前汉元帝前去祭祀宗庙，由便门而出，要坐楼船渡河。御史大夫薛广德阻挡车驾、免冠而谏说：'应从桥梁走陆路。陛下若不听臣的说话，臣立即自刎，以颈血污陛下的车轮，使陛下不能入庙！'元帝不悦，光禄卿张猛在旁说：'臣闻主圣臣直，乘船危险，走桥安全，圣主不乘危舍安，广德之言可以听取。'元帝顿悟，说：'朕晓人不当，竟然到达如此地步呀！'于是从桥而过。这样看来，张猛可谓直臣谏君啊！"

太宗也顿时领悟，感到很高兴。

（172）贞观十四年（640）闰十月，太宗到同州（治今陕西大荔）住了半个月，目的是畋猎。太宗在沙苑亲格猛兽，复又晨出夜还，似乎乐而忘返。魏徵看不过眼，启奏说：

"臣闻古代圣主明君不畋游，不格兽，不乘危以徼幸。臣窃思那些君主，他们岂是心如木石，独不爱好驰骋之乐，而屈己以听从臣下之言呢？他们这样做，只是志存为国珍重而不为己身啊！臣听说车驾近日出猎，陛下亲格猛兽，早出晚归，以万乘之尊行荒野，践深林，涉丰草，甚非万全之计。愿陛下割私情之娱，罢格兽之乐，上为宗庙社稷，下慰群寮百姓！"

太宗听了，对魏徵致歉说："昨日之事只是偶然，并非故意的，自今当以卿的劝告作为警戒！"

太宗出发到栎阳县（在今陕西临潼北五十里，唐时为同州的属县）畋猎。栎阳县县丞是后来成为一代名臣的刘仁轨。他跑到太宗的行帐上表切谏说："现在正是收获季节，农民开始收割的才十之一二，这时要抽调他们为陛下的畋猎服务，实在有妨农事，不是人君顺时而动的时机。希望銮驾稍留旬日，等待他们收割完毕才进行，如此则可公私兼济了。"

小小县丞竟敢稽留皇帝日程，太宗非常嘉赏他的勇气和仁心，特颁玺书奖励，并接纳了他的意见，不久即擢升他为新安县县令。

三、关于灾祥的看法

古代若有地荒天灾、星变日异，即被视为上天的谴责，君主需要检讨改过，否则将会身败国亡。若有祥瑞的事物出现，则代表上天的嘉许，将会蒙受福佑，国祚绵长。这些事情今日已视为迷信，但古人是深信不疑的。

（173）贞观六年（632）元旦，虽有日食现象出现，但百官仍建议举行封禅大典，独魏徵反对。太宗和他六问六答，最后才决定不封禅。其中有一问一答是关于符瑞的；太宗问是否符瑞未至，而魏徵却答谓"至了"（参第三十条）。

由于有些地方不时上奏说出现符瑞，怂恿太宗封禅，也颇有讨好的意味。所以太宗就此问题晓谕侍臣们："朕近来见大家的意见都以祥瑞是美事，频频有人上表贺庆。其实朕的本心，但使天下太平，家给人足，则虽无祥瑞，也可比德于尧、舜；如果百姓不足，夷狄内侵，则即使芝草遍街，凤凰满园，那又与桀、纣有何差异？

朕曾听说石勒时，有某郡的官吏燃烧连理木以煮白雉肉吃（连理木和白雉皆为祥瑞），虽然出现祥瑞，他又岂得称为明主呢？又，隋文帝深爱祥瑞，命令秘书监王劭穿着整齐，在朝堂对考使焚香，宣读《皇隋感瑞经》。从前听到这事情，内心以为可笑之至。因为凡为人君，当须至公治天下，以得万姓之欢心，就像尧、舜在上，百姓敬之如天地，爱之如父母，做任何事人皆乐之，发号施令人皆悦之，这才是大祥瑞啊！自此以后，各州若有祥瑞，皆不用申奏上来。"

（174）贞观八年（634），太宗有意征伐青海的吐谷浑。这年的七月初七，陇右山崩，大蛇屡见。这个月，山东及江淮又大水灾。太宗为此询问秘书监虞世南。世南回答：

"春秋时代梁山有过一次崩塌，晋侯采纳臣下之言，为之不举乐，降服而乘缦车（没有装饰的车子），祝币以作礼拜，故得无害。汉文帝时，齐、楚境内有二十九座山同日而崩，大水成灾，文帝命令各地不必来贡献，施惠于天下，远近欢洽，亦不为害。后汉灵帝时，发现有青蛇出现在御座上；晋惠帝时也有大蛇长三百步，经市入朝。按：蛇应生活在草野之中，然而却跑入市朝，所以大家都觉得奇怪；如今蛇见于山泽，因为深山大泽必有龙蛇，所以不足为怪。不过山东之雨成灾，虽说是大自然的常态，然而阴气潜伏过久，恐有冤狱，应该清减一些囚犯，或许可以上当天意吧！而且妖不胜德，修德可以抵消变异。"

太宗以为然，因而派遣使者赈恤饥馁的人，申理冤讼而多所原宥。

（175）同年八月二十三日，南方上空出现了一颗长六丈的彗星，经百余日才消失。彗星在古代被视为不祥之物，所以太宗问侍臣说："天见彗星，是由于朕之不德、政有亏失才出现的，这是哪种妖物呀？"

虞世南又回答说："从前齐景公时出现彗星，遂问于晏子。晏子说：'主公穿凿池沼尚怕不深，筑建台榭还怕不高，厉行刑罚犹怕不重，所以上天显示彗星警告主公罢了。'景公大惧而修德，十六天以后彗星即没。陛下如果德政不修，即使麟凤数现，终究无所益处；但使朝无阙政，百姓安乐，虽有灾变，又何损于圣德？陛下勿以功高古人而自矜大，勿以太平渐久而自骄逸，若能始终如一，彗星出现也不足为忧。"

太宗马上说："朕的治国良无齐景公的过失，但朕年十八即已经纶王业，先后平服刘武周、薛举、窦建德、王世充等人；二十四岁而天下平定；二十九岁即登大位，四夷降服，海内乂安，自谓古来英雄、拨乱之主，没有人能比得上我，因而颇有自矜之意，这是我的过失啊！上天垂警，大概是为此事吧？秦始皇平定六国，隋炀帝富有四海，既骄且逸，一朝而败，我又何得自骄呢？！想到这点，不由令人警惕。"

魏徵在旁说："臣闻自古以来皇帝在位未有无灾变的，但能修德，则灾变自消。陛下因有天变，遂能内心戒惧，反复思量，深自克制自责，所以虽有此变也不足以构成灾祸的。"

（176）贞观十一年（637）七月初一那次大雨造成了洛阳水灾，水深平地四尺，冲毁宫寺十九所，漂失六百多户家庭。太宗为此表示罪己，并告诉侍臣说："由于朕的不德而使皇天降灾。灾情如此惨重，矜物罪己，深怀忧惕，朕又有何心情独甘滋味呢！可命尚食（掌御膳之官）剔去肉食，只煮蔬菜，文武百官各上封事极言得失。"（参第五条）

大家纷纷上封事发言。其中中书侍郎岑文本的封事说："臣闻开创事业困难，守成其实也不易，所以居安思危，才可以稳固大业，有始有终，才能够崇立基础。如今虽然太平，但是既承丧乱之后，人口锐减，土地尚多未加垦辟。陛下含育之恩虽然已很明著，然而社会疮痍犹未复原；德教之风虽已广被，然而人们资产仍旧屡空，只有长期滋养百姓，才有再度繁盛的一天。如果有所征役，时间愈久则凋耗日甚，凋耗既甚则民不聊生，民不聊生则怨气充塞，怨气充塞则离叛之心就会产生了，所以帝舜说：'可爱非君，可畏非民。'孔安国（孔子后裔，汉朝的大儒）解释这句话说：'民以君为命，故可爱；君失道而民叛之，故可畏。'孔子也说；'君犹舟也，民犹水也，水所以载舟，亦所以覆舟。'因此古之哲王，虽休勿休，日慎一日，主要是为此罢了。

"伏惟陛下览古今之事，察安危之机，上以社稷为重，下以人民为念，明选举，慎赏罚，进贤才，退不肖，闻过即改，从谏如流，为善不疑，出令必信，省畋游之娱以颐神养性，减工役之费以去奢从俭，务治内政而不求辟土，练习弓矢而不忘武备。凡此数者，虽是治国的常道，而又是陛下所努力推行的政策，但是臣还是希望陛下思而不怠。若能如此，则至道之美可与三皇五帝比隆，亿年之祚可与天地长久了；即有桑谷为妖、龙蛇作孽的灾异发生，犹当转祸为福，变灾为祥，何况雨水之患乃是阴阳常理，岂可谓天谴而使圣心忧焚呢？

"古人有言：'农夫劳而君子食焉，愚者言而智者择焉。'

臣辄陈狂瞽，伏待斧钺！"

太宗深纳其言。

四、论贯彻始终

（177）贞观五年（631），太宗谈到有今日的成功，除了多谢大臣，尚互勉要贯彻始终。他说："自古帝王谁也不能经常保持完全地化成天下，总会有一些遗憾的地方，即使国内治安，却不能避免外扰。当今远夷率服，百谷丰稔，盗贼不作，内外宁静，这不是朕一人之力所能达成，实由于公等共相匡辅。不过，安不忘危，治不忘乱；虽知今日无事，也必须思其终始。常得如此，才是可贵之事啊！"

"自古以来元首、股肱不能备具；如果人君是圣人，则臣下却常常不是贤人；如果遇到贤臣，则往往没有圣主。"魏徵既在解释何以古代政治有缺憾，又为了勉励太宗，故说，"当今陛下圣明，所以能够致治，假如一向有贤臣而君不思化，那也无所益于天下。如今虽太平，臣等犹未以为喜，唯愿陛下居安思危、孜孜不怠就好了！"

（178）贞观六年（632），太宗大概读了《汉书》，遂对汉朝开国皇帝汉高祖提出批评："自古人君为善，多不能长期固执坚守。汉高祖不过是泗水一亭长罢了，最初能够拯危诛暴以成帝业，十余年后，却也纵逸招败，晚节不保。怎么知道呢？从高祖惑于爱姬，想废温恭仁孝的惠帝（时为太子），而改立爱姬之子为太子一事；另外又从高祖不顾念功臣——萧何曾被妄加囚系，韩信也被滥加降黜，其余功臣莫不震惧不安，以至于先后反叛的事实来看，他们君臣父子之间，竟然如此的悖乱谬误，岂不是难保的明证吗？

"朕所以不敢恃天下之安，常思危亡以作自我的警戒，实在是希望能保其终吧。"

（179）贞观九年（635），李靖又平服了历史上号称难缠的吐谷浑，唐朝早期的两大顽强对手——东突厥和吐谷浑——至此已告解决，加上内政又佳，所以太宗自豪地对公卿说："朕端拱无为而四夷咸服，这种成就岂是朕一人之力所能达致，实赖诸公之力罢了。当思善始令终，永固鸿业，子子孙孙递相辅翼，使丰功厚利惠及后代；今数百年后的人读我国史，皆觉得鸿勋茂业，粲然可观，岂惟只称赞隆周、炎汉及建武（后汉光武帝年号）、永平（后汉明帝年号，东汉最盛在光武、明、章三帝时期）的事迹而已哩！"

房玄龄说："陛下谦虚，推功于群下。致治升平，关键在主上圣德，臣下何力之有！惟愿陛下有始有终，则天下永赖！"

太宗听了，跟着也说："朕观古代创业拨乱之王，皆年逾四十始登大位，只有光武帝才三十三岁。但是，朕年十八就举兵，二十四岁而定天下，至二十九岁即升为天子，此则是武功胜于古人；少年从戎，不暇读书，贞观以来则手不释卷，由此知风化之本，见政治之源，行之数年，天下大治而风移俗变，子孝臣忠，此又是文德胜于古人；从前周、秦以降，戎狄内侵；如今戎狄稽颡（qǐ sǎng），皆为臣妾，此又是威怀外夷胜于古人。这三种成就，朕何德以当之？现在既然有此功业，何得不善始慎终哩！"

（180）贞观十二年（638）某日，太宗在读书之余，内心产生一个困惑，遂问于侍臣们说："朕读书，见前代帝王做善事皆力行不倦，所任用的人也的确是贤能之士，然而成就却仍然比不上三皇五帝，究竟为什么呢？"

魏徵回答道："当今四夷宾服，天下无事，诚旷古所未有！然而自古帝王初即位时，都想励精图治、比迹于尧舜；及至安乐了，则变得骄奢放逸，莫能终其善。至于人臣初见任用时，都立志匡主济时、效法稷契；及至富贵了，则想苟全官爵，保持既得利益，莫能尽其忠节。如果君臣常无懈怠，各保善终，则天下无须忧虑不能致治，自然可以超越前古了。"

"诚如卿言！"太宗佩服地说。

（181）贞观十三年（639）四月，突厥卫士发动"九成宫兵变"（参第一六五条），翌月又逢旱象出现，所以太宗诏令五品以上官员上封事发言。魏徵眼看着太宗近年来渐渐改变，忧虑他不能克终，于是递上著名的《十渐不克终疏》，大意说：

"臣观自古帝王奉天定国者，皆欲传之万代，为子孙打好基础。所以颁布大政于天下时，语道则先淳朴而抑浮华，论人则贵忠良而鄙邪佞，言制度则崇俭约而绝奢靡，谈物产则重谷帛而贱珍奇。人主受命之初，皆能遵此以成治，稍安之后，则多反此以败俗，缘故何在？岂不是因为居万乘之尊，有四海之富，出言则无人敢反对，所为则大家都顺从，溺公道于私情，亏礼节于嗜欲所造成的吗？古语说：'非知之难，行之惟难；非行之难，终之斯难。'真是可信啊！

"伏惟陛下年甫弱冠，即大拯横流，削平区宇，肇开帝业。贞观之初，陛下方壮之年，亦能损欲行俭，内外康泰，遂臻治。臣自擢居左右，十有余年，陛下屡向臣自许遵守仁义之道，坚持俭约之德；德音在耳，岂敢忘之！然而顷年以来，陛下稍违向之志愿，敦朴之理渐不克终。臣谨以所闻，列之于左：

"'陛下即位之初，无为无欲，清静以化天下。于今其风渐坠，听说话则好像远超上圣，论行事则并未超越中材之主，言行互不相符，这是第一种渐不克终的地方。

"'陛下即位之初，视民如伤，恤其勤劳，爱之如子；每存简约，无所营造。顷年已来，意在奢纵，轻用民力，并且诡辩说"百姓无事则骄逸，劳役则易使"。自古以来，未有由百姓逸乐而导致倾败的，因何害怕骄逸而故意劳役他们呢？那绝非兴邦安民的观念。这是第二种渐不克终的地方。

"'陛下即位之初，损己以利民，今日则纵欲以劳民，嘴巴虽常说忧民的话，然而内心却以享乐为念，甚至想有所建造时，怕人谏诤，竟说出"若不为此，则不便我身"这些话来。既然如此，人臣何可再争，此举简直意在杜绝谏者之口罢了，岂能称得上择善而行哩！这是第三种渐不克终的地方。

"'陛下即位之初，砥砺名节，不私于物，唯善是与，亲爱君子而疏斥小人。于今则不然，变得轻狎小人而礼重君子。重君子则敬而远之，轻小人则狎而近之；近之则不见其非，远之则莫知其是，如此昵近小人，绝非致治之道，而如此疏远君子又岂是兴邦之义？这是第四种渐不克终的地方。

"'陛下即位之初，遵行尧、舜反朴归淳之道。顷年以来，好尚奇异，耽求于宝货奇珍。在上者爱好奢靡，而却希望在下位的人敦朴淳厚，那是不可能有的事。这是第五种渐不克终的地方。

"'陛下即位之初，求贤若渴，委任笃信，用其所长。近年以来则不然，好恶由心，听谗轻信，臣僚往往因一言而遭怀疑，或甚至遭到贬黜。须知君子弘大德而小人为己谋，陛下不审察其根源而轻加臧否，是使守道者日疏而干求者日进，人人皆思苟免于罪，而不能尽力于任事的啊。这是第六种渐不克终的地方。

"'陛下即位之初，高居深视，清静无欲，弃网罗而绝畋猎。数年以后则不然，以驰骋为欢，以盘游为乐，不但见讥于百姓，更未考虑有不虞之变；万一事出不测，其可救吗？这是第七种渐不克终的地方。

"'陛下即位之初，敬以接下，故上下能够沟通交流，臣下咸思竭力尽心。顷年以来，多所忽略，臣下有所报告，欲言则颜色不接，欲请又恩礼不加，甚至诘人的短处和细过，如此而望上下同心、君臣交泰，不也很难吗？这是第八种渐不克终的地方。

"'陛下即位之初，孜孜不怠，屈己从人，常若不足。顷年以来，微有矜放；恃大功而蔑前王，负圣智以轻当代，渐生傲态；虽或抑情从谏，终是不能忘怀，渐成纵欲；嬉戏无倦，虽未全妨政事，但也不再专心治道，渐有乐极之形；内外安服，犹远征遐裔，渐有志满之意。这是第九种渐不克终的地方。

"'陛下即位之初，矜育为怀，所以百姓虽灾荒也不肯携贰。顷年以来，人民疲于徭役，关中尤甚；若逢灾荒，恐怕百姓之心，不能如从前般宁帖。这是第十种渐不克终的地方。'

"伏惟陛下统天御宇十有三年，道洽寰中，臻至太平。今年天灾致旱，凶丑作孽（指九成宫兵变），实是上天垂象警告，诚为陛下惊惧之辰、忧勤之日啊！陛下若是警戒而改过，小心求治，与物更新，则可宝祚无疆，普天幸甚，何祸败之有呢？然则社稷安危，国家治乱，在于一人而已！当今太平之基已崇，犹亏一篑之功罢了。千载休期，时难再得，明主可为而不为，微臣所以郁结而长叹者也！"

太宗览后，召见魏徵，说："人臣事主，顺旨甚易，忤情尤难。公做朕耳目股肱，常常论思献替，朕今闻过能改，庶几克终善事。若违此言，更何颜与公相见，还想怎样来治天下呢?！自从收到这份奏疏，朕反复研究思考，深觉词强理直，遂写在屏风上朝夕瞻仰，又录送一份交给史官，希望千载之下，犹识君臣之义。"乃赐黄金十斤、御马两匹，以作嘉勉。

（182）贞观十四年（640），太宗对侍臣说："朕虽平定天下，假如守之不当，功业也会难保。秦始皇亦平六国，据有四海，及至末年却不能善守，实可作为鉴戒。公等应念公忘私，则荣名高位，也可以克终其美呀！"

魏徵答道："臣听说'战胜易，守胜难'，陛下深思远虑，安不忘危，功业已经光耀，德化复又洽博，若能常以此念为政，宗庙社稷就无由倾败了！"

（183）贞观十六年（642），太宗问魏徵："观近代帝王，有的传位十代，有的仅传一两代，甚至也有自身得之而自身失之的，朕所以常怀忧惧，或恐抚养生民不得其所，或恐心生骄逸，喜怒过度而不自知。卿可为朕谈谈看，让朕作为楷模规范好吗?"

"嗜欲喜怒之情，贤愚皆同。贤者能够加以节制，不使过度，而愚者则放纵任情，多至失所，两者差异在此而已。"魏徵分析而又勉励皇帝说，"陛下圣德玄远，居安思危。伏愿常能自制，以保克终之美，则万代永赖了！"

附录

原典精选

君道第一

贞观二年，太宗问魏徵曰：“何谓明君、暗君？”征曰：“君之所以明者，兼听也。其所以暗者，偏信也。诗云：‘先人有言，询于刍荛。’昔唐虞之理，辟四门，明四目，达四聪，是以圣无不照。故共、鲧之徒不能塞也，靖言、庸回不能惑也。秦二世则隐藏其身，捐隔疏贱而偏信赵高，及天下溃叛，不得闻也。梁武帝，偏信朱异，而侯景举兵向阙，竟不得知也。隋炀帝偏信虞世基，而诸贼攻城剿邑，亦不得知也。是故人君兼听纳下，则贵臣不得壅蔽，而下情必得上通也。”太宗甚善其言。

贞观十年，太宗谓侍臣曰：“帝王之业，草创与守成孰难？”尚书左仆射房玄龄对曰：“天地草昧，群雄竞起，攻破乃降，战胜乃克，由此言之，草创为难。”魏徵对曰：“帝王之起，必承衰乱，覆彼昏狡，百姓乐推。四海归命，天授人与，乃不为难。然既得之后，志趣骄逸，百姓欲静而徭役不休，百姓凋残而侈务不息，国之衰弊，恒由此起。以斯而言，守成则难。”太宗曰：“玄龄昔从我定天下，备尝艰苦，出万死而遇一生，所以见草创之难也。魏徵与我安天下，虑生骄逸之端，必践危亡之地，所以见守成之难也。今草创之难既已往矣，守成之难者，当思与公等慎之！”

贞观十五年，太宗谓侍臣曰：“守天下难易？”侍中魏徵对曰：“甚难！”太宗曰：“任贤能受谏诤即可，何谓为难？”征曰："观自古帝王，在于忧危之间，则任贤受谏；及至安乐，必怀宽怠，言事者惟令兢惧。日陵月替，以至危亡。圣人所以居安思危，正为此也。安而能惧，岂不为难！"

政体第二

贞观初，太宗谓萧瑀曰："朕少好弓矢，自谓能尽其妙，近得良弓十数，以示弓工。乃曰：'皆非良材也！'朕问其故，工曰：'木心不正，则脉理皆邪。弓虽刚劲而遣箭不直，非良弓也。'朕始悟焉。朕以弧矢定四方，用弓多矣，而犹不得其理；况朕有天下之日浅，得为理之意固未及于弓。弓犹失之，而况于理乎？"自是诏京官五品以上，更宿中书内省，每召见皆赐坐与语，询访外事，务知百姓利害、政教得失焉。

慎终第四十

贞观十六年，太宗问魏徵曰："观近古帝王，有传位十代者，有一代、两代者，亦有身得、身失者。朕所以常怀忧惧，或恐抚养生民，不得其所；或恐心生骄逸，喜怒过度，然不自知。卿可为朕言之，当以为楷则！"徵对曰："嗜欲喜怒之情，贤愚皆同。贤者能节之，不使过度；愚者纵之，多至失所。陛下圣德玄远，居安思危，伏愿陛下常能自制，以保克终之美，则万代永赖！"